中国城市治理研究院
CHINA INSTITUTE FOR URBAN GOVERNANCE

上海市海洋局
SHANGHAI MUNICIPAL OCEANIC BUREAU

上海建设全球海洋中心城市发展对策研究报告

阮仁良　吴建南　魏陆　张录法

———— 主编

SHANGHAI
Global Ocean
Center City

上海交通大学出版社
SHANGHAI JIAO TONG UNIVERSITY PRESS

内容提要

本书立足于《全国海洋经济发展"十三五"规划》提出的推进上海建设全球海洋中心城市的目标，依据《上海市海洋"十三五"规划》关于积极探索建设"全球海洋中心城市"的具体规划，设置"全球海洋资源配置及经济引领""全球海洋科技创新""海洋生态治理与示范""海洋文化交流和教育""海洋事务治理""服务长三角区域海洋经济高质量一体化"6个专题，探讨上海建设全球海洋中心城市的发展对策，旨在为上海建设全球海洋中心城市提供有效的理论参考。每个专题报告在介绍对应领域的全球发展趋势和国内外先进经验后，结合上海市当前海洋经济发展现状和存在的问题，提出上海建设全球海洋中心城市的总体思路、发展目标与具体举措。

本书可供城市治理尤其是海洋治理领域的研究人员参考阅读。

图书在版编目（CIP）数据

上海建设全球海洋中心城市发展对策研究报告/阮
仁良等主编.—上海：上海交通大学出版社，2021.12
　　ISBN 978-7-313-25150-3

Ⅰ.①上… Ⅱ.①阮… Ⅲ.①城市发展—研究报告—
上海 Ⅳ.①F299.275.1

中国版本图书馆CIP数据核字（2021）第136249号

上海建设全球海洋中心城市发展对策研究报告
SHANGHAI JIANSHE QUANQIU HAIYANG ZHONGXIN CHENGSHI FAZHAN
DUICE YANJIU BAOGAO

主　编：阮仁良　吴建南　魏　陆　张录法
出版发行：上海交通大学出版社　　　　　　　　地　址：上海市番禺路951号
邮政编码：200030　　　　　　　　　　　　　　电　话：021-64071208
印　制：苏州市越洋印刷有限公司　　　　　　　经　销：全国新华书店
开　本：710mm×1000mm　1/16　　　　　　　印　张：14
字　数：193千字
版　次：2021年12月第1版　　　　　　　　　　印　次：2021年12月第1次印刷
书　号：ISBN 978-7-313-25150-3
定　价：78.00元

本书编委会

主　编

阮仁良　吴建南　魏　陆　张录法

编委会委员
（以姓氏笔画为序）

王　军　贝竹园　冯胤华　吕守军　花徐扬

李志勇　吴建南　张　呈　张录法　张时立

陈卫国　柳存根　钱晓峰　谢　岳　虞卫东

前　言

习近平同志指出,"21世纪,人类进入了大规模开发利用海洋的时期。海洋在国家经济发展格局和对外开放中的作用更加重要,在维护国家主权、安全、发展利益中的地位更加突出,在国家生态文明建设中的角色更加显著,在国际政治、经济、军事、科技竞争中的战略地位也明显上升"。海洋是我国经济社会发展重要的战略空间,是孕育新产业、引领新增长的重要领域,在国家经济社会发展全局中的地位和作用日益突出。党中央、国务院高度重视海洋经济发展,党的十八大做出了建设海洋强国的重大战略部署。壮大海洋经济、拓展蓝色发展空间,对于实现"两个一百年"奋斗目标、实现中华民族伟大复兴的中国梦具有重大意义。党的十九大又进一步做了"坚持陆海统筹,加快建设海洋强国"的重大部署,为建设海洋强国指明了方向、明确了路径。

2017年5月公布的《全国海洋经济发展"十三五"规划》明确提出,推进深圳、上海等城市建设全球海洋中心城市,在投融资、服务贸易、商务旅游等方面进一步提升对外开放水平和国际影响力,打造成为21世纪海上丝绸之路的排头兵和主力军。这是国家赋予上海的重大任务,也是上海推动自身高质量发展、建设"五个中心"等城市战略的重要支点。全球海洋中心城市应当在世界海洋城市网络体系中处于中心枢纽位置,发挥全球海洋资源配置和全球海洋经济引领的功能。这一定位既要求城市对近海和深海大洋资源的探测、开发、利用、配置拥有卓越的能力,又要求城市在全球海洋产业链、价值链中居于核心地位。上海作为拥有雄厚经济实力和完善基础建设的海洋城市,作为"一带一路"建设与长江经济带发展战略的交汇区域,港口航运体系完善，大力发展海洋经济，建设全球海洋中心城市，既顺应世界潮流，也符合上海迈向卓越的全球城市的宏伟目标，全面建成国际经济、金融、贸易、航运和科技创新中心，成为具有世界影响力的社会主义现代化国际大都市。

2018年1月2日，《上海市海洋"十三五"规划》正式发布，提出将积极探索建设"全球海洋中心城市"，明确到2020年年底，初步形成与国家海洋强国战略和上海全球城市定位相适应的海洋经济发达、海洋科技领先、海洋环境友好、海洋安全保障有力、海洋资源节约集约利用、海洋管理先进的海洋事业体系。这要求上海积极发挥国际经济、金融、贸易、航运、科技创新中心定位的资源优势，以及"一带一路"桥头堡、自由贸易试验区等政策平台优势，有力借鉴国际先进经验，大力探索打造全球海洋中心城市的重点方向、重大举措和政策建议。

2019年4月，受上海市海洋局、上海市海洋管理事务中心委托，上海交通大学中国城市治研究院和上海市发展改革研究院联合承担了"上海建设全球海洋中心城市政策措施研究"专项课题。2019年5—6月，6个子课题研究小组分别组织多次专家研讨会梳理写作思路。2019年7—9月，课题组先后赴深圳、厦门和青岛等地实地调研考察海洋中心城市及海洋资源型城市建设发展经验。2019年10月，通过全球城市论坛海洋中心分论坛进一步吸收国内外城市治理、海洋发展领域的专家对于上海建设全球海洋中心城市的真知灼见，最终形成了本书的主体内容。

全书共包括6个专题报告。具体章节的执笔专家如下："全球海洋资源配置及经济引领"报告由吕守军执笔；"全球海洋科技创新"报告由方梅、柳存根执笔；"海洋生态治理与示范"报告由肖瑶、李志勇执笔；"海洋文化交流和教育"报告由张录法执笔；"海洋事务治理"报告由谢岳执笔；"服务长三角区域海洋经济高质量一体化"报告由吴建南、陈子韬、李俊执笔。

衷心感谢各位专家的辛勤付出。

目　录

专题报告6　服务长三角区域海洋经济高质量一体化

01

专题报告1

全球海洋资源配置及经济引领

摘　要：全球海洋中心城市建设是国家赋予上海的重大任务，意味着上海在海洋强国战略当中担当了主要尖兵的角色使命，也是上海推动自身建设"五个中心"、实现城市整体高质量发展的重要抓手和支撑。这意味着上海应当具有卓越的对近海和深海大洋资源的探测、开发、利用、配置能力，并在全球海洋产业的价值链中居于核心地位，占据全球海洋经济的前沿高地。基于这样的目标，本专题研究通过梳理相关概念内涵和战略趋势，明确了上海打造全球海洋资源配置及经济引领功能的必要性和紧迫性，充分借鉴全球海洋经济发达地区的先进经验，客观评估了上海在对应领域的发展现状和瓶颈问题，进而全面扫描了上海的资源要素优势和政策平台优势，提出上海在下一阶段追求海洋资源的高效率开发配置、实现在全球海洋经济开放合作网络中的引领作用的思路方向和行动策略，为政府部门的决策提供了兼具专业性、前瞻性、可行性的参考建议。

关键词：海洋经济　海洋资源　海洋产业

一、对本专题的理解和总体认识

(一) 总体认识

2017年发布的《全国海洋经济发展"十三五"规划》明确提出，推进深圳、上海等城市建设全球海洋中心城市。这是国家赋予上海的重大任务，也是上海推动自身高质量发展、建设"五个中心"等城市战略的重要支点。全球海洋中心城市应当在世界海洋城市网络体系中处于中心枢纽位置，发挥全球海洋资源配置和全球海洋经济引领的功能。前者要求城市对近海和深海大洋资源的探测、开发、利用、配置具有卓越的能力，后者要求城市在全球海洋产业链、价值链中居于核心地位。本专题研究将客观评估上海海洋资源开发配置和海洋经济发展的现状和问题,并借鉴世界海洋强国和地区的先进经验。在此基础上,利用上海国际经济、金融、贸易、航运、科技创新中心定位的资源优势,以及"一带一路"桥头堡、自由贸易试验区等政策平台优势,提出上海打造全球海洋资源开发配置和海洋经济引领功能的重点方向、总体思路、基本原则、发展目标、重大举措和政策建议。

如今在科学技术高度发展和区域一体化、经济全球化的背景下,海洋资源及海洋经济的范畴迅速扩大,海洋作为全球经济流动通道的重要性也日益增强。中国作为海洋大国,近年来高度重视海洋发展。党的十八大提出"提高海洋资源开发能力,发展海洋经济,保护海洋生态环境,坚决维护国家海洋权益,建设海洋强国"。党的十九大又进一步做了"坚持陆海统筹,加快建设海洋强国"的重大部署。

(二) 概念内涵

人们对于海洋资源的理解是随着科学技术的不断进步以及对海洋认识的不断深入而发展的。狭义上,海洋资源是指与海水水体本身有着直接关系的物质和能量,如海水化学资源、海洋矿物资源和海洋生物资源等。广义上,能够通过加工利用产生经济价值的各类海洋自然环境因素都可称作海洋资源[①]。随着科技的不断进步和人类经济社会的不断发展,人类能够开发利用的海洋资源种类和数量将不断增多。目前,全球海洋资源的开发主要呈现以下趋势:海水资源开发利用规模迅速扩大,国际海底区域资源勘探开发竞争日趋激烈,海洋油气资源勘探开发已经由浅海延伸至深海,天然气水合物由资源调查逐步转向开发利用[②]。上海作为中国最大的海滨城市,拥有丰富的海洋资源,并蕴藏着巨大的开发潜力,主要有海岸线资源、滩地(浅滩)资源、海洋生物资源、海洋可再生能源和滨海旅游资源。随着上海国际经济、金融、贸易、航运和科技创新中心建设的持续推进,海

---

① 楼东,谷树忠,钟赛香.中国海洋资源现状及海洋产业发展趋势分析[J].资源科学,2005(5):20-26.

② 李军,袁伶俐.全球海洋资源开发现状和趋势综述[J].国土资源情报,2013(12):13-16,32.

洋资源的深入开发和有效配置日益重要。

所谓海洋经济,是指开发、利用和保护海洋的各类产业活动,以及与之相关联活动的总和。具体来说,人们为了满足社会经济生产的需要,以海洋及其资源为劳动对象,通过一定的劳动投入而获取物质财富。传统的海洋资源利用包括海洋盐业、海洋航运业和海洋捕捞业。近一百年来的海洋开发扩展到了海洋油气业、海水利用业、滨海旅游业、海洋生物医药业等。不过,诸如海水淡化、海洋可再生能源、海洋生物医药等新兴产业,我国目前的开发利用规模有待进一步提升。纵观全球,海洋经济战略成为许多沿海发达国家的优先发展战略①。上海承担建设"全球海洋中心城市"的重任,更有必要摸清自身海洋经济发展的基础,既扬长避短,也取长补短,坚持创新驱动和可持续发展的理念,制定科学合理的海洋经济发展战略,稳步从"浅蓝"挺进至"深蓝",早日形成清晰的海洋开发开放格局。

(三) 上海打造全球海洋资源配置及经济引领功能的必要性和紧迫性

1. 雄厚的经济实力和完善的基础建设

上海雄厚的经济实力和渐趋完善的基础设施建设,为发展"蓝色经济"、建设全球海洋中心城市提供了强大的支持。上海作为知识和人才的高地,创新驱动成为经济发展主引擎;现代服务业发展较快,金融中心地位稳固提升,对外开放水平不断提升。上海的海洋经济也取得了长足的进步,海洋交通运输业、海洋油气业、滨海旅游业高度聚集,海洋电子信息、海洋生物、海洋高端装备制造等海洋产业快速发展,形成一批海洋核心企业。无论从地理位置、影响力、产业辐射、航运渠道,还是从金融、人才、科研和市场规模等方面,上海对优质海洋资源的整合能力均属上佳。

2. 打造新的经济增长点的内在需求

在经济新常态的背景下,上海的社会经济发展面临内外两个方面的压力。一方面,全球经济萎靡不振,外向型经济发展困难,国际贸易保护主义势力抬头,对上海外向型经济的发展带来较大制约;另一方面,国内经济

---

① 王敏旋.世界海洋经济发达国家发展战略趋势和启示[J].新远见,2012(3):40-45.

发展到今天,转变经济发展方式,"三去一降一补"结构性调整压力较大,尤其是像上海这样的沿海地区。未来上海新的经济增长空间和经济增长点,其中很大的一块就是向海洋要资源和财富,要通过海洋经济的发展,促进沿海地区经济结构的转变,以创新驱动形成新的经济增长点和增长极,带动沿海地区产业结构和社会经济发展水平跃上新台阶。

3. 大力发展海洋经济已成为世界共识

发达国家把海洋开发作为国家战略,开发方式也正从传统的单项开发向现代的综合开发转变。目前全球海洋经济发展的主要趋势有:升级海洋传统产业、积极推进海洋新兴产业、追求海洋经济可持续发展和构建海洋综合发展战略①。这与上海建设全球海洋中心城市的目标任务不谋而合。上海作为"一带一路"建设与长江经济带发展战略的交汇区域,港口航运体系完善,海洋经济外向型程度高,有能力更有必要将海洋经济往高层次发展,引领我国乃至全球的海洋经济可持续发展。大力发展海洋经济,建设全球海洋中心城市,既顺应世界潮流,也符合上海迈向卓越的全球城市的宏伟目标,全面建成国际经济、金融、贸易、航运和科技创新中心,成为具有世界影响力的社会主义现代化国际大都市。

二、全球海洋经济发达地区的先进经验

挪威咨询机构Menon Economics于2019年发布了最新的《全球领先的海事之都》(*The leading maritime capitals of the world*)评估报告,从航运中心、海洋金融与法律、海事科技、港口与物流、吸引力与竞争力5个维度,综合客观数据和行业专家的主观意见,对30个国际知名海洋中心城市进行排名。上海总排名位居第六,仅次于新加坡、汉堡、鹿特丹、香港和伦敦;在各个分项排名中,领先上海的城市还有雅典、伦敦、香港、东京、纽约、釜山、哥本哈根、迪拜、鹿特丹。本课题组将详细考察新加坡、汉堡和鹿

---

① 王占坤,林香红,周怡圃.主要海洋国家海洋经济发展情况和趋势[J].海洋经济,2013,3(4): 88-96.

特丹发展的成功经验,以期为上海建设全球海洋中心城市提供有益借鉴。

(一) 新加坡:世界领先的海事之都

新加坡作为一个海岛型国家,其经济发展与海洋有着密切的关系。新加坡位于马来半岛最南端,北面与马来半岛隔着宽仅1.2千米的柔佛海峡,南面隔新加坡海峡与印度尼西亚相望,新加坡海峡长105千米,宽16千米,扼守马六甲海峡。新加坡由新加坡岛、裕廊岛、乌敏岛、德光岛、圣约翰岛和龟屿等60多个岛屿组成,海岸线全长200多千米,是世界著名港口航运中心、国际贸易中心和区域旅游中心,港口运输发达,与全球600多个港口通航。在2006年至2015年,新加坡海洋经济总产值由98亿美元增长为147.3亿美元,其中2008年和2009年出现峰值,分别为168亿美元和168.3亿美元,此后虽有下降,但仍保持总体上升的趋势①。

新加坡具有核心竞争力的产业是国际港中转贸易,以及在此基础上发展起来的服务业和金融业。具体来说,新加坡海洋经济发展成功得益于以下4个因素。

1. 技术创新,管理先进

新加坡政府非常重视航运科技的投入。1990年,新加坡投资建立了全国EDI贸易服务网——Tranenet,将35家监管机构、货物代理、出口商、船公司、第三方物流提供商、仓库、供应商、保险公司、进口商、金融机构等单位的信息整合,实现平台的信息共享;而电子商务系统——Portnet连接了政府部门、代理商、海关、港务集团、港口用户等主体,并逐步向世界其他港口延伸。通过实施以上两个电子信息系统,新加坡港口物流得以实现全自动化运作。

2. 海洋产业集聚发展

新加坡的海洋经济形成了设计、建造、研发、法律服务、金融服务乃至教育、培训等全产业链条。截至2018年,新加坡已拥有超过5 000家海事企业,20家从事航运业务的银行,7家国际保赔协会集团成员以及超过20

---

① 张舒.新加坡海洋经济发展现状与展望[J].中国产经,2018(2):75—79.

家领先的船舶经纪公司①。其海洋经济产业链各环节的上下游企业相互配合，不断聚集，共同发展，且每个产业门类中都集聚了大量国际领先的企业，进而带来了高素质海洋人才的集聚。这种集群效应使新加坡的海洋产业获得了极大的商业便利性，包括融资和保险、法律、会计等综合服务的便利性，接触客户的便利性，高素质员工的可得性等，这些成为新加坡海洋产业成功的重要因素。

3. 有力的政府支持

新加坡政府对海洋经济的政策支持包括：成立相关的指导部门，为行业发展提供规划管理；根据经济发展的不同阶段和市场需求，选择优势领域重点突破；政府为海洋经济企业提供开发性资金支持，形成官、产、研互动机制；实行海洋产业税收减免政策。

4. 发展特色旅游经济

新加坡作为一个海岛城市国家，提出了"旅游经济无止境"的理念，利用便利的交通和完善的基础设施发展特色旅游，树立清洁、文明、亲和的城市形象。首先，致力于花园城市建设，打造多种主题公园、大力发展城市绿化、建造衔接公园的廊道系统等。其次，注重保护有特色的历史民居，如唐人街牛车水等。最后，新加坡还因地制宜人工开发旅游景点，例如圣淘沙、胡姬花园等。

(二) 汉堡：港口城市成功转型的典范

汉堡位于德国北部易北河下游低地，离北海入口处约100千米，被称为德国的北大门。作为德国重要的进出口口岸和经贸中心，汉堡长期以来发展的是传统工业以及与进出口相关的服务业。20世纪70年代以来，受全球经济结构调整的影响，汉堡整个城市与附近区域陷入萎缩与萧条，经济出现危机，人口大幅衰减并开始大量外流。随着货物转运集装箱化，港口经济的技术服务与管理模式也发生了较大的改变。1991年至2001年，汉堡临港产业的流失率达到40%，港口依赖型产业的就业人数由14.3万降

---

① 张舒. 新加坡海洋经济发展现状与展望［J］. 中国产经，2018（2）：75−79.

至11.2万,下降了21.7%。同时,荒废或使用效率低下的地块也在港口区域广泛产生。2000年以来,汉堡市政府重新对这一区域进行整体规划,打造港口新城,使这一区域重新焕发了生机和活力。汉堡再次因港而兴的成功经验主要有以下三个方面。

1. 保留、升级港口优势产业

由于德国是发达的工业化国家,作为德国重要海上门户的汉堡也在港口保留了部分工业制造业,充分发挥了制造业优势。在航运业方面,积极向上游产业拓展,开发综合航运服务。通过举办航运相关博览会、提供柔性化的航运服务、培养相关航运服务人才等方式,汉堡实现了从码头服务、集装箱堆场、仓储服务等下游产业到航运融资、海事保险、航运专业机构等上游产业的迈进。目前汉堡仍然是世界三大船舶融资业务中心之一(另两个是伦敦和纽约)。同时,汉堡以私募股权方式筹集船舶资金在全球航运金融领域独树一帜。汉堡本身虽没有国际航交所,但由于靠近伦敦且政策透明,每两年都会举行一届德国汉堡国际造船、机械和海上技术贸易博览会①。

2. 产业和人居的高度融合

汉堡制订了"因港而兴"的空间转型计划,主要通过港口新城的建设来推动计划的实现。与老城区融合并提升城市活力成了汉堡建设港口新城的规划目标,旨在通过对荒废港区的改造,挖掘城市潜力、增加就业机会、改善居住环境和提升城市综合竞争力。港口新城从规划开始,就极力避免新城变成功能单一的产业园区,着力打造宜居宜业的都市新区。港口新城在积极推动航运业、软件、通信、传媒、物流等现代制造业和生产性服务业集聚的同时,也在建设音乐厅、五星级酒店、航海博物馆、学校、幼儿园等综合服务设施,将生产、居住、休闲、旅游、商务和服务等多种城市功能结合在一起。对于一个拥有180万市中心居住人口和420万总居住人口的国际大都市来说,港口城建造无疑给汉堡带来了新的活力,并使其在欧洲大

---

① 林兰.德国汉堡城市转型的产业-空间-制度协同演化研究[J].世界地理研究,2016,25(4):73-82.

都市中拥有了更大的竞争力。

3. 积极建设智能码头

汉堡港口管理局抓准发展机遇,制定了中长期发展战略——智能港口战略,即着力实现信息交换的智能化。2011年,汉堡港在港区的主要连接点配备了计算终端,通过电感回路检测器准确获得码头吞吐量、集卡和各种机械的运输速度等信息。另外,在连接东西港区的桥上安装了重量检测器,以便将收集的车辆信息传给路政管理中心,由后者告知集卡司机通往港区的即时交通信息。通过种种努力,汉堡港将智能港口的愿景逐渐转化为现实,保障了港口物流的可持续发展。据测算,智能港口系统使得汉堡港的生产力至少提高了12%。

(三) 鹿特丹:世界港口物流的先锋

鹿特丹位于莱茵河与马斯河的交汇处,为荷兰最大的工业城市、第二大城市,是一个典型的港城一体化城市,素有"欧洲门户"之称。它兼有海港和河港的特点,是一个典型的综合性国际大港。第二次世界大战后,随着欧洲经济复兴和共同市场的建立,鹿特丹港凭借优越的地理位置得到快速发展,1961年其港口货物吞吐量首次超过纽约港,成为世界第一大港。此后,鹿特丹港一直保持世界第一大港的地位,直至2003年新加坡港货物吞吐量首次超过鹿特丹港。鹿特丹港口物流发展的成功经验主要体现在以下五个方面。

1. 依托内河航运促进国际航运中心建设

莱茵河作为横跨欧陆多国的一条主要河流,有着完善的内河交通运输网络。鹿特丹在此基础上建立了港口物流园区和国际航运中心,成为其保持在欧洲的主要港口地位、增强城市经济实力和影响力的重要战略方针之一。

2. 注重以法制规范港口与航道资源建设

欧洲交通委员会从全局对欧洲的内河航运发展进行规划,制定可以用来协调欧盟各成员国有关法规的欧盟地区统一的引水法、货物运输法、码头装卸法、港口进出口法、港口服务市场法等,为港口与航道资源的合理分配打下了坚实基础。

3. 重视航运信息化建设

荷兰受欧盟的委托,开发了三大信息系统:一是IVC90信息跟踪系统,掌握航行船舶的信息,特别是对危险品船或有污染的船舶实施全程监控追踪;二是VOIR信息编辑系统,为船舶航行提供安全、有力的航行信息,有效控制航运事故的发生,或快速解决航运事故;三是IRAS航运信息综合特种分析系统,对基础设施的大量原始数据进行分析,作为政府及时做出船闸、码头或航道整治决策的依据①。

4. 建立鹿特丹港与莱茵河内河航运多式联运体系

鹿特丹依托莱茵河沿岸完善的多式联运系统,兴建港口物流园区,带动了荷兰及欧洲整体航运经济的发展。鹿特丹最新的港口物流园区由园区本部、铁路服务中心、驳船服务中心、立体交通、三角洲集装箱堆场、专用码头、近海和铁路支线服务、备用发展区以及内地公路发运点等9个不同功能部分组成,服务于所有欧盟国家。

5. 大力发展临港工业

鹿特丹临港工业的发展很好地贯彻了"城以港兴、港为城用"的思想。鹿特丹充分运用了自身区位优势,大力发展造船业、石油加工、机械制造、制糖和食品工业等临港工业。第二次世界大战前,鹿特丹的造船业和水工产品制造业就已在世界上独树一帜。战后,荷兰又利用20世纪50年代世界油价低廉的特点和自身海运大国的比较优势,大规模发展石化工业,鹿特丹迅速崛起为世界三大炼油基地之一。这些产业均与鹿特丹作为全球大港的地位相辅相成、互为促进。

(四) 案例的经验启示

1. 推动产业集群化发展

打造由企业、高校和科研机构、政府相关部门组成的协同合作网络对于知识创新和产业转型升级至关重要。上海可以通过引导和实施积极的

---

① 毕斗斗,方远平.世界先进海港城市的发展经验及启示[J].国际经贸探索,2009,25(5): 35-40.

集群政策,为经济界、科技界和其他社会组织之间的密切合作创造优良的框架条件。这样既能够利用资本和技术强化优势产业的带动作用,也能加强协同,促进海洋产业群的可持续发展。比如,汉堡于1997年启动了首批集群倡议计划,五年后进一步将集群政策提升为政府工作的主导理念,纳入汉堡州创新科技战略。同时,政府各主管部门应定期对相关集群进行评估,不断改善相关领域的基础设施建设,并为相关企业的发展创造条件,保障其产品和服务立足于世界市场。所有集群中都设有面向职业实践的专业人才培训计划,以期充分挖掘和保障专业人才的创新潜力。

2. 加强航运信息化建设,建设"智慧港口"

目前,航运信息化正处于智能化建设时期,并向着智慧港口、智慧航运的方向发展。上海应推进港口航运信息化建设,从而大大提高港口的运行效率。比如,汉堡的"智能码头"和鹿特丹的航运信息系统。在"智慧港口"阶段,整个港口除了自身装卸生产过程的智能化,还可以通过物联网、传感器广泛地感知更多信息,如集装箱状态、港机配件工况、设备能耗、车辆位置等,同时结合预约抵港船舶信息、预约提箱信息、码头气象信息等外部信息,由数据中心融合多维数据分析后,从优化调度、科学保养、节能减排、预防拥堵等多个方面加强自主管理,体现出由知识系统代替人进行关键决策的特点。整个航运业务链条的所有参与者之间都将建立信息资源的共享互通,从而使全航运产业链的生产力得到一次巨大的跃升。

3. 政府应大力支持和积极规划

海洋经济涉及众多产业和部门,是一项牵一发而动全身的系统工程,需要政府充分发挥引导作用,制定超前又可行的战略措施。比如汉堡城市转型过程中,政府调控作用凸显,突出表现在政策的系统性与协调性方面,加速了城市转型的节奏。上海市政府的目标是建立全球海洋中心城市,实现经济引领功能,因此政策的着力点是强化原有优势产业,培育战略新兴产业,有效实现产业的转型升级,拉动海洋经济的发展。在政府相关政策的支持和引导下,旧有产业可以较快地扭转衰落趋势,重新焕发活力;与此同时,新兴产业能够在政策的大力扶持下快速发展,早日成为新的支柱产业。另外,政府有必要制定相关的法律法规,建立合理有序的行业秩序,保障相关各方的合法利益,保障上海海洋经济的健康发展。

三、上海海洋资源开发配置及海洋经济发展现状和瓶颈分析

(一) 上海海洋资源开发配置及海洋经济发展现状

上海市地处长江三角洲最前缘,坐落于东海之滨,南邻杭州湾、北界长江入海口,位居全国海岸线的中间部分。全市直接管辖海域面积约10 000平方千米,大陆和有居民岛岸线520千米,有崇明、长兴和横沙3个有居民海岛和23个无居民海岛。上海扼长江入海口之重要关隘,南北方向与浙江省、江苏省的7个地级市共同构成长三角沿海走廊;向内则有长江作为全国江海联运最重要的通道,能够以整个长江流域为经济发展的战略纵深。经过改革开放40余年来的发展积淀,上海已经形成了交通运输、船舶制造、滨海旅游等标志性的海洋优势产业,带动本市海洋经济在全国范围内占据着重要的地位。

1. 海洋资源禀赋不均

上海的海洋资源包括与海洋经济活动相关的海洋空间资源、生物资源、矿物能源、滨海旅游资源等。与全国沿海的其他省级行政区相比,上海在海洋资源禀赋上呈现明显的不均衡状态,优势和劣势均十分显著[1]。上海受制于陆地及海域面积狭小,海岸线长度和岛屿数量有限。东海海域气候适宜,有机物质丰富,生长着丰富的海洋生物,也蕴藏着大量的油气资源和海底矿产,但上海所辖海域体量规模微小,因而岛屿岸线资源、海洋生物资源、海洋矿产资源与能源均较为缺乏。

与此同时,港址和旅游是上海的优势海洋自然资源。上海港口区域主要由黄浦江沿岸、长江口南岸和小洋山岛组成,深水港址资源丰富,适宜辟建航道、建造港区,是我国顶级的优良江海港口,为本市交通运输业的发展奠定了坚实的基础。除此之外,上海拥有宽阔的海岸浅滩和河口沙岛,形

---

[1] 李娜.长三角海洋经济整合研究[M].上海:上海社会科学院出版社,2017.

成了以海滩和海岛为特色的丰富旅游资源。其中,崇明岛是上海市的生态旅游特色岛,建有全市唯一的国家地质公园和崇明东滩鸟类自然保护区。

综合而言,上海市的海洋自然资源总量、密度均不及全国平均水平,但在广义海洋资源的范畴之内,上海在区位、资本、人才、科技方面均有着非常突出的优势。

2. 海洋经济稳步增长

上海海洋经济近年来保持着迅猛的发展速度,规模不断扩大。2018年,全市海洋生产总值达到9 183亿元,其中主要海洋产业产值达2 903亿元,海洋科研教育管理服务业产值达2 842亿元,海洋相关产业产值达3 438亿元;海洋三次产业结构比重为0.03∶32.69∶67.28;上海海洋生产总值占全市生产总值的28.1%,占全国海洋生产总值的11.0%。根据2010年到2018年间的数据,上海海洋生产总值年均增长率为7.3%,稍稍领先于地区生产总值的年均增长率;但相比后者整体平稳的趋势,上海海洋经济增长的波动幅度较大,峰值为2017年的13.8%,低谷则为2013年的−3.0%[①]。

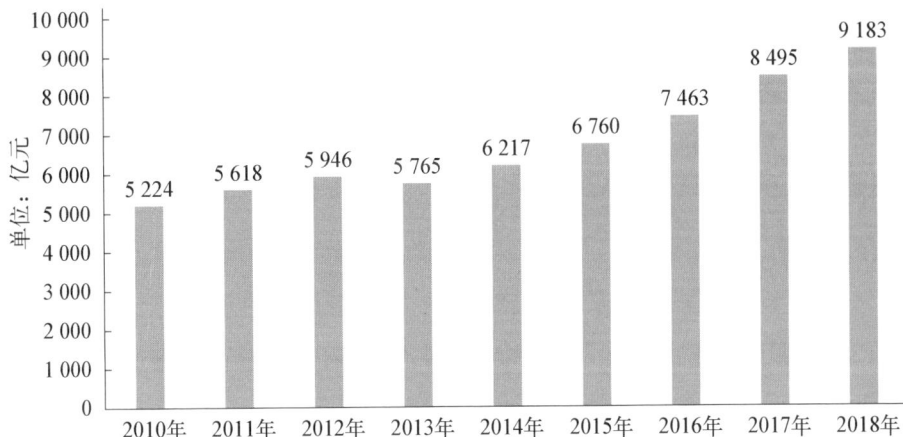

图1　2010—2018年上海海洋生产总值变化趋势

[①]　国家发展和改革委员会,自然资源部.中国海洋经济发展报告(2018)[M].北京:海洋出版社,2019.

目前,上海已形成了海洋交通运输业、船舶工业、滨海旅游业、海洋电力业、海洋工程建筑业、海洋生物医药业6大优势产业,以及以洋山深水港和长江口深水航道为核心、以临港新城和崇明三岛为依托的海洋经济空间格局。海洋经济在上海国民经济中已经占据重要地位,并承担越来越重要的角色。

3. 海洋产业空间布局趋于成熟

"十三五"期间,上海已经基本培育形成特色明显、优势互补、集聚度高的"两核三带多点"海洋产业空间布局,海洋产业呈现了有效的集聚态势。临港海洋产业发展核注重推进海洋新型工业化进程,形成了以海洋高端装备、海洋高端制造业为主导,海洋战略性新兴经济与专业性海洋产业园区为两翼的产业体系。长兴岛海洋产业发展核集聚了江南造船、振华重工、中远海运等大规模船舶和装备制造企业,形成了船舶总装与维修、港口机械制造、海洋装备制造、零部件制造等互有关联的产业集群,形成了高附加值、高技术含量、高国际影响力的船舶和装备制造品牌。

杭州湾北岸产业带初步建成了南汇临港、奉贤、金山三个滨海旅游区,分别推出了特色旅游项目品牌。长江口南岸产业带建成了以吴淞口国际邮轮港为核心的高水平邮轮口岸。崇明生态旅游带着力建设世界级生态岛,大力发展滨海休闲及生态旅游业,主办了2021年中国花博会。

4. 海洋支柱产业持续繁荣

上海的海洋交通运输业、船舶制造业、滨海旅游业历来处于全国领先地位,目前是上海海洋经济的主要支柱产业。

在海洋交通运输业方面,上海港在全市范围内共拥有8个主要港区,2018年的货物吞吐量为68 392吨,位居世界第二,仅次于宁波舟山港;集装箱吞吐量为4 201万标准箱,位居世界第一。近年来,上海在建设国际航运发展综合试验区、完善航运服务功能、优化航运集疏运体系等方面不断进步,努力确保建设国际航运中心的各项工作稳步推进。

在船舶制造业方面,上海拥有江南、外高桥、沪东中华等知名行业龙头造船企业。"十三五"以来,上海在总体保持平稳的基础上实现了制造能级的再提升,高端船型占比不断提升,在超大型集装箱船、气体运输船、豪华邮轮、巨型起重船等领域连续取得了突破性进展。

在滨海旅游业方面,上海拥有兼具海洋与江河特色的自然和人文景观资源,海洋文化旅游和生态旅游的品牌较为鲜明。近年来,上海邮轮码头及配套设施的建设日益完善,形成了吴淞口国际邮轮港、国际客运中心、外高桥备用码头的"两主一备"格局。其邮轮接待艘次占全国总量超过40%,邮轮旅客吞吐量约占全国总量的60%。

5. 海洋战略性新兴产业茁壮成长

上海依托既有的船舶工业基础和临港海洋产业园区,重点打造4条战略性新兴产业链:海洋观测/检测/探测装备产业链、海洋油气与海洋工程配套装备制造产业链、远洋渔业配套装备制造产业链、海洋生物医药产业链。"十三五"期间,上海成功研制了世界最大的12 000吨单臂起重船、世界单机起重量最大的7 500吨自航全回转起重船,交付了6 500马力油田守护供应船等高技术、首创性海工装备。在海洋生物医药方面,建成了年产1 500吨面向药用包衣材料、日化用赋形材料、功能性食品原料等高质化应用领域的精深加工产品线,走在国内领先位置。与此同时,积极培育现代化航运服务业和航运金融服务业,依托上海自贸试验区改革创新平台,吸引了一批船舶管理公司和船舶融资租赁项目公司进驻。

6. 海洋开放合作紧跟时代

"十三五"期间,上海积极响应国家"一带一路"倡议,发布了《上海服务国家"一带一路"建设发挥桥头堡作用行动方案》,并系统提出上海参与21世纪海上丝绸之路建设的目标定位、重点任务和保障措施。以此为主线,上海不断优化全球航线布局,推进境外港口投资步伐。中远海运集团在境外投资码头达18个,上港集团成功获得以色列海法新港码头25年经营权。

上海积极融入长江经济带建设和长三角一体化发展,印发了《上海市推动长江经济带发展实施规划》,成立长江经济带航运联盟,重点加强长江流域各省市航运合作体系建设;推动浦东、南通、舟山、宁波四地签署长三角区域海洋经济协同创新发展联盟,合作推进海洋产业发展和科研创新,服务长三角一体化战略。

(二) 上海海洋资源开发配置及海洋经济瓶颈问题

1. 海洋支柱产业缺乏前瞻性特征

从海洋产业结构上看,海洋旅游业、海洋交通运输业和海洋船舶工业是上海的三大海洋支柱产业,其产值之和占到了上海主要海洋产业产值的97.8%,是支撑上海海洋经济不断繁荣的中坚力量。然而,上述产业作为代表性的海洋传统产业,上海并未在其中呈现出比较显著的前瞻性特征;若未能加速更新进程,既有优势容易被国内外其他海洋城市所取代和超越①。

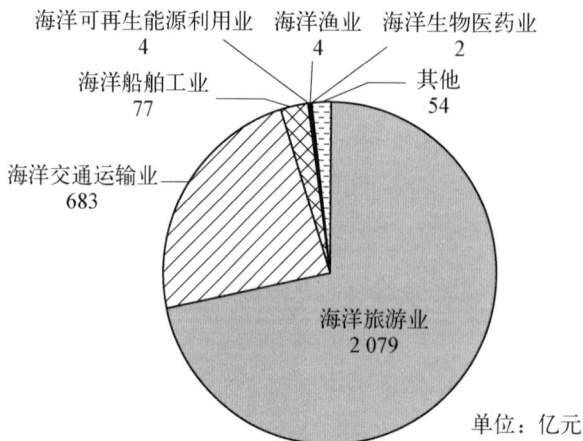

图2　上海主要海洋产业产值分布(2018年)

在海洋旅游业方面,上海得益于数十年以来全国经济中心的地位,旅游业高度发达,但旅游业与海洋的关联程度较低。目前,上海已经建成了城市沙滩、观海公园、航海博物馆等若干滨海景点,但未能较好地"串珠成线",将其打造成有知名度的旅游品牌;近海观光和近海水上运动项目

---

① 王泽宇,孙才志,韩增林,等.中国海洋经济可持续发展的产业学视角[M].北京:科学出版社,2018.

规模较小,有待进一步开发。在海洋交通运输业方面,上海面临长三角地区其他城市可观的竞争压力。2018年,宁波舟山港的货物吞吐量已经达到上海港的148.4%,集装箱吞吐量达到上海港的62.7%;江苏沿海的南通港、长江沿岸的苏州港及南京港的货物吞吐量和集装箱吞吐量也居全国前列。在海洋船舶工业方面,上海的江南长兴、沪东中华、外高桥三家大型船厂创造了中国造船史上的多个第一,前两者更是承担了大量海军中大型舰艇的建造任务。但上海周边的宁波、南通、舟山及长江沿岸的泰州、扬州等城市,其造船业均形成了一定规模,同样给上海带来了一定的竞争压力。上海在高技术船舶和一些专项领域海工装备的建造方面,还需有更大的革新性投入。

2. 近海资源开发利用存在明显短板

上海海岸线长度短,海域面积狭小,近海资源禀赋存在天然短板,尤其是海洋渔业和盐业资源、海底油气和矿产等,在资源存量和开发效率上都难以和大多数沿海省市相比。在海洋渔业方面,从海洋三次产业结构比重来看,上海的第一产业产值占比极小,远低于沿海其他省市,包括同为直辖市的天津。上海近岸及长江口邻近海域是江海溯河性鱼类的重要通道,也是大量沿岸与河口性鱼类的栖息场所,在海洋渔业上本是一个重要的生态

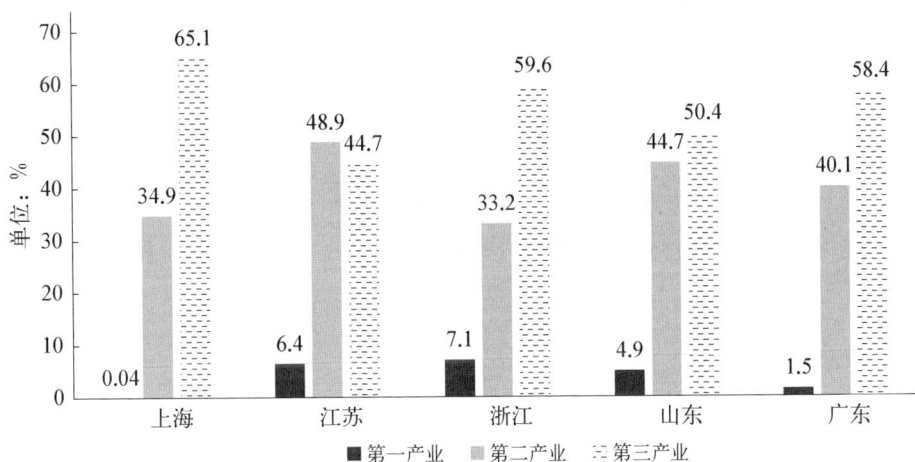

图3　上海与部分省份海洋三次产业结构比重对比(2017年)

经济水域。但近年来,长江口水体生态质量明显下降,导致优质鱼类品种数量锐减、生物多样性降低,海洋渔业呈持续性衰退趋势。2018年,上海海洋渔业产值仅有4亿元,是2010年以来的最低值,原因主要来自长江流域污染物排海量上升、长江口海洋工程建设和过往的过度捕捞。填补海洋生物资源开发利用的短板,提升海洋生态环境治理水平是下一步上海近海资源开发利用的关键性举措。

在其他近海资源方面,上海承担了相当一部分海底资源勘探、开采所需海工装备的建造,但限于与海底油气和矿产产区的地理间隔,上海较少直接参与其产品的加工过程。在海洋可再生能源利用领域,上海的滨海风力发电装机容量已经具备一定规模,但对潮汐能、波浪能等新兴科技的开发程度仍然不高,距离商业化使用还存在一定距离,近海能源产业具备较大的扩展空间。

3. 海洋战略性新兴产业仍待建设

"十三五"期间,上海在海洋生物医药业、航运金融服务业、邮轮旅游业等海洋战略性新兴产业中取得了一批培育成果,但对标国际上竞争力出众的海洋城市,上海海洋产业布局的前瞻性仍存在一定的距离。在海洋高技术产业方面,上海拥有上海交通大学、同济大学、上海海洋大学等海洋科学与工程领域顶尖的科研院校,但部分领域的产学研转化效率还不高[1]。2018年,上海海洋生物医药业产值仅有2亿元,占上海主要海洋产业产值的0.07%,且为2013年以来的最低值。在航运服务业方面,上海正在逐步扭转以船代、货代等低附加值企业为主的落后局面,在航运融资、船舶租赁和管理、船货保险等领域有了大幅提升。但其综合实力与世界一流海洋城市仍有距离,航运咨询、仲裁公证等高端产业仍比较落后。根据挪威咨询机构Menon Economics数据显示,上海在航运银行投资额、海事法律专家和律师数量等指标上未能进入世界前十。在邮轮旅游业方面,上海已经

---

① 李娜.基于区域一体化背景下的长三角海洋经济整合研究[J].上海经济研究,2014 (7):102-112.

建成吴淞口高标准国际邮轮母港,2018年上海接待邮轮403艘次、邮轮旅客275.29万人次,分别占全国的41.6%和56.1%,这两项指标在国内邮轮港中遥遥领先。但上海的这两项指标均处于下滑趋势,同比下降21.3%和7.6%,体量上对标迈阿密等全球一流邮轮港仍有明显差距;与此同时,上海本土的远洋邮轮公司和邮轮船队尚未建立。

4.深远海资源开发配置水平还需提升

上海市海域面积仅1万平方千米左右,且受限于长江口地形因素,平均深度较低,海洋空间资源总量有限,因而需要积极发力向外拓展,对深远海资源乃至极地大洋资源进行开发和配置。目前,上海针对深远海资源开发利用的产业发展导向有待加强,产业链有待完善,规模效益有待提高,对外辐射能力有待进一步发挥。在海洋工程装备业方面,上海具有海洋船舶及工程装备建造的深厚底蕴,"海洋石油981""雪龙2号"等里程碑式成果均出自上海,中国极地科考码头也落地上海。但在深远海科学勘探、深远海生物资源开发、深远海能源矿产开发等专项领域,上海的海工装备制造企业还需与科研院校和设计院所加强合作,加快推进研究成果的转化,以取得进一步突破。在远洋渔业方面,上海拥有庞大的远洋水产品消费市场,横沙国家一级渔港积极对外开放,取得了"水生动物进境指定口岸"资质,2017年实现了船运活鲜进口零的突破。但远洋渔船靠泊船次数仍然较少,金枪鱼、三文鱼、磷虾等重要远洋经济物种的捕捞和加工产业链还有待完善,本土远洋渔船船队和全品类的远洋水产品交易中心需要着力培育。

四、上海打造全球海洋资源开发配置和海洋经济引领功能的总体思路和发展目标

(一)总体思路

在上海建设全球海洋中心城市的战略背景下,打造全球海洋资源开发配置和海洋经济引领功能是一个具备全新时代特点的命题,需要在既有的发展惯性上有所突破。总体思路是:紧密围绕党的十九大"坚持陆

海统筹,加快建设海洋强国"的重大部署,贯彻海洋经济高质量发展的战略要求,积极把握全球海洋产业的最新发展动态和竞争格局,充分发挥上海"五个中心"的核心功能,以提高全球海洋资源配置能力、建立现代化海洋产业体系和引领全球海洋产业发展趋势为目标,深入推进海洋事业的发展,服务好上海城市总体规划和海洋强国的国家战略。

(二) 基本原则

市场主导,创新驱动。充分发挥市场配置资源的能力,推动资源要素自由流动,以自主科技创新培育海洋战略性新兴产业,实现海洋产业结构升级;引导海洋新技术落地转化,抢占产业价值链条制高点,构建高质量发展的海洋新业态。

陆海协同,统筹布局。协调陆海发展关系,以陆海一体为核心目标进行战略性统筹规划;顺应长三角一体化和长江经济带等跨省级区域合作趋势,实现资源优势互补、产业错位布局、发展相互促进,推进上海辐射范围内海洋经济的协同繁荣。

开放引领,先试先行。依托中国(上海)自由贸易试验区等政策优势,加快建设开放型海洋产业体系,推动既有优势产业走出去、战略支撑型产业引进来;主动匹配"一带一路"倡议,助力搭建中国连通世界的海上桥梁。

(三) 发展目标

1. 近期目标

到2025年,上海将形成全球海洋资源开发配置和海洋经济引领的基本框架,在世界海洋城市网络体系中的能级将不断提升。全市海洋生产总值将达到15 000亿至18 000亿元(当期价格),占全国海洋生产总值的比重稳定在12%左右,占上海市生产总值的比重超过30%。巩固提升海洋产业中的既有优势,加强发挥在"一带一路"、长三角一体化、长江经济带建设等国家重大倡议和战略中的引领作用。海洋资源利用效率不断提高、开发范围不断拓宽,成为全国深远海资源开发配置的首要核心城市。以海洋战略性新兴产业和现代海洋服务业为核心组成部分,基本建立现代化海洋产业体系,其中海洋生物医药业、海洋可再生能源利用业的年增加值均超过10亿元。海洋经济开放水平不断提升,成为蓝色总部的标志性高地,较"十三五"末期新增10个左右涉海类跨国公司和10个左右涉海类国际组织的区域性总部或研发中心。"由陆及海、以海带陆、强陆促海"的陆海统筹新型发展格局初步建立。

2. 中远期目标

到2035年,上海基本具备全球海洋资源开发配置和海洋经济引领的能力,作为全球海洋中心城市的重要功能体现,上海在世界海洋城市网络体系中具有一定话语权。海洋资源要素有序自由流动的市场体系全面形成,对海洋资源高效集约利用的能力进一步加强,深远海空间的资源开发达到世界领先水平。通过信息技术的应用,实现对国际深海资源开发的协调,并成为我国东部海洋经济圈内陆海资源联动开发的策源地。海洋经济高度发达,建成完备的现代化海洋产业体系,在全球产业链条中享有显著的核心地位,形成创新驱动型海洋经济发展模式,逐步引领全球海洋产业发展,体现卓越的国际影响力和竞争力。

到21世纪中叶,上海要建成全球海洋资源要素配置的核心,海洋资源开发利用全面扩大到极地和大洋范围;海洋产业创新能力位居世界顶尖地位,带动长三角城市群成为国际上海洋经济最为发达的滨海城市群。

五、上海打造全球海洋资源开发配置和海洋经济引领功能的对策建议

结合上海海洋经济发展的现状和问题,为促进上海打造全球海洋资源开发配置和全球海洋经济引领的功能,提升上海在世界海洋城市网络体系中的能级地位,名副其实建设全球海洋中心城市,现提出如下的建议。

(一) 提升资源配置辐射性

1. 梳理海洋资源禀赋,找准产业优势方向

《全国海洋经济发展"十三五"规划》明确了上海建设全球海洋中心

城市的目标定位,上海应当全面梳理本市及长三角周边地区的海洋资源要素,以找准海洋战略建设过程中需要着重发力的优势产业方向,方能突破近海海洋资源的藩篱,实现全球海洋资源配置的功能。宏观而言,上海近海的生物资源、能源资源都非常匮乏,岸线、海域和岛屿空间也比较紧张,但海洋经济呈现出外向型的特征。上海在国内拥有显著的制度创新先发优势,中国(上海)自由贸易试验区的成立,以及全新挂牌的临港新片区又将极大地促进"向海经济"的发展。上海国际航运中心已经名副其实,其铁路和空港也是华东地区首屈一指的枢纽,金融资本、科技创新、优质人才资源也为海洋经济发展提供了有力保障。

在以上资源禀赋之下,上海应当着力发展空间和自然资源要求低、要素密度高的产业,如海洋工程技术研发这类人才和技术密集型的产业,以及海洋金融、航运咨询、邮轮旅游等高附加值的服务产业,减少对海洋自然资源的依赖性,同时发挥资源禀赋和经济底蕴中的既有优势。围绕全球海洋中心城市的建设定位,上海不仅需要形成独特的产业核心竞争力、与周边城市错位协调发展,更需要放眼国际海洋经济趋势、在世界级的海洋城市竞争中占据高地。

2. 推动资本人才集聚,促进要素自由流动

上海作为我国近代历史上最早开放的沿海通商口岸之一,在海洋工程、海洋航运、海洋科技领域的资本和人才积累上,都具有一定的优势;但在国际竞争中对标世界一流水准,尚有比较明显的差距,面对国内海洋城市中的新生力量,其发展潜力上也面临着可见的挑战。中央在支持深圳建设中国特色社会主义先行示范区的意见中指出,"支持深圳加快建设全球海洋中心城市,按程序组建海洋大学和国家深海科考中心,探索设立国际海洋开发银行",其核心目标就是推动海洋资本和人才的集聚。

上海坐拥上海交通大学、同济大学等国内海洋学科强势的顶尖高校,以及上海海洋大学、上海海事大学等海洋领域专业的高校,科研人才集聚效应明显,但高端产业人才仍有缺位,应当对全市资源进行整合,促进信息融合共享,加大高水平人才引进落地的支持力度,就各个重点培育海洋产

业打造产学研合作平台,推动产业端人才的积极流入。与此同时,设立一支海洋产业专项发展基金,探索开展跨境融资试点、引进国际性金融资本,由政府搭建桥梁并专门服务于上海海洋产业的创新升级,从而提升上海的海洋资本核心要素配置能力。

3. 瞄准价值链最上游,扩张辐射深海大洋

当下,全球海洋资源已经得到比较全面的开发,全球海洋城市的竞争格局已经形成比较完备的体系。上海要获得高质量的海洋经济发展,必须具备海洋资源要素市场化配置的高效率;要获得资源配置的高效率,必须瞄准海洋领域生产价值链的最上游,以尖端的技术吸引海量的资本,并将资源配置的范围辐射到深海大洋。

上海拥有中国国家海底科学观测网的监测与数据中心、中国极地研究中心等先进的深远海观测勘探技术枢纽,船舶和海洋工程专业排名第一的上海交通大学等出色的海洋科研机构,以及上海航运交易所等重要的海洋服务机构。在下一阶段,上海需要促进科技创新中心建设与海洋经济建设的交叉融合,依托上海张江国家自主创新示范区等制度优势,继续加大海洋科技研发和智库建设方面的投入,集中布局一批掌握深远海资源开发尖端技术或核心话语权的产业翘楚,包括极地勘探、远洋深潜、远洋渔业等特种装备的设计制造业,以及航运咨询、海事仲裁等特种事务的支撑服务业。通过对重点产业的布局,努力进入世界海洋生产价值链的最上游,方可使全球各地的海洋空间资源和自然资源为上海所用。

(二) 强化海洋产业先进性

1. 既有支柱产业现代化革新

上海的海洋支柱产业包括海洋旅游业、海洋交通运输业和海洋船舶工业,上海应当紧紧抓牢时代脉搏进行现代化革新,维持上海海洋经济的高质量和高发展潜力。

在滨海旅游业方面,应加强旅游项目与海洋元素的联系,在杭州湾北岸开辟海上观光路线和近海水上运动健身基地,形成与既有的城市沙滩、航海文博融为一体的特色套餐;抓住2021年中国花博会机遇,大力发展崇

明岛滨海旅游产业,以国家森林公园、鸟类自然保护区为核心打造生态休闲旅游响亮名片;加快组建本土邮轮企业和船队,并开辟专属航线,真正发挥国际邮轮母港活力。在航运业方面,需要积极把握自贸试验区和国际航运枢纽港的功能定位,着力建设海、江、空、铁、路交错互通的多种方式联运,以空港和铁路枢纽优势与宁波舟山港、南通港等形成交错定位。在船舶和海工装备制造业方面,需不断提升现代化高端船型占比,攻克顶级豪华邮轮建造技术瓶颈、大型LNG船承接订单瓶颈,扩大大型原油船、大型集装箱船市场占有率,全面与韩国、日本等全球造船业高地展开竞争;集中布局海洋矿产能源开采、远洋水产捕捞、深远海和极地考察勘探等领域的工程装备产业,聚焦研发先进性、关键性技术;增强船舶、海工装备、港口机械、零部件等制造行业的联系紧密度和集约化程度,避免中小型船厂与长三角周边城市的同质化竞争,与全球领先水平看齐并接轨,瞄准更高的设计研发和装配制造水平。

2. 高技术新兴产业做大做强

根据2018年的统计数据显示,上海的高技术型海洋战略性新兴产业产值体量偏小,海洋生物医药业等领域甚至出现了衰退。为顺应未来国际海洋城市的竞争趋势,上海必须重点培育海洋高技术新兴产业并做强做大,以彰显对全球海洋经济的引领作用。

上海拥有强大的生物医药研发及生产能力,拥有中科院上海生命科学研究院等一流的科研机构,及上实医药等本土性行业头部企业。下一步,上海应遵循学科交叉、校企交叉原则,搭建科研成果转化体系,实现实验室研究、原料规模化获取、技术孵化落地等各个环节的打通;向海洋生物医药领域积极进军,在临港新片区打造形成海洋生物医药产业集聚园区;集中提升深海鱼类加工品、藻类加工品等高附加值药物和保健品的产能。在海洋可再生能源产业方面,需充分利用崇明三岛及杭州湾北岸沿海岸线,进一步提升海洋风电装机量,逐步实现对本市火力发电厂的替代;在临港新片区探索建立海洋新能源技术试验园区,实现波浪能、潮汐能、海洋温差能等前沿领域的技术储备,开放吸引相应领域研发设计、工程建设、运营维护等各环节的机构和企业来沪集聚,将上海打造成为多种海洋新能源的核心技术高地。

3. 高端海洋服务业提升能级

根据2018年上海海洋生产总值数据,海洋第三产业比重占到67.28%[①],因而在促进上海海洋经济高质量发展的过程中,优化海洋服务业结构是一大关键性举措。上海拥有自由贸易试验区的极佳政策创新平台,决不应该将海洋支撑服务业的重心局限于船代、货代等价值链下游的产业,而应对标伦敦、新加坡和纽约等国际一流海洋城市,提升高端海洋支撑服务产业的规模和能级。

鼓励银行业金融机构专门设立面向海洋经济的金融服务项目,重点发展船舶投融资、航运产业基金、航运指数期货等服务和产品,以金融资本的集聚培育更大规模和更高市值的本土船队;同时,逐步开放境外金融资本在海洋产业领域的准入门槛,从试点特区制度向资本要素自由流动过渡。发挥上海航运保险协会的桥梁纽带功能,吸引更多专业财产保险公司在沪设立专门的航运保险运营中心,推动本土保险业机构向航运保险业务积极扩张;针对性引进外来高水平海事法律服务人才,支持上海海事法院打造国际海事司法中心,培育本土律师事务所扩展海事法律服务;在临港新片区探索打造国际著名船级社、船舶管理公司、航运经纪公司和咨询公司等海洋服务龙头企业的高等级区域总部集聚园区。

(三) 做实开放合作引领性

1. 加强国内区域合作,实现协作共赢

作为长三角地区的中心城市和长江经济带的龙头城市,上海建设全球海洋中心城市的战略任务不可能也不应该仅仅依托自身的资源力量。尤其是上海在陆地面积、海域面积、岸线长度等空间资源吃紧的先决条件下,势必要向周边区域进一步拓展,打造广袤的战略纵深。上海与舟山协同开

---

① 国家发展和改革委员会,自然资源部.中国海洋经济发展报告(2018)[M].北京:海洋出版社,2019.

发小洋山岛、建成洋山港项目,以服务上海国际航运中心的建设,解决了上海深水港址紧缺的危机,是既有的区域合作成功案例。

下一阶段,上海可以率先寻求与苏州、南京等长江水道沿岸港口城市进行合作,进一步加强江海联运集散网络的联系,做实港口航运信息共享体系,大幅提升水水中转比例。在区域合作过程中应勤于换位思考,切实把握周边城市高质量发展的利益需求,在利用其资源优势的同时,弥补自身建设短板,发挥上海国际枢纽港的作用,成为其他城市对外开放的桥梁,如力求与宁波舟山港共建成为未来全球第一大组合港;竭力避免"虹吸式"发展,坚守"双赢式"原则。此外,应搭建广阔平台吸纳长三角城市群丰富的科技创新资源,如自然资源部海洋二所、浙江大学、南京大学、东南大学等主要高校和科研机构,促进海洋领域各自研究成果在长三角资源配置效率最高的地区落地转化,打破行政边界,转化为海洋经济发展更大的动力。

2. 坚持扩大对外开放,引进优质资源

长期以来,上海能够成为全国经济总量和海洋经济总量最高的城市,领先全国的对外开放政策是一大关键。在中国(上海)自由贸易试验区挂牌成立六年之后,临港新片区的增设又为上海海洋经济领域的高水平对外开放带来了新的上佳机遇。

上海应积极服务对接海上丝绸之路建设,以高效自由的管理模式和健全的制度保障,建立更加宽松透明的市场准入机制和更加优惠的税收、补贴政策,营造一流的跨国贸易和投资环境,将一批高端海洋产业"引进来"集聚发展;积极加入国际海洋城市合作网络,推进上海的大型船舶、海工装备、港口机械等附加值较高的优势产能获取海外订单,"走出去"扩大国际影响力。将临港新片区打造成为国际影响力和竞争力不断提升的海洋经济功能区,支撑上海实现对全球海洋资源的整合和配置能力,并成为国家新一轮高水平对外开放的试验田和桥头堡。

同时,上海应踊跃配合国家与俄罗斯在北极开发方面的试验性合作,做"冰上丝绸之路"的开拓者。依托在沪的中国极地研究中心、上海交通大学、中远海运、振华港机等高校科研机构和龙头企业的技术、人才储备优势，着重攻关北极资源开发配置的前沿技术，构建包含破冰工作船、科考船、高寒运输船的全品类极地船舶生产线；开拓规模化、常态化的北极运输航线；与俄罗斯共建北冰洋沿岸的现代化支点港口。

3. 优化投资营商环境，做好公共服务

2017年，李克强总理提出了"营商环境就是生产力"理念；此后，国务院又针对深化"放管服"改革、优化营商环境，相继提出了一系列重点任务。上海也需积极贯彻落实相关要求，提升公共政务服务的质量，以制度保障助力推动海洋经济的开放繁荣。

上海应不断促进海洋行政领域简政放权，依法逐步清理行政审批事项，对于依法取消的事项确保放权到位、不出现"隐形审批"；确保海洋条线100%行政审批事项接入市、区两级"一网通办"政务大厅。在海洋产业集聚的园区内，尤其是离区级行政中心较远的郊区乡镇辖区内，应设立前端服务窗口，建设线上线下贯通一体的海洋政务系统；将政务服务的神经末梢延展到企业身边，推进涉海行政事务"就近办、园区办、网上办、随时办"，做到"数据多跑路、企业少跑腿"；对标世界银行营商环境评价体系，提升海关边检部门的行政效率，依托政策创新平台先试先行，探索降低海上跨境贸易通关时间和成本的新路径；努力打造法治化、便利化、国际化的优质营商环境，减少涉海企业各节点上显性、隐性的营商成本。

参考文献

[1] 毕斗斗,方远平.世界先进海港城市的发展经验及启示[J].国际经贸探索,2009,25 (5):35-40.

[2] 高田义,汪寿阳,乔晗,等.国际标杆区域海洋经济发展比较研究[J].科技促进发展, 2016(2):185-195.

[3] 郭建科,邓昭,许妍,等.我国三大经济圈海洋产业发展轨迹比较[J].统计与决策, 2019,35(2):121-125.

[4] 国家发展和改革委员会,自然资源部.中国海洋经济发展报告(2018)[M].北京:

海洋出版社,2019.

[5] 胡麦秀.上海海洋经济发展现状及其可持续发展的影响因素分析[J].海洋经济, 2012,2(4): 55-61.

[6] 黄吉铭.上海国际航运中心的规划、建设和发展[J].上海城市规划,2018(6): 13-14.

[7] 李桢.中国造船业的图强路径[J].中国船检,2017(10): 70-73,110-111.

[8] 李军,袁伶俐.全球海洋资源开发现状和趋势综述[J].国土资源情报,2013(12): 13-16,32.

[9] 李娜.长三角海洋经济整合研究[M].上海:上海社会科学院出版社,2017.

[10] 李娜.基于区域一体化背景下的长三角海洋经济整合研究[J].上海经济研究,2014 (7): 102-112.

[11] 李晓璇,刘大海,李晨,等.海洋战略性新兴产业集群形成机理的初步探索[J].海洋 开发与管理,2016,33(11): 3-8.

[12] 李懿,张盈盈.国外海洋经济发展实践与经验启示[J].国家治理,2017(22): 41-48.

[13] 林兰.德国汉堡城市转型的产业—空间—制度协同演化研究[J].世界地理研究, 2016,25(4): 73-82.

[14] 刘洪滨.中国海洋经济发展现状与前景研究[M].广州:广东经济出版社,2018.

[15] 刘康.国际海洋开发态势及其对我国海洋强国建设的启示[J].科技促进发展,2013 (5): 57-64.

[16] 楼东,谷树忠,钟赛香.中国海洋资源现状及海洋产业发展趋势分析[J].资源科学, 2005(5): 20-26.

[17] 王敏旋.世界海洋经济发达国家发展战略趋势及启示[J].新远见,2012(3): 40-45.

[18] 王泽宇,孙才志,韩增林,等.中国海洋经济可持续发展的产业学视角[M].北京:科 学出版社,2018.

[19] 王占坤,林香红,周怡圃.主要海洋国家海洋经济发展情况和趋势[J].海洋经济, 2013,3(4): 88-96.

[20] 殷克东,高金田,方胜民.中国海洋经济发展报告(2015—2018)[M].北京:社会科 学文献出版社,2018.

[21] 张舒.新加坡海洋经济发展现状与展望[J].中国产经,2018(2): 75-79.

[22] 张艺钟,徐长乐,陈刘芳.上海海洋经济可持续发展研究[J].经济问题探索,2008 (10): 52-58.

[23] 郑苗壮,刘岩,李明杰,等.我国海洋资源开发利用现状及趋势[J].海洋开发与管理, 2013,30(12): 13-16.

[24] 周剑.海洋经济发达国家和地区海洋管理体制的比较及经验借鉴[J].世界农业, 2015(5): 96-100.

[25] HE S, ZHAI R, PAN Y. Modeling analysis of the relationship between the exploitation

and utilization of marine resources and the sustainable development of the marine economy[J]. Journal of Coastal Research, 2018(83): 964−969.

[26] LEE P T, CULLINANE K. Dynamic shipping and port development in the globalized economy[M]. Springer Nature: Switzerland, 2016.

[27] SUN C, LI X, ZOU W, et al. Chinese marine economy development: dynamic evolution and spatial difference[J]. Chinese Geographical Science, 2018, 28(1): 111−126.

[28] WANG Y, WANG N. The role of the marine industry in China's national economy: an input-output analysis[J]. Marine Policy, 2019(99): 42−49.

02

专题报告2

全球海洋科技创新

摘　要： 海洋科技创新是建设全球海洋中心城市的应有之义，是海洋资源开发利用、海洋经济发展和海洋生态保护的第一推动力，是一个海洋城市核心竞争力的集中体现。本报告通过梳理全球海洋科技创新的政策措施和发展趋势，总结世界海洋强国和地区海洋科技创新的成功经验，摸清上海海洋科技创新的发展现状，对标国际，分析当前上海海洋科技创新在体制机制、自主创新、成果转化、人才结构等方面的短板和不足，提出上海在打造全球海洋中心城市科技创新功能的总体思路、重大举措和政策建议。

关键词： 海洋科技　全球海洋中心城市　科技创新　共性技术　基础研究

一、对全球海洋中心城市科技功能的总体认识

《全国海洋经济发展"十三五"规划》首次正式提出了全球海洋中心城市这一概念，但国内外学术界和实务界对全球海洋中心城市有哪些代表性功能并没有形成统一的认识，更遑论对每个具体功能的内涵进行研究。在综合比较各类观点的基础上，本课题组认为全球海洋中心城市是一个综合概念，其内涵包含海洋经济、海洋科技创新、海洋文化教育、海洋生态保护、海洋事务国际合作、全球海洋治理等六方面的功能。其中，海洋科技功能显然是全球海洋中心城市建设中不可或缺的核心指标之一。

(一) 海洋科技概念及内涵分析

纵观人类文明的发展史，科学技术的每一次重大突破，都会引起生产力的深刻变革和人类社会的巨大进步。而人类对海洋的探索和开发，每前进一步也都与海洋科技的进步密不可分：造船技术的不断进步，使传统的海洋渔业及海洋运输业得以快速发展；现代海洋高新技术的诞生，使一批新兴海洋产业得以形成；全球性海洋环境保护和海洋自然灾害的预防等，也需要先进的海洋科技作为支撑。开发海洋资源、保护海洋环境、发展海

洋产业,关键在于提高海洋科技水平。

海洋科技即指海洋科学和海洋技术。海洋科学是研究海洋中各种自然现象和过程及其变化规律的科学,包括物理海洋学、生物海洋学、海洋地质学、海洋化学等;海洋技术是指海洋开发活动中积累起来的经验、技巧和使用的设备等,包括海洋工程技术、海洋生物技术、海底矿产资源勘探技术、海水资源开发利用技术、海洋环境保护技术、海洋观测技术、海洋预报预测技术和海洋信息技术等①。也可以说,海洋科技是众多传统科技和现代高新技术在海洋领域里的集成。

海洋科技与核能、宇航科技被科学家们称为当代世界三大尖端科技领域。谁能掌握先进的海洋科技,谁就能在海洋竞争中占有优势。因此,国际海洋竞争也是海洋科技尤其是海洋高新技术的竞争。世界海洋高新技术从20世纪60年代开始发展以来,已经在许多领域取得显著进展,特别是近十多年来发展尤为迅速,在海洋生物技术、海洋卫星遥感技术、深海勘探技术、海水淡化技术、水声技术等方面都已经和正在取得重大进展。

(二) 发展海洋科技的战略价值

海洋科技创新是海洋资源开发利用、海洋经济发展、海洋生态保护等海洋事业发展的第一推动力。我国要想在国际海洋角逐中掌握话语权,必须依靠科技进步和创新来支撑引领海洋经济发展。习近平总书记强调"发展海洋科学技术,着力推动海洋科技向创新引领型转变"。

1. 海洋科技创新是我国建设海洋强国的应有之义

海洋是人类进行开发利用的巨大资源宝库,是关系可持续发展和国家安全的战略领域。党的十八大提出了发展海洋经济、保护海洋环境、维护海洋权益,建设海洋强国最重要的是拥有管控海洋的强大综合实力。发展海洋科技,尤其是海洋高新技术已受到许多国家的高度重视,以高新技术提高国际海洋产业竞争能力,已成为发达国家海洋发展战略的核心。必须

---

① 殷克东,王伟,冯晓波.海洋科技与海洋经济的协调发展关系研究[J].海洋开发与管理,2009,26(2):107-112.

优先发展海洋科技与战略性海洋新兴产业,把可持续发展作为战略方向,把争夺海洋经济科技制高点作为战略重点,是当前国际经济背景下,我国建设海洋强国的必然选择。

2.海洋科技水平是沿海国家综合国力的重要标志

海洋科技创新作为推动海洋资源开发利用、海洋经济发展、海洋生态保护的源泉和驱动力,也是一个海洋国家或城市核心竞争力的集中体现。大量事实表明,海洋科技已进入全球科技竞争的前沿,依靠科技成果转化应用和产业化,推动海洋经济发展,促进生态系统良性循环,加强海洋科技管理,已经成为沿海国家的重要任务,强劲的海洋科技创新是海洋强国的特征之一。美国、新加坡、挪威等国之所以可以成为世界领先的海洋强国,与其在海洋高新技术尤其是海洋装备领域的领先地位密切相关,谁拥有了相关的装备和科学技术,谁就能够在未来的海洋开发中占据优势。

3.海洋科技创新是海洋经济高速发展的核心支撑

科学技术是第一生产力,海洋科技水平决定着海洋经济水平。海洋自然条件恶劣多变的特点决定了海洋经济对科学技术的要求比陆域经济对技术的要求更高,技术密集属性更强。工欲善其事,必先利其器。无论是海洋军事力量、海洋科学技术活动还是海洋装备制造,都离不开海洋科技创新的支撑。高端海洋装备与技术,是认识海洋、探测海洋、利用海洋最重要的保障条件,在现代海洋开发进程之中扮演着基础性角色,对沿海地区海洋经济综合竞争力有着举足轻重的影响。

4.海洋科技是海洋产业结构优化升级的有力助推

海洋科技在改造海洋运输、海洋捕捞、海洋盐业等传统产业的同时,正在培育和即将培育出一批新兴的海洋产业。新兴海洋产业的兴起,将带动相关配套产业的发展,如海洋船舶工业、海洋机械工业、海洋电子工业、海洋勘探业、海洋信息业、海洋预报业、海洋保险业等,并将进一步带动钢铁、冶金、化工等工业形成庞大的新产业群,将改变世界的陆海经济结构。

海洋科技的升级引领,意味着关心海洋、认识海洋、经略海洋能力和手段的升级,将引领海洋领域产业发展的新增长点,带动海洋新兴产业发展,进一步促进海洋经济转型升级。一方面,通过新技术的使用,促进海洋高科技产业与传统海洋产业相互融合,促进设备更新换代和传统产业改造升级;另一方面,海洋产业国际市场的竞争又促进了海洋科技开发和技术创新。

目前是上海着力推进全球海洋中心城市建设、全面推进全球有影响力的科技创新中心建设、推进长三角高质量一体化发展的关键时期,是上海海洋科技和产业发展重要的机遇期。海洋科学技术水平的高低和发展潜力的大小,在很大程度上决定着全球海洋中心城市发展的上限和前景。可见,上海建设全球海洋中心城市,海洋科技创新发展是不可或缺的一环,需要集聚较强的海洋科技创新资源和力量、拥有良好的海洋科技创新环境、具有活力的海洋科技管理体制,并在海洋科技成果原始创新(体现为海洋知识创造和核心关键技术的掌握能力)、海洋科技成果转化(体现为产业化能力)和企业应用创新(体现为市场活力)等方面处于世界领先水平,才可谓之为全球海洋中心城市。

二、全球海洋科技的发展趋势特征及经验借鉴

(一) 全球海洋科技创新发展政策措施

海洋科技在现代海洋经济的开发进程之中扮演着基础性角色,得到了海洋国家和地区的高度重视。20世纪80年代以来,美、英、法等传统海洋经济强国以及近邻日本、韩国、澳大利亚等国家和地区都分别制订了海洋科技发展规划,提出了优先发展海洋高科技的战略决策,旨在激励和引导科学技术发展,保护海洋生态环境,提升海洋竞争力,保持其在海洋科技领域的领先地位。

1.美国海洋科技战略部署

美国是一个海洋大国,拥有长达22 680千米的海岸线和340万平方海里的海洋经济区,是世界海洋经济最发达的国家之一。美国非常重视海洋科技发展战略规划,实行全面的海洋科技强国战略。从20世纪80年代起,美国先后出台了一系列战略规划,如《全球海洋科学规划》《90年代海洋

学：确定科技界与联邦政府新型伙伴关系》《1995—2005年海洋战略发展规划》等。进入21世纪，美国发布了《21世纪海洋蓝图》《美国海洋行动计划》等。2007年，美国发布了《规划美国未来十年海洋科学事业：海洋研究优先计划和实施战略》，对美国的海洋科学事业进行了十年规划[①]。

　　近年来，美国从国家层面和机构层面密集发布了一系列重要战略研究报告和计划规划。2011年9月发布的《2030年海洋研究与社会需求的关键基础设施》（Critical Infrastructure for Ocean Research and Societal Needs in 2030）[②]报告是一个海洋研究基础设施建设计划，针对的是关键基础设施，用于满足2030年海洋基础研究需求和解决社会面临的重大问题，展示了美国重视海洋技术发展的一面。2013年，美国国家科学技术委员会（NSTC）发布的《一个海洋国家的科学：海洋研究优先计划修订版》（Science For an Ocean Nation: An Update of the Ocean Research Priorities Plan）[③]，是对2007年发布的《绘制美国未来十年海洋科学发展路线图》的修订，阐述了美国的海洋研究优先事项应面向国家海洋政策需求，并从海洋科学本身和与海洋相关的社会学两个方面指出了美国海洋研究的优先领域。为了集中有限资源，实现美国最重要的海洋研究目标，2015年，美国国家研究理事会（NRC）发布的《海洋变化：2015—2025海洋科学10年计划》（Sea Change: 2015-2025 Decadal Survey of Ocean Sciences）[④]系统分析了美国海洋科学的重点突破方向，在此基础上确定出8项优先科学

① 高峰，王金平，汤天波.世界主要海洋国家海洋发展战略分析［J］.世界科技研究与发展，2009，31（5）：973-976.
② NATIONAL RESEARCH COUNCIL. Critical infrastructure for ocean research and societal needs in 2030 [EB/OL]. [2021-02-01]. http://www.nap.edu/catalog.php?record_id=13081.
③ HOLDREN J P. Science for an ocean nation: an update of the ocean research priorities plan [EB/OL]. [2021-02-01]. http://www.oceanleadership.org/2013/science-for-an-ocean-nation-update-of-the-ocean-research-priorities-plan/.
④ NATIONAL RESEARCH COUNCIL. Sea change: 2015-2025 decadal survey of ocean sciences [EB/OL]. (2015-01-30)[2021-02-01]. http://download.nap.edu/cart/download.cgi?&record_id=21655.

问题,并研判了实现这些优先科学问题的路径,旨在为美国国家科学基金会(NSF)未来十年的海洋科学资助布局提供重要决策支撑。2018年11月,NSTC发布了《美国国家海洋科技发展:未来十年愿景》(Science and Technology for America's Oceans: A Decadal Vision),确定了2018—2028年美国海洋科技发展的迫切研究需求与发展机遇,以及未来十年推进美国国家海洋科技发展的目标与优先事项。该报告提出美国未来研究机遇主要聚焦在将大数据方法完全整合到地球系统科学中、提高监测和预测建模能力、改进决策支持工具中的数据集成、支持海洋勘探和描述、支持正在进行的研究与技术合作这5个重点方面。

在机构层面上,美国国家海洋和大气管理局(NOAA)发布了《NOAA未来十年战略规划》(NOAA's Next-Generation Strategic Plan)[1]、《NOAA北极远景与战略》(NOAA's Arctic Vision and Strategy)[2]、《NOAA海底研究计划》(NOAA Undersea Research Program)[3]等,内容涉及海洋科学技术整体发展规划、专项研究计划等,既代表国家行为,也反映了机构本身的发展要求。伍兹霍尔海洋研究所(Woods Hole Oceanographic Institution, WHOI)发布的《海洋酸化的20个事实》(20 Facts About Ocean Acidification)[4],是针对海洋酸化问题的重要研究报告,对推动开展海洋酸化研究具有重要作用。

2. 英国海洋科技战略部署

英国濒临北大西洋,是由大不列颠岛和爱尔兰岛东北部的北爱尔兰及附近5 500个小岛组成的岛国。英国有漫长的海岸线,总长约11 450千米,

---

① NOAA. NOAA's next-generation strategic plan version 4.0 [EB/OL]. [2021−02−01]. http://www.ppi.noaa.gov/NGSP2/plan.html.

② NOAA. NOAA's arctic vision & strategy [EB/OL]. [2021−02−01]. http://www.Arctic.noaa.gov/docs/NOAAArctic_V_S_2011.pdf.

③ NOAA. NOAA undersea research program, NURP [EB/OL]. (2005−04−01)[2021−02−01]. http://www.nurp.noaa.gov/.

④ WHOI. 20 facts about ocean acidification [EB/OL]. [2021−02−01]. http://www.whoi.edu/fileserver.do?id=165564&pt=2&p=150429.

其间良港密布,近岸海域油气、渔业等海洋资源非常丰富。作为传统海洋强国,英国自20世纪80年代以来,推出了一系列国家级海洋战略和海洋科技计划,致力于"建设世界级的海洋科学"。为了协调海洋研究和海洋战略的实施,提高海洋科学研究活动的效率,英国成立海洋科学协调委员会(Marine Science Co-ordination Committee, MSCC)。通过建立政府、科研机构和产业部门联合开发机制,增加科研投入等措施,有效促进了英国海洋科技的长远发展。

2005年,时任英国首相布朗提出"建立新的法律框架,以便更好地管理和保护海洋",标志着英国开始从国家战略层面综合布局海洋开发和研究。2009年,英国发布《英国海洋法》,为其整体海洋经济、海洋研究和保护提供了法律保障[1]。近十年来,英国推出了一系列国家级海洋战略和研究计划,这些计划和规划具有显著的国际视野,致力于"建设世界级的海洋科学"和领导欧洲海洋研究。《英国海洋科学战略2010—2025》(UK Marine Science Strategy)[2]是英国整体海洋科技战略的核心,为英国海洋科技的发展指明了方向。作为英国最重要的海洋研究机构之一,英国国家海洋学中心(NOC)发布了《英国国家海洋学中心中长期战略目标》[3],为未来发展设置了四个战略优先方向。《英国海洋能源行动计划2010》(Marine Energy Action Plan 2010)[4]为英国的海洋可再生能源发展提供了路线图。此外,《英国东部海岸及海域海洋规划(草案)》(Draft East

---

① 王金平,张志强,高峰,等.英国海洋科技计划重点布局及对我国的启示[J].地球科学进展,2014,29(7):865-873.

② DEPARTMENT FOR ENVIRONMENT, FOOD & RURAL AFFAIRS, UK. UK marine science strategy [EB/OL]. [2021-02-01]. https://www. gov. uk/government/publications/uk-marine-science-strategy-2010-to-2025.

③ NOC. Taking the lead-the strategic priorities of the national oceanography centre [EB/OL]. [2021-02-01]. http://noc.ac.uk/f/content/downloads/2013/Taking-the-Lead.pdf.

④ DEPARTMENT OF ENERGY AND CLIMATE CHANGE, UK. Marine energy action plan 2010 [EB/OL]. (2010-03-15)[2021-02-01]. http://www.decc.gov.uk/en/content/cms/what_we_do/uk_supply/energy_mix/renewable/explained/wave_tidal/funding/marine_action_/marine_action_.aspx.

Inshore and East Offshore Marine Plans）①、《全球海洋技术趋势2030》（Global Marine Technology Trends 2030）②以及《大科学装置战略路线图》③等也分别从全球、区域以及重点领域对英国未来的海洋科技发展进行了部署。英国政府科学办公室于2018年3月21日发布了《展望海洋的未来》的研究报告。该报告指出，海洋科学和研究在应对全球海洋领域机遇与挑战中，发挥着重要的作用。这种重要性，体现在加深对全球性变化的理解、挖掘新的海洋资源和评估开发影响、提高人类对海洋灾害的预测和防护能力、加大技术转换能力以推动海洋新兴产业发展等众多方面。2019年1月24日，英国政府宣布成为全球海上科技中心。2019年2月英国发布《海事2050战略》（Maritime 2050）④，旨在保持英国在未来30年里全球海事行业领导者地位和海事行业蓬勃发展的长远态势。

3. 日本海洋科技战略部署

日本四面环海，拥有长达29 751千米的海岸线和450万平方千米的海洋专属经济区，是距离中国大陆最近的一个岛国。日本虽然土地贫瘠，资源匮乏，但它依托人力资源和高科技优势发展成为世界强国。海洋产业是日本国民经济发展的基础。日本的海洋面积相当于其国土面积的12倍，日本99.9%的自然资源来源于海洋，进出口货物对海洋交通运输业的依赖度高达90%，海洋产业总产出占GDP的比重高达50%。

日本非常重视海洋科技的规划和创新发展，很早就发布了一系列规

---

① MARINE MANAGEMENT ORGANISATION, UK. Draft east inshore and east offshore marine plans [EB/OL]. (2013−07−16)[2021−02−01]. http://www.marinemanagement.org.uk/marineplanning/areas/documents/east_draftplans.pdf.

② QINETI Q, LLOYD'S REGISTER. Global marine technology trends 2030 [EB/OL]. [2021−02−01]. http://www.lr.org/en/news/global-marine-technology-trends-2030.aspx.

③ RESEARCH COUNCILS UK. The draft 2010 RCUK large facilities roadmap [EB/OL]. [2021−02−01]. http://www.rcuk.ac.uk/cmsweb/downloads/rcuk/publicationB/Draft2010LFroadmapforconsultation.pdf.

④ DEPARTMENT FOR TRANSPORT, UK. Maritime 2050: call for evidence. [EB/OL]. [2021−02−01]. https://www.gov.uk/government /consultations/maritime-2050-call-for-evidence.

划、报告,并将海洋科技纳入国家法律层面。1968年,日本发布《日本海洋科学技术》,制定了促进日本先进工业技术在海洋领域拓展应用的相关措施。1990年,日本出台了《海洋开发基本构想及推进海洋开发方针政策的长期展望》,提出以海洋技术为先导,着重开发包括海洋卫星和深潜技术、深海资源开发技术等海洋高新技术,以促进日本的海洋科技创新并提高国际竞争力。1997年,日本政府制订《海洋开发推进计划》和《海洋科技发展计划》,计划面向21世纪提出要发展具有重大科学意义的基础海洋科学、海洋高新技术等,以提高国家竞争力。2007年7月,日本政府颁布了海洋基本法。在海洋基本法的基础之上,日本内阁于2008年3月18日正式通过《海洋基本计划(2008—2013)》,并于2013年进行了第一次修订,形成《海洋基本计划(2013—2017)》,提出了新的五年海洋政策新指南。在政策强有力的支持下,日本重点推进海洋开发战略计划,推行"海洋强国"战略行动。这一战略行动突出表现在两个方面:一方面,重视海洋可持续开发利用;另一方面,日本积极主动参与国际海洋事务,并以此为基础构建综合性海洋政策体系。

　　日本重视海洋科技开发及规划的同时,也非常注重海洋可持续开发利用和参与国际海洋事务。通过召开海洋学大会、制订深海研究计划以及提出海洋关键技术的开发实施时间要求等措施,确定海洋高新技术产业的发展方向;以海洋技术为先导,着重开发海洋高新技术,以提升日本海洋产业发展能力和国际竞争力;制订国际合作计划,积极参与海洋高新技术产业的国际合作研究,提升本国海洋高新技术研究水平;加大深海探测技术、海水综合利用技术等海洋高新技术的研究力度,通过科技进步不断改造传统型海洋产业,逐渐实现海洋产业的可持续发展。

　　4. 澳大利亚海洋科技战略部署

　　澳大利亚位于南半球,拥有全世界最大的海洋管辖范围,其专属经济区和大陆架面积达1 600万平方千米,相当于其陆地面积的2倍,是一个真正的海洋超级大国,其海洋产业在许多方面都处于世界领先地位,尤以海洋油气业和海洋旅游业最为突出。

与英美等国家相比,澳大利亚政府曾经对海洋科技研究的重视程度不够,但这种情况随着其对国际海洋利益认知的提升而改善。澳大利亚政府于1998年发布了有效期长达10～15年的《澳大利亚海洋科技计划》,对澳大利亚海洋政策产生了较大的影响①。为澳大利亚领海、毗邻区的环境、资源保护和可持续使用制订了基本的科技行动计划②。2003年,澳大利亚国家海洋办公室(NOO)发布了《澳大利亚国家海洋政策——原则与过程》,阐述了制定澳大利亚海洋政策的原则,以及围绕这些原则制定的海洋政策。2006年,澳大利亚自然资源管理部长委员会发布《综合海岸带管理国家协作方式——框架与执行计划》,确定了海岸研究的6个重点。2013—2015年,澳大利亚政府海洋科学咨询委员会发布的《海洋国家2025:海洋科学支持澳大利亚蓝色经济》③、澳大利亚海洋科学研究所发布的《澳大利亚海洋科学研究所2015—2025年研究计划》④,以及澳大利亚中央政府和昆士兰地方政府联合发布的《大堡礁2050年长期可持续发展计划》⑤对澳大利亚海洋科学未来发展的战略重点进行了部署,主张不仅要有了解海洋的愿望,还需要先进的科学和技术作为保障。因此,澳大利亚建立了诸多海洋领域相关的学术和科研机构,如澳大利亚海洋科学研究所(Australia Institute of Marine Science)、澳大利亚海事学院(Australia Marine College)等。这些机构在提升国家整体海洋科研水平方面发挥了重要作用。另外,澳大利亚有很多资金组织致力于资助海洋科学研究,推

---

① 薛桂芳.澳大利亚海洋战略研究[M].北京:时事出版社,2016:262.

② 吴闻.英国、欧洲和澳大利亚的海洋科技计划[J].海洋信息,2020(2):14-16.

③ OCEANS POLICY SCIENCE ADVISORY GROUP. Marine nation 2025: marine science to support australia's blue economy [EB/OL]. [2021-02-01]. http://www.aims.gov.au/opsag Cataloguing-in-Publication entry is available.

④ AIMS. AIMS strategic plan 2015-2025 [EB/OL]. [2021-02-01]. http://www.aims.gov.au/documents/30301/0/AIMS+Strategic+Plan+2015-2025/129ff5ff-2c82-49aa-9030-f5ce0530a017.

⑤ AIMS. AIMS strategic plan 2015-2025 [EB/OL]. [2021-02-01]. http://www.aims.gov.au/documents/30301/0/AIMS+Strategic+Plan+2015-2025/129ff5ff-2c82-49aa-9030-f5ce0530a017.

动海洋科技和研究的革新。

5. 欧盟海洋科技战略部署

欧盟作为一个整体,非常重视海洋科技领域的竞争与发展,依托英、德、法的海洋科技优势引领世界海洋科技发展,在海洋设备制造、深海探测、海洋可再生能源开发方面具有显著优势。欧洲海洋局(European Marine Board, EMB)发布的《第四次导航未来》(Navigating the Future IV)①是2001年开始出版的《导航未来》报告系列的延续,为下一个时期欧洲海洋研究提供了蓝图,从多个方面阐述了欧洲海洋研究的优先研究领域。《欧洲离岸可再生能源路线图》(EU Offshore Renewable Energy Roadmap)②重点阐述了海上风能、波浪能和潮汐能三大离岸可再生能源的协同增效效益以及发展所面临的机遇与挑战。《欧洲海洋可再生能源——欧洲新能源时代的挑战和机遇》(Marine Renewable Energy: Research Challenges and Opportunities for a New Energy Era in Europe)③指出,到2050年,欧洲50%的电力需求将从海洋获得,需要采取措施确保海洋可再生能源纳入欧洲海洋研究议程。欧洲海洋局发布的《潜得更深:21世纪深海研究面临的挑战》(Delving Deeper: Critical Challenges for 21st Century Deep-sea Research)④从深海研究现状、相关知识缺口以及未来开发和管理深海资源的一些需求出发,提出未来深海研究的目标与相关关键行动领域。《欧盟深海和海底前沿计划》(The Deep-Sea and Sub-Seafloor Frontier Project,

---

① EUROPEAN MARINE BOARD. Navigating the future IV [EB/OL]. [2021-02-01]. http://www.marineboard.eu/science-strategy-publications.

② JEFFREY H, SEDGWICK J. ORECCA EU offshore renewable energy roadmap [EB/OL]. (2011-09-01)[2021-02-01]. https://tethys. pnnl. gov/sites/default/files/publications/ORECCA-2011. pdf.

③ EUROPEAN SCIENCE FOUNDATION. Marine renewable energy: research challenges and opportunities for a new energy era in europe [EB/OL]. (2010-10-15)[2021-02-01]. http://www.esf.org/research-areas/marine-sci-ences/marine-board-vision-groups/renewable-ocean-energy,html.

④ EUROPEAN MARINE BOARD. Delving deeper: critical challenges for 21st century deep-sea research [EB/OL]. [2021-02-01]. http://www.marineboard.eu/file/247/download?token=EAV0bvRs.

DS3F）① 则讨论了未来10～15年与深海生态系统、气候变化、地质灾害和海洋资源相关的海洋科学问题，目的是在欧洲范围内提供面向可持续性海洋资源管理的路径，制定海底采样战略，从而提高对深海和海底过程的认识。2016年，欧洲海洋局发布《海洋生物技术战略研究及创新路线图》（The marine biotechnology research and innovation roadmap）②，绘制了欧盟海洋生物技术研究和创新发展路线图，是对欧盟2012年提出的"蓝色增长战略"的重要反馈。

6. 国际组织海洋科技战略部署

不同的国际组织在过去的十年中，发布了一系列海洋科技战略研究报告和规划计划，对未来10至20年（2025—2030）的海洋科技发展进行了战略部署。《国际大洋发现计划（2013—2023）》（The International Ocean Discovery Program Science Plan for 2013—2023）③ 及其前身《国际综合大洋钻探计划（1983—2003）》（Integrated Ocean Drilling Program 1983—2003）④、国际大洋中脊计划（International Cooperation in Ridge-Crest Studies, InterRidge）⑤ 等大规模的国际合作研究计划，旨在利用大洋钻探船或平台获取的海底沉积物、岩石样品和数据，在地球系统科学思想的指导下，探索地球的气候演化、地球动力学、深部生物圈和地质灾害等。目前，IODP依

① ACHIM KOPF, ANGELO CAMERLENGHI, MIQUEL CANALS, et al. The deep-sea and sub-seafloor frontier project [EB/OL]. [2021-02-01]. http://www.Deep-sea-frontier.eu/upload Downloads/DS3F% 20White% 20Paper.pdf.
② ERA-MBT. The marine biotechnology research and innovation roadmap [EB/OL]. (2016-10-12)[2021-02-01]. http://www.marinebiotech.eu/news-and-events/era-news/marine-biotechnology-research-and-innovation-roadmap-has-been-launched.
③ IODP. The international ocean discovery program science plan for 2013-2023 [EB/OL]. [2021-02-01]. http://www.iodp.org/Science-Plan-for-2013-2023.
④ LUS R, BARRETT P, et al. Illuminating earth's past, present and future. The science plan for the International Ocean Discovery Program 2013-2023. IODP Integrated Ocean Drilling Program, 2011.
⑤ GERMAN C R, LIN J, PARSON L M. Mid-ocean ridges: hydrothermal interactions between the lithosphere and oceans[R]. Washington DC: American Geophysical Union, 2004.

靠包括美国"决心号"、日本"地球号"和欧洲"特定任务平台"在内的三大钻探平台执行大洋钻探任务；年预算逾 1.5 亿美元，来自八大资助单位：美国国家科学基金会（NSF）、日本文部省（MEXT）、欧洲大洋钻探研究联盟（ECORD）（包括 14 国）、中国科技部（MOST）、韩国地球科学与矿产资源研究院（KIGAM）、澳大利亚—新西兰 IODP 联盟（ANZIC）、印度地球科学部（MoES）和巴西高等教育人员改善协调机构（CAPES）①。

2011 年，联合国教科文组织（UNESCO）政府间海洋学委员会（IOC）、国际海事组织（IMO）、联合国粮农组织（FAO）、联合国开发计划署（UNDP）联合发布《海洋与海岸可持续发展蓝图》(A Blueprint for Ocean and Coastal Sustainability)②，提出了十项具体建议，旨在从传统管理模式转变为可持续的海洋管理范式，以便为里约会议 20 周年峰会海洋问题提供参考。

2016 年 5 月，国际科学理事会（ICSU）海洋研究科学委员会、国际大地测量和地球物理学联合会（IUGG）海洋物理学协会联合发布由 14 位国际海洋学专家共同完成的评论报告《海洋的未来：关于 G7 国家所关注的海洋研究问题的非政府科学见解》③，作为国际科学界对 2015 年 10 月 G7 国家科学部长会议所提海洋科学问题的回应。该报告对 G7 国家科学部长会议所提出的"跨学科研究、海洋环境塑料污染、深海采矿及其生态系统影响、海洋酸化、海洋变暖、海洋低氧、海洋生物多样性损失、海洋生态系统退化"等 8 个全球重要海洋研究问题进行分析和评述，并提出了具体建议和行动。

2017 年 6 月 8 日，在"世界海洋日"之际，联合国教科文组织（UNESCO）在联合国海洋大会发布题为《全球海洋科学报告：全球海洋科学现状》

---

① 中国 IODP 简介［EB/OL］.http://iodp-china.org/Data/List/zgiodpjs.
② IOC/UNESCO, IMO, FAO, UNDP. A blueprint for ocean and coastal sustainability [EB/OL]. [2021-02-01]. http://www.eea.europa.eu/publications/europes-environment-aoa.
③ WILLIAMSON P, SMYTHE-WRIGHT D, BURKILL P. Future of the ocean and its sea: a non-gov-ernmental scientific perspective on seven marine research issues of G7 interest [EB/OL]. [2021-02-01]. http://www.icsu.org/news-centre/news/pdf/Report%20to%20G7%20SMins%20on%20FOSs.pdf.

（Global Ocean Science Report: the Current Status of Ocean Science around the World）①的报告,首次对当前世界海洋科学研究情况进行盘点,并主张加大对海洋科学研究的投入,呼吁加强国际科学合作。该报告指出:全球海洋科学是“大科学”,是一门交叉学科;研究人员性别比例更平衡;海洋研究支出在世界范围内差异较大;只有少数国家具有开展海洋研究的能力,且研究差异较大;以及海洋产出和合作正在加强,海洋数据得到更广泛应用等。

(二) 全球海洋科技发展的趋势特征

通过分析解读各国海洋科技发展规划及研究报告,时间尺度大都相近,起始时间大致在2010—2015年,目标时间大致在2020—2030年,可以了解未来10～20年全球海洋科学与技术发展走向,以及主要海洋国家海洋科学与技术的战略部署,对我国整体和上海海洋科学技术的发展具有重要借鉴意义。综观当今全球海洋科技的发展,呈现如下五大日益明显的趋势。

1. 全球性海洋环境问题导向作用越发明显

海洋暖化、海洋酸化、海洋塑料污染三大问题连续成为年度海洋科学领域关注的焦点,也必将成为未来若干年的关键问题,对促进海洋科学的可持续发展具有长远战略意义。我国在海洋暖化方面进行了较多的部署和投入,也取得了重要进展。但在海洋酸化和海洋塑料污染方面的研究部署不足,研究成果影响较小。另外,中国海陆架宽广、海洋经济发展迅猛、海洋环境问题突出,需围绕上述国际性海洋环境问题主动部署,聚焦国内研究力量开展研究,在海洋全面开发利用过程中需更重视海洋环境的保护,以实现中国海洋事业的持续健康发展。

2. 海洋科技研究领域重心转向深远海

随着海洋科学技术的不断进步,深海勘测和开发技术逐渐成熟,计算机技术、新材料、新能源等在船舶设计和生产中加大应用,科学考察船、载

---

① UNESCO. Global ocean science report: the current status of ocean science around the world [EB/OL]. (2017−06−14)[2021−02−01]. https://oceanconference. un. org/.

人潜水器、遥控潜水器、深海拖拽系统、卫星等先进设备广泛使用,人类的海洋开发活动逐渐从近海向深海推进,开发内容也由简单的资源利用向高、精、深加工领域拓展。除了国际综合大洋钻探计划、国际大洋中脊计划等全球性研究计划,多个国家启动了海底网络观测计划,如美国"海王星"海底观测网络计划(NEPTUN)、欧洲海底观测网(ESONET)、日本新型实时海底监测网(ARENA)、美国Hobo海底热液观测站、美国新泽西大陆架观测网、美国ORION计划等①。这些计划的实施,对深海技术的发展以及深海科学研究的深入具有重要推动作用。

3. 极地持续成为海洋研究和竞争焦点

极地在地缘战略、自然资源、航运及科研方面的价值日益凸显,各海洋强国在南北极海洋研究进行了密集部署,使北极继续成为海洋研究的焦点。俄罗斯经济发展部提交新版《2025年前北极地带发展国家计划(草案)》,该计划建议在俄北极地区建立8个支撑区域,以提高北方海路的运输潜力和货物输出能力;日本拟于未来5年在南极内陆新建一个科考基地,并考虑与美国、挪威等国合作观测和钻探冰芯,分析地球的气候变迁。2018年1月26日发布的《中国的北极政策》白皮书指出,中国是北极事务的重要利益攸关方,在地缘上是"近北极国家",北极的自然状况及其变化对中国的气候系统和生态环境有着直接的影响,进而关系到中国在农业、林业、渔业、海洋等领域的经济利益。未来几年是部署北极研究的关键期,需要集中国内研究优势,进行跨部门、跨领域的合作,在北极建设研究机构和观测站,围绕北极问题实施综合性的重大国际研究计划,拓展我国在北极地区的影响力。

4. 海洋高新技术和智能装备研发需求越来越强烈

海洋技术是海洋国家勘探开发海洋资源、确保国家海洋经济可持续发展的重要手段,是海洋科学研究深入发展的关键因素。随着人类向深海大洋的进军,对海洋技术的发展需求越来越强烈,从海洋钻探船、科学考察

---

① 陈鹰,杨灿军,陶春辉,等.海底观测系统[M].北京:海洋出版社,2006:84-88.

船、水下机器人、滑翔机,到开发利用离岸风能、波浪能、潮汐能等,海洋技术的发展贯穿始终。随着计算机运算能力的大幅提高、互联网技术的广泛应用、人工智能和物联网等技术的日趋成熟,围绕海洋科考、开发各项活动,研制各种新概念船海装备已经成为重中之重,未来船舶技术将继续向无人化、智能化方向发展。

5.海洋能源勘探开发技术迎来新的发展机遇

深海油气资源、海底矿产资源、海底"可燃冰",这些沉睡在海洋中的战略性资源,即将进入勘探开发的新阶段。新西兰批准了全球首家商业化海底开采铁矿砂项目,具有标志意义。各国对海底资源和海洋可再生能源研究的持续投入,必将迎来相关技术的重大突破,届时将引起新一轮的海洋科技竞争,改变全球资源能源格局。

(三) 国内外海洋科技发展经验

1.国际经验

1)新加坡

新加坡本地海洋资源极为紧缺,但其利用四面环海、海上交通线这一重要资源,实施开放的全球化战略,创建有利于科技发展的环境、鼓励民间研发创新及创业投资,大力发展石油业、海洋装备工程制造业、航运金融等相关产业,使新加坡在海洋资源极其匮乏的现实下,海洋事业却能蓬勃发展。新加坡对海洋科技的发展极其重视。

一是加大对研发的人力和资金投入。通过引进国外先进人才和技术等措施,弥补新加坡国内人才缺失、企业信息集成度较低及研发能力较弱这一现状,积极推动企业的机械化、自动化进程。

二是注重创造海洋高端科技发展的环境和氛围。新加坡专门设立了"研究、创新及创业理事会",在国家创新、创业的策略和政策制定上提供咨询;构建了以航运为核心,融合修造船、石油勘探开采冶炼、航运金融保险等各种上下游产业的海洋事业全产业链条,大力发展海洋高科技产业。

三是充分鼓励民间创业投资及研发创新。通过各种手段来奖励投资,包括税收奖励、资金奖励等,推动新加坡工业发展步伐;积极引进外援并强调自主创新,鼓励外国企业根植于新加坡,为本土的海洋科技创新注入活力。

2）美国

美国十分重视科技对海洋经济发展的支撑作用。为了保持国际领先地位,美国一直在海洋教育和海洋科技方面加大投入,力求促进海洋高新技术的产业化发展。

一是建立一流的海洋研究机构。汤姆森路透集团公布的名单列出了世界排名前30位的海洋研究机构,美国占了17个席位。其中,美国伍兹霍尔海洋研究所(WHOI)排名世界第一。这些研究机构和院校通过海洋生物、海洋地质、海洋化学等研究与成果转化,以及海洋科技人才培养等,为美国海洋经济和产业发展提供科学技术指导和支撑。

二是重视高端海洋教育和高级海洋人才的培养。美国目前有华盛顿大学、缅因大学、南加州大学等超过150所高等院校从事高端海洋教育活动,培养高层次海洋人才。其涉海专业课程涵盖海洋学、物理学、化学以及生物学等多个方面,还单独开设海洋科技教育活动,为海洋科研培养生力军。

三是政府对海洋科研资金投入巨大。为了打造世界一流的海洋技术,美国在海洋科技研究方面的投入一直处在世界领先水平。其海洋科研经费的出资方不仅有国家、企业以及社会捐赠,还包括国防部和海军。据统计,1950—1970年,美国海洋科研经费从不到0.21亿美元上涨到11.24亿美元,年平均增长率达20%。21世纪初期,美国海洋开发经费已达数百亿美元,为海洋科技的深层次研究提供了雄厚的资金支持①。

四是重视海洋科普,培养全民海洋意识。美国立足不同层次的海洋认知水平搭建教育平台,充分利用互联网技术,在全国范围内构建了"海洋教育网络体系",对公众进行普及教育;潜移默化地普及海洋知识,旨在促进海洋教育在各个年龄段的全面普及。

---

① 徐胜,孟亚男.美国海洋经济现状及经验借鉴:兼论中国参与全球海洋发展的路径[J].中国海洋经济,2017(2):259-282.

表1　世界排名前30位海洋学研究机构

序号	机 构 名 称	序号	机 构 名 称
1	美国伍兹霍尔海洋研究所	16	美国全国大气研究中心
2	美国国家海洋和大气管理局	17	美国普利斯顿大学
3	美国华盛顿大学	18	美国航天局
4	美国加州大学圣地亚哥分校	19	澳大利亚塔斯马尼亚大学
5	澳大利亚联邦科学与工业研究组织	20	美国南加州大学
6	美国夏威夷大学	21	美国加州大学圣克鲁兹分校
7	美国加州大学圣塔芭芭拉分校	22	日本东京大学
8	德国阿尔弗雷德韦格纳极地与海洋研究学院	23	美国俄勒冈州立大学
9	美国麻省理工学院	24	美国得克萨斯农机大学
10	英国普利茅斯海洋实验室	25	西班牙CSIC集团
11	新西兰奥塔哥大学	26	加拿大渔业与海洋部
12	美国迈阿密大学	27	加拿大达尔豪西大学
13	英国东英吉利大学	28	新西兰国家水资源和大气研究所
14	美国弗吉尼亚海洋科学研究所	29	比利时根特大学
15	美国罗格斯大学	30	德国莱布尼茨海洋科学研究所

2. 国内经验

梳理广西、广东、海南、福建、浙江、上海、江苏、山东、河北、天津和辽宁等11个沿海省区市的海洋规划发现,与以往强调海洋经济增长、增速相比,这11个省区市的"十三五"规划在海洋资源利用上更加注重科技创新能力的增强。在我国海洋经济结构的调整过程中,地方政府越来越关注海洋科技对于海洋经济实现高质量增长的重要性。结合分析规划内容可知:海洋经济要实现高质量发展,需要发挥海洋科技对海洋经济的巨大驱动力。

多个省区市在规划中明确了海洋研发经费支出占海洋生产总值的比重,以及海洋科技对海洋经济的贡献率。山东省海洋"十三五"规划中提出,到2020年,科技进步对海洋经济的贡献率提高到70%以上,成为11个省区市中规划海洋科技贡献率最高的省区市。这显示出提升海洋经济的科技支撑，已经成为我国沿海地区探索海洋经济高质量发展、推动海洋经济转型升级的共识。

表2　我国沿海11省区市海洋发展"十三五"规划概况

省区市	2020年海洋生产总值（GOP）目标	2020年GOP占国内生产总值（GDP）目标的比重	海洋科技贡献率	海洋科技经费投入比重
上海	—	30%左右	—	—
江苏	1万亿元	10%左右	≥65%	≥2.8%
浙江	—	—	—	—
广东	2.2万亿元	20%	—	≥3%
福建	突破1万亿元	—	≥60.5%	—
山东	—	20%	≥70%	3%
海南	1 800亿元	35%	—	—
河北	3 400亿元	7.9%～8.9%	≥60%	—
辽宁	—	—	—	—
广西	2 000亿元	超9%	—	—
天津	8 500亿元	35%左右	—	≥3.5%

下文将以青岛市、深圳市为例，分析其海洋科技创新的成果及经验。

1）青岛市

青岛海洋科技创新突破和体制机制改革的经验值得借鉴。青岛拥有30多家代表国家级水平的涉海科研和教学机构，拥有占全国30%的高级海洋专业人才，拥有占全国70%的涉海领域两院院士，还承担着全国50%以上的国家级海洋科研项目[①]。

一是加快高端创造平台和载体构建，集聚海洋高端资源。青岛市以"海洋科学与技术（试点）国家实验室"建设为突破口，打造"蓝色硅谷"，

---

① 青岛蓝色硅谷海洋科技创新发展纪实［EB/OL］.（2019-08-22）［2021-02-01］.
http://www.oceanol.com/keji/201908/22/c89274.html.

凝聚高标准海洋资源,国家深海基地建设扎实推进,不断与国内外大院大所进行战略合作,充分发挥自身涉海机构集中、海洋研发人才密集的优势。

二是加快推进海洋科技成果转化。青岛市开展科技成果转移转化功能全市范围布局,以"东谷"(青岛蓝色硅谷国家海洋实验室)为海洋科技创新源头,以"北城"(青岛国家高新区国家海洋技术转移中心)为海洋科技转化孵化区,以"西岸"(青岛西海岸经济新区)为海洋科技产业化基地,形成"环湾布局、三城联动"的格局,促进科技成果资本化、产业化。2018年的《国家海洋创新指数报告》显示,青岛海洋科技投入产出效率居全国首位,发展优势明显。

三是发挥科技支撑引领作用,促进海洋优势产业发展。瞄准国家需求和未来前沿,培育具有核心竞争力的海洋优势产业和未来新兴产业。推进海洋科技创新中心建设,构建更加高效的科技创新组织体系,重点在海水淡化、海洋生物医药、海洋环境安全、海洋新能源、海洋新材料、海洋仪器仪表、海上应急救援等领域展开核心技术攻关,引领海洋高端产业创新发展。

四是拓展海洋发展新空间。青岛以海洋国家实验室为中心,积极构建全球协同创新网络,深度参与全球海洋科技创新治理,先后与美国伍兹霍尔海洋研究所、英国国家海洋中心、俄罗斯科学院希尔绍夫海洋研究所等国际著名海洋研究机构签订合作协议,共同参与国际海洋领域大科学计划,并在全球布局建设5个海外研究基地,引进来的同时走出去。

2)深圳市

深圳在建设全球海洋中心城市的进程中疾步迈进,深圳市委市政府于2018年底出台了《关于勇当海洋强国尖兵加快建设全球海洋中心城市的决定》,提出了"十个一"工程,作出了非常有力的响应。

一是海洋意识超前,高度重视海洋科技创新。虽然深圳海洋经济体量较小,海洋科技的软实力低于上海、山东等省市,但是深圳早在"十二五"中后期就意识到海洋板块对城市建设的重要性,从2013年起每年投入2.5亿元发展资金专项支持海洋未来产业:海洋高端装备、海洋电子信息、海洋生物医药和邮轮游艇业。2018年,深圳上述四个板块的产值占全市海洋生产总值的比重已超过10%,而滨海旅游业、海洋交通运输业和海洋油气业三大传统板块的产值占比则降到了90%以下。深圳市通过各项规划建设海洋科技创新高地、壮大海洋教育研究机构、集聚海洋领域专业人才、提升企业自主创新能力等,以多元举措持续提高海洋科技创新水平。

二是进一步完善产学研用创新体系与合作平台建设。深圳市出台了"创新链+产业链"融合专项扶持计划,推进了国家海洋经济创新发展区域示范项目。截至2018年底,深圳市已建成海洋产业相关的国家级和省级重点实验室、工程实验室、工程中心5个,市级重点实验室6个,市级工程实验室14个,还积极引进中船重工、哈尔滨工程大学、中国海洋大学等机构在深圳设立海洋科研机构;海洋产业领域已建成省市级重点实验室7个、工程实验室7个、工程中心3个、公共技术服务平台3个,聚集了近千名海洋领域高级研究人员。

三是善用国家层面授权,发挥自身优势创造条件,抢占发展先机。2019年8月发布的《中共中央　国务院关于支持深圳建设中国特色社会主义先行示范区的意见》(下文简称《意见》),对"支持深圳加快建设全球海洋中心城市"仍持积极态度,并要求"按程序组建海洋大学",在海洋科技创新的过程中,高等教育与基础研发是必不可少的环节,而深圳也是一线城市中唯一没有"985""211"大学的城市,正可借助组建海洋大学弥补其研发型高等教育薄弱的短板。《意见》将深圳的科技创新地位提升到前所未有的高度,"支持深圳强化产学研深度融合的创新优势,以深圳为主阵地建设综合性国家科学中心"。

四是以企业为科技创新的主体,激发企业创新的主观能动性。深圳在科技创新领域本就拥有独特地位,以市场为导向、以企业为主体的创新体系展现了非常旺盛的活力。深圳的国际专利申请量占到全国的将近一半,培育了诸如华为、大疆、中兴等一大批国内最强大的科研型企业,科技成果转化率超过95%,每年高科技的增加值达到上万亿元,这些都奠定了深圳作为中国科技前沿地带的基础。

三、上海海洋科技发展基础与存在的问题

(一) 发展现状

1. 上海海洋科技发展的基础和优势

上海集聚了一批海洋领域的优势高校、科研机构、企业和人才,海洋教育和科技研究学科门类齐全,形成了一批世界级的研究成果。在海洋基础研究、海洋船舶和海洋工程装备、海洋工程技术、河口海岸、深海钻探、大洋极地等领域具有较强的科技研发力量和比较优势。总体上,上海的海洋科技水平居于全国领先地位,为其全球海洋中心城市科技功能的完善打下良好基础。

1) 海洋科研资源基础

上海目前拥有上海交通大学、上海海洋大学、上海海事大学、同济大学等13家涉海高校,形成了具备国际水平(A+)的海洋科学、工程与技术学科全面覆盖。全国7个涉海国家重点实验室有3个在上海,即海洋工程国家重点实验室、河口海岸学国家重点实验室和海洋地质国家重点实验室。此外,上海还有中国极地研究中心、东海海洋工程勘察设计研究院和东海预报中心、中国水产科学研究院东海水产研究所、高新船舶与深海开发装备协同创新中心等一批涉海科研单位;拥有一批国家"863""973"海洋项目学科带头人和海洋科技专业人才。据统计,海洋科学与海洋工程类的26名两院院士中,有13名在长三角地区。既有从事海洋科学研究的人才队伍,也有专业从事海洋工程、海洋技术和装备研发的人才队伍,为上海发展海洋事业、建设全球海洋中心城市提供了强大的智力支持和人才保障。

2) 海洋装备制造产业基础

上海海洋装备产业链条完整且实力较强,在高端船舶制造、船用配套、海洋工程装备制造、海底管道铺设检测维修等产业领域全国领跑,集聚了全国近50%的船舶企业和多家配套设施、精密分析仪器制造企业。江南造船厂、振华重工、沪东造船厂、外高桥造船厂等一批在业内享有盛誉的龙头企业均落户在上海,形成了我国最完整的海洋学科发展、海洋科学研究、工

程技术研发、成果转化和产业链的中心。2017年，全国72%的海洋装备是在上海及除上海之外的长三角地区生产制造的。一批高技术、高难度、高附加值的"三高"船舶的建造，彰显了上海雄厚的海工装备建造能力。如2016年，我国自主建造的第一艘极地科学考察破冰船在江南造船厂正式开工建造；上海振华重工股份有限公司成功交付自主建造的世界最大的12 000吨单臂起重船；等等。

　　3）海洋发展平台和载体基础

　　2017年6月，国家海洋局、财政部批准上海浦东新区成为海洋经济创新发展示范区。位于浦东临港的上海海洋高新园区目前已经集聚了同济大学海洋地质观测基地暨国家重点实验室、国家级海工创新中心、弗朗霍夫未来制造体验中心、彩虹鱼科技、亨通海洋、宏华海洋等100多家海洋高新企业和科研机构，园区"深潜、深探、深测"产业集聚效应已基本显现。截至2017年11月，临港海洋高新基地累计完成项目30个（其中重点项目10个），已完成产值10.75亿元。长兴海洋科技港创客基地已有19个创客入驻，崇明区与临港集团签订协议，共建长兴产业园区，合作开发"临港长兴科技园"。

　　在海洋发展专业平台方面，上海市科委推动建设了上海深渊科学工程技术研究中心、上海市海洋药物工程技术研究中心、海洋工程装备制造业创新中心、国际海事组织亚洲海事技术合作中心等多个平台和机构。上海市教委在海洋领域布局了上海国际航运研究、水产动物遗传育种、高新船舶与深海开发装备、海底过程研究4个协同创新中心。上海市海洋局培育并批准组建了海洋生物医药、海洋测绘工程技术研究中心。此外，我国唯一国家级船东互助组织——中国船东互保协会、长江经济带航运联盟、北外滩航运服务中心、上海船员考试评估示范中心、全国海运集装箱运输备案综合服务平台、中国（上海）自由贸易试验区国际船舶管理备件平台、航运法律服务平台等专业合作机构和平台都纷纷在沪揭牌、成立或建成运营。

　　2. 上海海洋科技创新的最新进展

　　近年来，上海海洋科技创新能力不断增强，在海底观测、深海钻探、海上风电、液化天然气船、水下运载器和机器人等高新技术领域取得重大进展,在深海钻探和深海大洋基础研究等领域居于国际领先地位。

在船舶技术方面,上海首次将气层减阻技术与防污减阻涂层、新型节能装置等新型节能技术耦合应用于万吨级低速运输船,填补了国内气层减阻技术工程应用的空白;交验了国内首台带自主研发高压SCR的船用低速柴油机,其技术指标达到国际先进水平;成功研发0.5～10纳米扭矩标准装置,填补了国内空白,达到国际领先水平。

在海洋智能装备方面,上海制造了我国无人深潜器"海马号""海龙号"以及"海洋石油981""中海石油201"等重大海洋装备。上海外高桥造船海洋工程有限公司生产的3 000米深水半潜式钻井平台是世界上最先进的第6代深水半潜式钻井平台,作业水深3 000米,钻井深度达10 000米,被列入国家"863"计划项目,填补了我国在深水特大型海洋工程装备制造领域的空白。

在海工装备配套和关键技术方面,由振华重工研制、国内最先进、升降载荷最大的液压式升降系统在振华重工石油平台及海上风电项目部顺利完成全程试验,标志着振华重工完全掌握了液压式升降系统关键核心技术。上海宝钢有限公司成功开发了LPG、VLCC船用低温钢板,并成为国内首家获得美国船级社(ABS)LPG船用−75℃低温钢板证书的钢铁企业,打破国外钢厂在LPG船用高强钢板领域的垄断。

在海洋油气钻采方面,研发了1 500米水下采油树系统,形成了核心装备自主设计、制造、检测等技术体系,并获得2017年上海市科技进步奖一等奖。

在海洋生物医药高新技术方面,2018年7月,由中国海洋大学、中科院上海药物研究所和上海绿谷制药联合研发的,我国首个具有自主知识产权的新型治疗阿尔茨海默症海洋药物"甘露寡糖二酸(GV−971)"顺利完成临床三期试验。GV−971是从海藻中提取的海洋寡糖类分子,早期研发源于中国海洋大学,此后的深度研发由上海药物研究所和上海绿谷制药接续完成,有效形成"高校—科研院所—企业"协同攻关、开放共赢的创新格局。

在海洋观测研究方面，上海建立了我国第一个海洋环境立体监测和信息服务系统，并进入了业务化运行阶段，实现了我国深海海底观测设备与美国 MARS 深海海底观测网的对接，建设了我国第一个国家级海底长期观测平台"国家海底长期科学观测系统"大科学工程项目。

在深海探测与开发技术方面，我国参与的最大的国际海洋科技合作计划 IODP 的中国基地位于上海，完成了南海三次国际大洋钻探，使得我国成为 IODP 除美国、日本和欧洲之外最活跃的国家。

在极地科学方面，上海具有中国唯一专门从事极地考察的科学研究和保障业务中心——中国极地研究中心，开展极地科学考察 30 多年。2018 年 9 月 10 日，中国第一艘自主建造的极地科学考察破冰船在上海下水，并正式命名为"雪龙 2 号"，标志着中国极地考察现场保障和支撑能力取得新的突破。

（二）瓶颈问题

1. 海洋科技力量分散无序

上海现有的海洋管理体制构架是：海洋局分管海洋资源环境，发展改革委分管海洋综合发展规划，经信委分管海洋产业布局，科委分管海洋科技发展布局。体制机制原因导致上海的海洋科技力量相对分散，众多的海洋研究机构分属中央与地方的不同系统和部门，由于没有进行有效的整合，造成上海海洋科技力量协同性差，对海洋科技重大研究项目难以有效地进行统筹协调，未能形成合力共同攻关海洋核心技术和关键科学难题，致使近年来上海承担和主要参与的国家海洋科技项目不多，海洋科研成果并不突出。

2. 海洋科技原始创新能力薄弱

"十三五"以来，上海海洋科技工作已经取得了一定成绩，但原始创新较少，海洋核心技术和关键技术自主创新能力薄弱。自主创新不足，大量使用别人的核心技术和关键部件，无形中就只能沿着别人设定的科学方向走，亦步亦趋，对国外技术的依赖导致无法实现超越。上海深海技术、海洋新能源、海洋生物医药、海水淡化和综合利用等前沿技术领域的竞争力有待增强,高技术海洋装备的关键核心部件的国产化程度有待进一步提高。

3.海洋科技成果转化能力不足

上海拥有众多的海洋科技机构,但海洋科技成果转化率不足。根据海洋统计年鉴的科研投入产出因子分析排名,上海只排到第十位,而山东省位居第一,江苏省位居第二,浙江省位居第六位,上海的排位远低于山东省。上海海洋产业的产品含量及附加值较低,以初级产品开发为主;以市场和需求为导向的海洋科研成果市场化机制不尽完善,成果研发、转移和产业化结合不够紧密,导致海洋科技优势尚未转化为产业胜势,产业链协同创新和孵化集聚创新程度有待加强。

4.海洋科技国际交流合作缺乏深度和广度

全球海洋中心城市的科技功能必然要体现全球化,上海海洋科技创新国际交流合作主要还停留在科研成果交流和产权的转移方面,鲜有达成研究层面的深层次合作,缺乏深度;研究领域也主要集中在船舶制造等个别领域,覆盖面较窄,缺乏广度。

四、上海打造全球海洋科技功能的总体思路和发展目标

(一) 总体思路

以全面发挥科技创新对建设"上海全球海洋中心城市"的支撑引领作用为主线,对接上海全球科创中心建设的要求,探索构建海洋科技创新资源整合机制,进一步完善海洋科技协同创新体系,建设海洋科技创新平台。以海洋基础性、前瞻性、关键性技术为重点,全面提升海洋科技创新合作层次和水平,补齐我国海洋核心技术短板,增强自主研发能力,依靠科技创新驱动海洋经济发展。

(二) 基本原则

一是坚持政府引导,市场主导。加强政府引导,做好顶层设计,进一步完善市场机制,促进科技成果转化和产业化,推动政府引导企业为创新主体的协同创新体系。

二是坚持需求牵引,创新发展。以解决海洋经济可持续发展的重大问题和重大需求为导向,持续跟踪海洋科技发展趋势,注重原始创新,推进集成创新。

三是坚持重点突破,示范带动。统筹海洋基础科学研究、高技术研发和成果转移转化,以重大专项、服务平台和基地建设为抓手,坚持有所为有所不为,聚焦重点,以点带面。

四是坚持高端引领,产业升级。以海洋高新技术产业(造船、航运、金融、贸易)等海洋战略新兴产业为引领,侧重于走科技高端路线,占领未来产业制高点,促进上海海洋产业结构优化升级。

五是坚持全球视野,合力创新。完善海洋科技资源优化配置,对接国家海洋强国战略需求,对标国际海洋科技前沿,创造条件整合资源,合力创新,提高上海海洋科技国际竞争力。

(三) 发展目标

对标世界前沿海洋科技发展趋势,对接海洋强国建设、加快建设具有全球影响力的科技创新中心和全球海洋中心城市等战略需求,以重大科技任务攻关为主线,整合国家级科研资源,立足长三角、服务全国、面向世界,建成与卓越的全球城市和全球海洋中心相适应的海洋科技创新体系,成为具有全球影响力的海洋科技创新核心区和全球海洋科技创新高地。

到2025年,海洋科技创新能力显著增强,海洋科技成果产业化水平不断提升,海洋领域关键技术取得重要突破。到2035年,实现海洋科技创新能力突出,引领全球海洋科技发展的重大原创性创新成果不断涌现,具备国际领先水平的目标。① 在海洋工程装备和高端船舶"卡脖子"关键技术上取得突破,提高主力海洋装备关键配套设备国产化能力。② 在深海探测、海底能源资源开发等技术与装备方面,突破水下观测与成像、水下设备布设安装与连接、无人遥控潜水器高抗逆境等关键技术,开发满足东海海洋环境条件的作业装备,为东海海底观测网建设提供技术支撑,进入全球海洋科技研发制造第一方阵。③ 通过汇聚、梳理和整合科技资源,建设1个产业技术创新联盟、3个海洋科技创新平台、实施5个科技兴海示范工程,集聚、孵化一批高新技术企业,引进培育一批高端创新人才。④ 深化与"一带一路"沿线国家和地区在海洋资源勘探开发、海洋工程装备制造、海洋新能源开发与利用、海洋新材料、海洋生物医药等领域的技术创新合作,争取共建海洋技术联合研发海外中心。

五、上海打造全球海洋科技功能的对策建议

鉴于上海海洋科技存在的上述问题和不足,为充分发挥上海建设全球海洋中心城市过程中海洋科技功能的支撑作用,建议从以下六方面采取相关措施。

(一)完善政府推动与市场导向相结合的海洋科技创新体系

在国家海洋强国相关战略的指引下,强化政府对海洋科技发展政策的引导,推进制度设计,做好政策体系保障。在海洋科技基础研发、应用研究、试验开发、中试、实现商业化和产业化的各个环节中坚持以市场为导向,激发涉海高校、科研机构和企业自主创新的活力与激情。

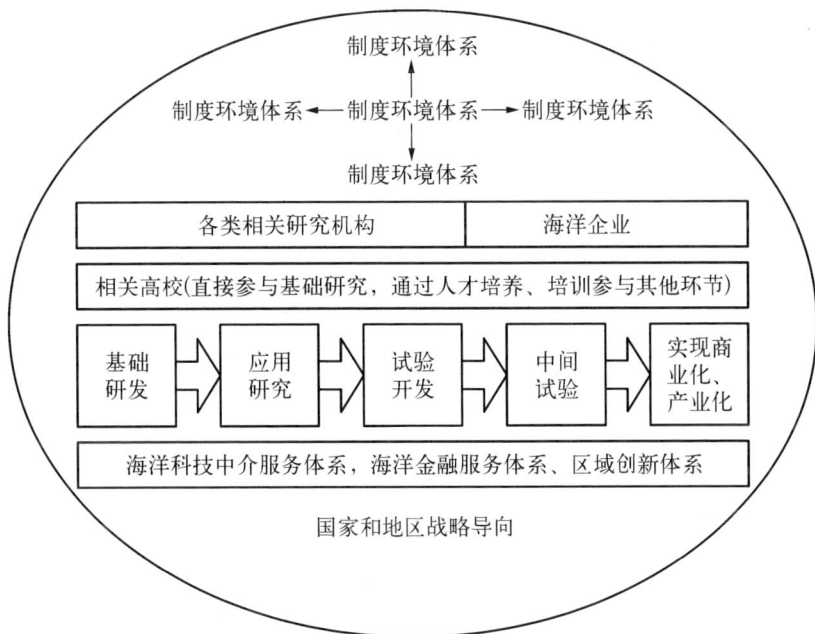

图1　政府推动与市场导向结合的海洋科技创新体系

1. 聚焦高科技海洋产业集群布局

在研发基地、产业基地的培育和建设上，重点向海洋工程装备、海洋新能源、海洋新材料、海洋生物医药等海洋高新技术产业化研发领域倾斜。依托临港独特的区位优势、雄厚的海洋科技创新优势，打造"中国临港海洋城"，将临港地区建设成为具有全球影响力的海洋现代产业发展和海洋科技创新成果转化高地；充分发挥上海海洋装备制造产业优势，将长兴岛规划建成全球最重要的海洋装备制造基地。

2. 重视海洋科技成果转化

加快完善促进海洋科技成果转化的体制机制，建立以企业为主体的海洋技术创新体系；不遗余力地推动产学研一体化合作，以产、学、研、用相结合的方式缩短海洋科技成果研发与应用之间的距离。针对一些具备转化前景的海洋科技研发项目，在科研院所开发的基础上，充分利用企业的市场开拓能力，有针对性地以市场需求引导科技研发，加快海洋科技成果的市场化和产业化进程。

（二）牵头整合长三角区域海洋科研力量

东部海洋经济圈海洋资源丰富，上海作为长三角地区一体化发展的龙头，建议由上海牵头，尽快将长三角海洋科技合作纳入长三角一体化工作之中。

1. 促进资源共享和优势互补

整合长三角区域海洋科技力量，盘活人才与资源，夯实协同合作的基础；摒弃地方保护主义，促进海洋生产要素跨区域高效流通，海洋科技研究设施共享使用，提高海洋科技研发设施的利用效率与设施体系的结构优化度。

2. 实现成果共享和共赢

改变传统的考核评价机制，充分肯定和客观评价通过协同合作取得的成果及相关各方做出的贡献。可在长三角区域范围内先行先试，获得上海相关奖项的海洋科技研究成果，如果有长三角其他省市的单位、团队或个人参加的，相关省市应该予以认可；在三省一市互为认可的基础上，与国家有关方面沟通协调,争取在国家层面也能够落地实现,从而有效地推动我国海洋科技的发展。

(三) 重视海洋科技基础研究,抢占世界海洋科技创新制高点

海洋科技原始创新离不开发挥学科综合交叉优势,追本溯源,筑牢海洋科学技术大厦,必须对海洋基础研究实行长期稳定支持和超前部署,抢占世界海洋科技创新制高点。

1. 聚焦重大关键性和共性技术

建议上海加快推进建成上海海洋国家实验室的相关工作。在载人深潜器、深海水下油气生产、海洋新能源、海洋工程装备、海底探测、海洋生物医药、海水养殖生物遗传育种、海水淡化、海洋信息技术、海洋灾害预警与减灾、海洋生态保护等领域加强研发和超前部署,提高关键领域的核心技术自给率。

2. 重视国际海洋科技交流与合作

瞄准世界一流海洋科研前沿,积极参加全球性的重大海洋科技计划,形成海洋科技双边协议,建设国际化科技合作产业,积极开展海洋科技项目联合研究和学术交流。对接"一带一路"国家倡议,强化对东南亚、南亚、非洲、南欧乃至大洋洲国家的海洋科技项目服务和人才输出、培训支持,从深层次、多角度推动国际海洋科技交流与合作。

(四) 进一步加大对海洋科技发展的经费支持

1. 完善科技经费分配和使用机制

加大海洋科技发展研究资金的投入,特别是对短期难以出现经济效益的领域以及公共利益相关领域的投入。加强与自然资源部等国家部委的交流沟通,完善"部市合作"机制,设立上海海洋科技创新专用资金,建立和完善政府投入资金的分配机制、监管机制和使用效率评估机制,提高政府投入资金的绩效。

2. 建立多渠道、多元化的资金筹集方式

借鉴和引进发达国家的成熟经验,充分发挥企业研发资本和民间风投资本在海洋科技的研发和市场化应用方面的作用,为上海海洋科技研发工

作提供多渠道、多面向的强大资金来源。通过鼓励创新金融支持方式,拓宽融资渠道,综合运用资金补助、创业投资、风险补偿、贷款贴息等多种方式,充分发挥财政资金的杠杆作用,引导金融资金和民间资本进入海洋产业;继续加大对涉海公益性科技创新工作的支持力度,培育初创型科技中小企业;逐步建立多元化、多渠道、多层次的投入机制。

(五) 加强海洋科技人才的引进和培养

1. 大力支持海洋高新技术人才培养

加强海洋人才的培养和培训,支持高等学校完善海洋工程专业设置和培养方向的调整;重点依托现有13家涉海综合性大学,建设和完善一批海洋高科技领域一级学科,培养和输送海洋科技相关领域复合型和创新型人才;完善高等院校科研考核体系,扭转以往"为研究而研究、为职称而研究"的与应用脱节的状态,提高海洋高素质人才科学研究的产业化水平。

2. 完善海洋科技人才激励机制

鼓励多形式吸引、聚集海洋科技创新和产业发展方面的专业人才。以重大项目、创业基地等为载体,对于认定的海洋高新技术人才给予补贴,优化科研人员自由流动和企业按需引进的双向选择机制。

(六) 海洋科技创新发展重点项目建议

1. 长三角海洋装备与极地科技创新研究中心

上海应加快行动,聚焦自身特色,牵头整合长三角海洋科技力量,打造一个集科学研究、技术研发和成果转化为一体的综合性科技平台——长三角海洋装备与极地科技创新研究中心。该中心不改变原有的行政隶属关系,以重大项目为抓手,由专业优势单位牵头,建立跨条线、跨部门、跨区域,多学科、多领域的协同合作关系,进行科研协作攻关,运行成熟后可直接作为上海建设海洋国家实验室的载体和先期基础。

2. 长兴岛和临港海洋装备高端制造产业集群

立足上海海洋特色资源和海洋开发需求,着力打造具有国际竞争力的长兴岛和临港海洋高端制造产业集群。加快海洋船舶产品结构的优化升级,提高海洋船舶研发设计能力,加快发展液化天然气船、海洋工程辅助用船、多功能海洋工程船、海上风电安装船、豪华邮轮等高技术高附加值船舶和智能航行系统、船用柴油机、电力推进系统等关键部件,推进军民船舶装备科研生产融合发展和成果共享。

3. 海洋科技发展数据库和创新平台

充分运用现代通信和信息技术、"互联网+"和大数据,建设海洋信息化体系,搭建"智慧海洋"总体框架;重点开发系统可靠的海洋科技发展数据库和科技创新平台,涵盖研发设计、检验检测认证、科技咨询、技术标准、知识产权、投融资等多种涉海科技信息,为各级政府部门、涉海企业、科研机构及社会公众提供准确的数据交换与共享平台。

4. 海洋观测数据管理与共享服务平台

提高海洋动态监测管理、海洋预报减灾信息服务保障能力,建设"数字海洋"上海示范区,支持海洋观测数据管理与共享服务平台建设;强化海洋观测数据自动汇集与分发功能,提供海洋观测数据的质量控制、存储管理、分级处理、产品制作和共享分发服务,为灾害预警、科学研究等提供基础数据服务,实现对海洋智能观测和业务化运行的全面支撑。

5. 重大基础科学研究设施大平台

上海在装备研究和极地科学区位上优势突出,充分依托上海交通大学、中国船舶集团有限公司、极地研究中心等相关高校和科研院所的力量,面向智能海洋装备、深海探测与开发装备、极地科学与技术、海洋观测研究等领域开展科研布局,大力支持设立深海重载作业攻关平台、极地条件综合试验平台、新一代极地科考研究平台等,以推进重大基础科学研究、关键核心技术突破和系统集成创新。

参考文献

[1] 高峰,王辉,王凡,等.国际海洋科学技术未来战略部署[J].世界科技研究与发展,2018,40(2):113-125.

[2] 胡耀杰.我国海洋科技跻身世界第二梯队[N].中国海洋报,2018-01-16(002).

[3] 倪国江.基于海洋可持续发展的中国海洋科技创新战略研究[D].青岛:中国海洋大学,2010.

［4］ 苏勇.大国经略深海及其对中国的启示［J］.社会科学家,2018(10):55-62.

［5］ 魏婷,石莉.日本海洋科技创新体系建设研究［J］.国土资源情报,2017(10):38-44.

［6］ 徐胜,孟亚男.美国海洋经济现状及经验借鉴:兼论中国参与全球海洋发展的路径［J］.中国海洋经济,2017(2):259-282.

［7］ 薛桂芳.澳大利亚海洋战略研究［M］.北京:时事出版社,2016.

［8］ 中国科学院海洋领域战略研究组.中国至2050年海洋科技发展路线图［M］.北京:科学出版社,2009.

03

专题报告3

海洋生态治理与示范

摘　要："海洋生态治理与示范"是建设全球海洋中心城市的主要内容之一。本专题从全球海洋生态保护的历史、趋势特征与经验介绍出发，分析上海海洋生态保护与发展的现状与存在的问题，在此基础上提出上海海洋生态治理与保护的总体思路与发展目标，并给出具体的对策建议。

关键词：海洋中心城市　海洋生态保护　治理与示范

一、全球海洋中心城市生态示范功能的总体认识

2012年，挪威海事展和奥斯陆海运等知名国际机构首次联合发布了《全球海洋中心城市报告》，以客观指标和行业专家投票的方式，评选"The Leading Maritime Capitals of the World"。北京大学汇丰商学院海上丝路研究中心研究员张春宇等将其翻译为"全球海洋中心城市"。2017年5月，国家发展改革委与国家海洋局共同发布《全国海洋经济发展"十三五"规划》，提出"推进深圳、上海等城市建设全球海洋中心城市"。这是"全球海洋中心城市"一词首次出现在国内政策文件中。

全球海洋中心城市是指以海洋资源为基础、拥有领先的海洋核心竞争力，在一定区域内起着枢纽作用，且对全球经济社会活动具有较大影响力的城市。根据张春宇的观点，全球海洋中心城市应该是全球航运中心（港口物流业发达）和全球海洋科技中心；同时要具有完备的海洋金融、海事法律等高端海洋服务业；要具有宜居宜业的城市环境，能够吸引国际高端人才等。具体到生态环境方面，张春宇认为，全球海洋中心城市应该达到以下三个要求：一是能够充分彰显海洋景观魅力与特色；二是生态与城市和谐共生；三是打造国际化的优良生活环境。建设全球海洋中心城市，海洋生态治理与示范是重要内容之一。不仅要打造成为海洋生态环境优良的样板城市，还要在海洋资源永续利用、海洋生态修复和污染防治技术、

海洋环境保护监管机制创新等海洋生态文明和可持续发展方面做出全球示范。

纵观人类文明发展史,生态兴则文明兴,生态衰则文明衰。顺应自然、保护生态的绿色发展才是未来发展之路。2005年8月,时任中共浙江省委书记习近平同志在浙江湖州安吉考察时提出"绿水青山就是金山银山"的发展理念。党的十八大以来,中国共产党关于生态文明建设的思想不断丰富和完善。在"五位一体"总体布局中,生态文明建设占有重要地位。在新时代坚持和发展中国特色社会主义基本方略中,坚持人与自然和谐共生是一个基本方略。在新发展理念中,绿色发展是一个主要理念。在三大攻坚战中,污染防治是其中一大攻坚战。

2018年5月18日至19日,习近平总书记在第八次全国生态环境保护大会明确了"时间表"和"路线图":① 确保到2035年,生态环境质量实现根本好转,美丽中国目标基本实现;② 到本世纪中叶,物质文明、政治文明、精神文明、社会文明、生态文明全面提升,绿色发展方式和生活方式全面形成,人与自然和谐共生,生态环境领域国家治理体系和治理能力现代化全面实现,建成美丽中国。

2018年7月6日在上海召开的生态环境保护大会,中共上海市委书记李强强调"要深入学习贯彻习近平生态文明思想和全国生态环境保护大会精神,切实增强做好生态环境保护工作的责任感和紧迫感,凝聚全社会共抓生态环境保护的强大合力,坚决打好污染防治攻坚战,早日建成令人向往的生态之城"。

目前"保护海洋生态环境,建设海洋强国"已经成为我国一项重大战略。上海建设全球海洋中心城市,首先要以习近平总书记"全面推动绿色发展,加快构建生态文明体系,加快建立健全以生态价值观念为准则的生态文化体系"为指导,努力探索以"生态优先、绿色发展"为导向的高质量发展新路。其次,立足"海域+陆域"全域生态空间,加快推进人与自然和谐共生的现代化城市建设进程;强化海岸带生态环境保护意识,开发与保护并重,污染防治与生态修复并举,对标国际高标准,学习国内外先进技术与理念,打造海洋生态环境优良的国际化示范都市。

二、全球海洋生态治理与保护的发展历史、趋势特征及经验借鉴

(一) 历史回顾

海洋生态系统是海洋中由生物群落及其与环境相互作用所构成的自然系统,是地球上综合生产力最大的一个生态系统。海洋生态系统一般分为河口生态系统、浅海生态系统、大洋生态系统等。典型的海洋生态系统主要包括:红树林、珊瑚礁、海草床、深海热液、深海冷泉。海洋中生活着世界上尚存的33个动物门中的32门,其中15门完全是海洋特有的。迄今为止,全世界有记载的海洋生物种类的总数已超过20万。

随着社会经济的发展及陆域资源的不断消耗,人类对地球资源的开发利用重心逐渐由陆域转向海洋,海岸带及海洋资源的开发利用已引起沿海国家的普遍重视。随着全球化进程的发展和深入,国际海洋资源的争夺日益激烈,随之而来海洋环境的破坏也日益严重。

1972年12月15日,联合国大会提出建立环境规划署的决议。1973年1月,作为联合国统筹全世界环保工作的组织,联合国环境规划署(United Nations Environment Programme,简称UNEP)正式成立,负责全球环境事务。联合国环境规划署提倡和促进全球资源的合理利用,并推动全球环境的保护与可持续发展。联合国环境规划署的《全球环境展望》系列报告,对海洋生物如何受到多重因素的影响及保护做了详细分析,并提出防止物种灭绝、海域可持续开发利用的一些重要举措。

1982年,《联合国海洋法公约》的签署是国际海洋管理领域划时代的重大事件,海洋环境管理正是在此基础上发展起来的。在以后的几十年间,国际上通过了一系列海洋开发与保护的协议,进一步补充和完善了海洋生态监管的法律制度。

1. 海洋生态系统与生物多样性保护

《濒危野生动植物种国际贸易公约》(CITES) 于1973年3月通过,

1975年7月1日生效。公约秘书处在网上提供相关物种数据库和相关贸易数据库,共有34 000种动植物受到公约的保护,其中包括众多海洋生物,如大西洋鲟、大白鲨、鲸鲨、黑海马、珊瑚等。此外,1995年,联合国海洋法公约发布有关养护和管理跨界鱼类种群和高度洄游鱼类种群的规定,以确保海洋鱼类的长期保护和可持续利用。

1992年6月1日,联合国环境规划署发起的政府间谈判委员会第七次会议在内罗毕通过保护地球生物资源的国际性公约《生物多样性公约》(Convention on Biological Diversity,CBD)。1992年6月5日,该公约由缔约国在巴西里约热内卢举行的联合国环境与发展大会上签署,1993年12月29日正式生效。联合国《生物多样性公约》缔约国大会是全球履行该公约的最高决策机构,秘书处设在加拿大的蒙特利尔。联合国《生物多样性公约》第一次取得了保护生物多样性是人类的共同利益和发展进程中不可缺少的一部分的共识,为21世纪树立了一个崭新的理念——生物多样性的可持续利用,从而成为国际法的里程碑。该公约涵盖了所有的生态系统、物种和遗传资源。2006年,《生物多样性公约》提出发展和采用一套广泛的标准去描述具有生态或生物意义的海洋区域,用于支持全球海洋生物多样性管理。

2001年6月5日,世界卫生组织、联合国环境规划署和世界银行等机构启动“千年生态系统评估”。这是国际上首次对全球生态系统进行多层次综合评估,由95个国家的1 300多名科学家历时4年完成。《千年生态系统评估报告》指出,世界海洋及沿岸地区正面临严峻威胁,这些威胁包括陆源污染及富营养化、过度破坏性捕捞及非法捕鱼、生态栖息地遭受物理改造、外来物种入侵、全球气候变化等。

2. 陆源污染控制

联合国环境规划署执行主任施泰纳(Achim Steiner)表示,海洋污染的80%都源于陆地,按照目前的污染速度,海洋污染程度在40年内将翻一番。海洋中的陆源污染物包括污水、持久性有机污染物、放射性物质、重金属、油料、营养素、沉积物和垃圾等。

为防止海洋环境由于陆地活动而遭破坏,促进各国肩负起保护海洋环境的责任,1995年11月,108个国家的政府和欧洲联盟委员会在华盛顿达成了《保护海洋环境免受陆上活动污染全球行动纲领》。联合国环境规划署承担起了秘书处的职责。《保护海洋环境免受陆上活动污染全球行动纲领》将陆源污染物主要分为三大类:污水、垃圾和富营养化。

1)污水

在发展中国家,约有90%的污水流入河流、湖泊和海岸带,威胁着人类的健康和食品安全,污染安全饮用水。流入海洋的污水会造成海水缺氧,诱发海洋生物死亡。根据联合国环境署2010年3月发布的题为《生病的水》的报告估计,全球有245 000平方千米的海洋生态系统受到缺氧问题的影响。此外,排入海洋中的污水还会加剧全球气候变化。

2)垃圾

据联合国环境规划署估计,每年有超过640万吨陆地垃圾进入海洋,主要海基来源包括:丢失或丢弃的渔具、海岸旅游(海滩垃圾)、渔业活动、合法和非法的固体垃圾倾倒或填埋。2014年,中国91%的海面漂浮垃圾来源于陆地,剩余的9%来源于海上活动。2015年,中国国家海洋局发表了每年一度的中国海洋环境状况公报,指出塑料废弃物是中国近岸海域海洋垃圾的主要类型。2003年,联合国环境规划署曾发起"海洋垃圾全球倡议";2009年发布报告《海洋垃圾:一个全球挑战》。

3)富营养化

植物种植主要依靠氮肥和磷肥,但二者中有很大一部分没有被农作物充分吸收。一些食品、化工、轻工等企业的废水也含有大量有机污染物。氮、磷和有机污染物污染会引起海水富营养化,诱发赤潮,同时也易造成海水缺氧产生海洋生物死亡区。

3. 航运污染防治

1954年4月26日至5月12日在伦敦召开的国际防止油污会议,通过了《国际防止海上油污公约》,用以应对船只造成的石油污染问题。1959年,国际海事组织海洋环境保护委员会开始承担此项条约的管理责任。但直到1967年，油轮托雷峡谷号（Torrey Canyon）在英国海岸搁浅失事，导致超过12万吨石油流入大海，航运业及公众方才意识到石油污染问题的严重性。1973年11月，在伦敦通过了《国际防止船舶造成污染公约》。该公约是预防船只或突发事件造成海洋环境污染的一个重要国际条约。

《国际防止船舶造成污染公约》多年来不断修订，于1997年新增了附件六，即《预防船舶空气污染条例》，旨在将船舶的气体排放（包括硫氧化物、氮氧化物、消耗臭氧层物质、挥发性有机化合物）及其对全球空气污染、环境问题造成的影响减到最小限度。该附件于2005年5月19日生效，后于2008年10月修订，于2010年7月1日再次生效。

由于船舶无控制地排放压载水和其他污染物会造成有害水生物和病原体转移，会对环境、人类健康、生物资源造成损害，国际海事组织于2004年在伦敦举行会议，通过了《国际船舶压载水及沉积物控制和管理公约》。

国际海事组织负责管理的其他相关公约还包括：①《国际干预公海油污事故公约》（1969年）；②《防止倾倒废物和其他物质污染海洋的公约》（1972年）；③《国际油污防备、反应和合作公约》（1990年）；④《对危险和有毒物质污染事件的准备、反应和合作议定书》（2000年）；⑤《控制船只有害防污系统国际公约》（2001年）；⑥《香港国际安全与无害环境拆船公约》（2009年）。

国际海事组织还通过了一系列与海洋环境污染相关的责任和赔偿条约，包括：①《国际油污损害民事责任公约》（1969年）；②《海事赔偿责任限制公约议定书》（1976年）；③《关于设立油污损害赔偿国际基金的国际公约》（1992年）；④《国际海上运载有害和有毒物质造成损害的责任和赔偿公约》（1996年）；⑤《国际油舱油污损害民事责任公约》（2001年）；⑥《内罗毕国际船舶残骸清除公约》（2007年）。

4. 中国海洋生态保护相关条例与法律

我国政府陆续制定了《中国海洋生物多样性保护行动计划》（1992年）、《中国海洋21世纪议程》（1996年）、《中国自然保护区发展规划纲要（1996—2010）》等，并付诸实施。2001年10月，《渤海碧海行动计划》经国务院批复正式实施,该行动计划分三个阶段实施,目标确定为:实现陆域工业达标排放、削减入海污染物、建设沿海防护林、构建海上溢油应急系统等,从而促进渤海良好生态系统的恢复。目前,国家正在组织编制《长江口及毗邻海域碧海行动计划》《珠江口及毗邻海域的海洋环境保护规划》等重点海域环境保护规划,并组织沿海各省开展碧海行动计划。2003年,由国务院批准的《全国海洋经济发展规划纲要》提出,力争实现近岸海域生态环境恶化趋势减缓,外海水质保持良好状态,海洋生物资源衰退趋势得到初步遏制。

1983年,国务院发布《中华人民共和国防止船舶污染海域管理条例》;1985年,国务院发布《中华人民共和国海洋倾废管理条例》;1990年,国务院发布《中华人民共和国防治陆源污染物污染损害海洋环境管理条例》《中华人民共和国防止海岸工程建设项目污染损害海洋环境管理条例》。1990年,国务院批复《关于建立国家级海洋类自然保护区的批复》。1990年11月24日,国家海洋局发布《国家海洋局关于国家级海洋类型自然保护区建设与管理问题的通知》。1999年12月10日,国家环境保护总局发布《近岸海域环境功能区管理办法》。在这些管理条例的基础上,1999年12月25日修订通过《中华人民共和国海洋环境保护法》,自2000年4月1日起施行。2017年11月4日,第十二届全国人民代表大会常务委员会第三十次会议决定,对《中华人民共和国海洋环境保护法》进行修订,自2017年11月5日起施行。《中华人民共和国海洋环境保护法》对海洋环境监督管理、海洋生态保护、防治陆源污染物对海洋环境的污染损害、防治海岸工程和海洋工程建设项目以及防治倾倒废弃物、船舶及有关作业活动对海洋环境的污染损害等做出了法律规定。根据《中华人民共和国海洋环境保护法》的规定,沿海地方各级人民政府应当采取有效措施保护红树林、珊瑚礁、滨海湿地、海岛、海湾、入海河口、重要渔业水域等具有典型性、代表性的海洋生态系统,以及珍稀、濒危海洋生物的天然集中分布区、具有重要经济价值的海洋生物生存区;对具有重要经济、社会价值的已遭到破坏的海洋生态系统,应当进行恢复和整治。

为加强对海洋渔业资源的保护,2000年修订的《中华人民共和国渔业法》为海洋渔业资源的保护管理提供了重要的法律保障,明确了我国渔业发展和管理的方向及基本原则。在新修订的《中华人民共和国渔业法》中,对有关海洋及海岸生物多样性保护工作提出了明确要求。

国家环境保护总局为实施国家海洋环境保护法律和行政法规,颁布了一系列海洋环境标准,也构成了我国海洋生物多样性保护法律体系的一部分。目前与海洋生物多样性保护有关的主要国家环境标准有《海水水质标准》《渔业水质标准》《污水综合排放标准》《船舶污染物排放标准》《海洋石油开发工业含油污水排放标准》等。

我国缔结或签署的与海洋生物多样性保护有关的国际条约主要有:《联合国海洋法公约》(1996年)、《国际油污损害民事责任公约》(1980年)、《国际干预公海油污事故公约》(1990年)、《干预公海非油类物质污染协定书》(1990年)、《防止倾倒废物和其他物质污染海洋公约》(1985年)、《关于逐步停止工业废弃物的海上处置问题的决议》(1994年)等。

(二) 趋势特征

1. 国际海洋环境保护法律制度逐渐完善

早期的国际海洋环境法律制度不仅调整范围小,而且调整方式也很简单。随着国际海洋环境保护法的完善,国际海洋环境法律制度的内容也不断深入,海洋环境保护机制也逐步完善起来。早期的海洋环境保护机制,通常只是针对特定污染行为的处置,而不牵涉海洋整体环境的保护问题;通常侧重于针对污染者采取的行动,而涉及国家的责任和义务的内容很少。因此处理方式比较片面,根本无法遏止海洋环境的恶化。随着海洋环境保护工作的逐步推进,各项保护机制逐步完善,有力地阻止了海洋污染的进一步恶化,推动了海洋环境的治理与改善。

2. 各国需要承担的责任与义务不断增加

国家是国际环境责任的主要承担者。国家环境责任既包括造成环境损害后所承担的国际责任(即国际环境责任),也包括保护环境的义务(即国际环境义务)。国际海洋环境法律制度赋予了各国更加广泛的海洋环境保护的责任和义务,对国家应当承担的责任和义务的规定也更加详细具体。

3. 非政府组织的作用不断增强

以我国为例,一大批海洋环境保护人士成立了海洋保护的公益组织,开展珊瑚礁普查活动,并利用珊瑚培育专长,修复因污染、人类活动等受损的珊瑚礁。在各大海湾景区里,经常有一群志愿者在沙滩捡拾垃圾。志愿者们还经常组织有关海洋环保类活动,向公众传播海洋环保理念。2019年12月9日,由我国水生野生动物保护协会牵头的"中国珊瑚保护联盟"成立,上海交通大学也成为加盟单位。

新媒体的兴起,特别是微博、微信等新兴社交媒体的广泛应用,使公众监督权利的行使更为灵活和便利,为公众参与生态治理提供了更及时的渠道和更广阔的平台。"人人都是观察员,人人都是监督员,人人都是环保员"的理念正逐渐成为现实,有了更多公众的参与,海洋生态环保才能拥有更加坚实的基础。

(三) 国内外经验

1. 国际经验

1) 日本

日本东京湾环境的恢复与建设是典型的"先发展、后治理"的案例①。东京湾是日本经济文化的核心,主导着全日本城市和产业的发展。但是,第二次世界大战之后,东京湾海域及其沿海地带社会经济快速发展,使该地区人口高度集中、产业密集,造成了水环境污染、海岸带生境丧失、渔业资源锐减等诸多环境问题。为控制东京湾的环境恶化,日本投入了大量人力、物力,开展调查和研究,并采取了一系列治理措施。

一是对于不同类型的污染源,有针对性地制定相应的法律法规。例如,《公共水域水质保护法》《工厂排水控制法》《港湾法》《水污染防治法》

---

① 唐天均,谢林伸,彭溢,等.东京湾水环境治理对深圳的启示[J].环境科学与管理,2014,39(12):42-44.

中的地下水污染防治(1989年)、生活污水治理(1990年)、渗漏事故处理(1996年)等相关规定①。

二是有计划地推进环保工作,先后出台了《东京湾整治行动计划》和《东京湾环境恢复与建设规划》②。

三是政府鼓励企业和地方团体投入大量资金进行污染防治和技术开发应用。

通过采取以上措施,经过多年的环境整治和生态恢复,日本东京湾海域环境逐渐有了显著改善。

2)美国

美国作为世界海洋强国,其海洋开发较早,因此海洋生态环境问题也比较早出现。第二次世界大战后,美国开始在海洋资源开发利用的同时,关注海洋生态环境问题,重视海洋立法、执法、规划与战略行动计划制订、管理体制完善、科学技术创新、人才培养和全民教育、区域合作等,基本形成了较为完备的海洋生态环境现代化治理体系③,具体举措如下:

一是严格海洋生态环境立法与规划。美国注重通过立法与规划加强海洋资源开发与生态环境保护。自20世纪60年代起,美国就陆续制定了一系列法律法规,对人类海洋活动进行约束与引导。美国实行联邦制,各州有各自的法律体系。各沿海州也颁布了海洋生态环境治理法规,主要以海洋生态环境保护、海岸带综合管理等法律为主。这些法律法规为美国海洋生态环境治理提供了重要保障。

二是建立协调一致的海洋管理体制机制。① 美国积极推进基于生态系统的海洋综合管理,成立相对统一的海洋生态环境行政管理机构——国家海洋和大气管理局(商务部下属),下辖6个部门,每个部门都有明确的业务职责和权力,注重分工和合作,使海洋治理效率保持较高水平。② 在

---

① 王宪明.日本东京湾港口群的发展研究及启示[J].国家行政学院学报,2008(1):99-102.

② 寺西俊一.战后日本的环境公害及其历史教训[J].嘉兴学院学报,2015,27(1):5-14.

③ 李睿.国际著名"湾区"发展经验及启示[J].港口经济,2015(9):5-8.

海洋执法管理方面,美国建立了海洋执法集中管理部门——海岸警卫队,主要负责海事安全、海洋生态环境保护等海洋事务管理。③ 为了加强各条线海洋事务的协调,促进海洋经济与海洋生态系统平衡发展,美国于2010年成立了高级别的国家海洋委员会,负责协调各部委工作以及制定国家海洋发展政策战略。因此,美国较为成功地实现了对海洋管理各部门、各方面的统筹,加强了科学界与管理部门之间的联系,促进了海洋生态环境整体性治理。

三是重视海洋科技创新。先进的科学技术是增强海洋经济实力、打造健康海洋的重要支撑力量。从海洋环境监测、海洋生态系统修复,到海洋垃圾回收处理、海上油污清理,都离不开科学技术的支撑。① 美国一直以来都十分重视科技创新,把海洋高科技发展提升到国家战略的高度。在伍兹霍尔海洋研究所、华盛顿大学、国家海洋和大气管理局等世界一流研究机构和部门里,汇聚了众多优秀的海洋科技人才,拥有最先进的海洋科研设备和充足的资金,使得美国在海洋科技方面处于世界领先地位。例如,美国拥有先进的海洋生态系统修复科学技术。② 实现了海洋产业结构的优化升级和发展方式的转变,由粗放到集约,由传统海洋产业向新兴海洋高科技产业发展,减少了炼油、化工等传统产业带来的一系列海洋生态环境问题。

四是重视海洋观测系统建设。对监测站点进行了精密设计,运用包括动物遥测、滑翔器等在内的多种新兴监测方式。同时,加强传感器研制、资料收集平台建设与资料管理,形成了较为完善的海洋综合监测系统。

五是注重提高科学决策水平和环保意识。① 美国把科学知识与信息置于决策的核心,提出要加深对海洋的认识,持续地为管理和决策提供更多信息,进而提高科学决策水平以及应对各种变化的能力。② 美国还进一步通过正式与非正式宣传教育计划,对公众进行海洋环境保护教育,提高全民知识水平和环保意识。在政策、规划制定过程中,美国努力动员科学界、公众及其他利益相关者共同参与其中。通过组织专家圆桌讨论会、地区性公开会议,建立专门的网站等方式征集和听取各界意见和建议。在一系列政策的影响下，美国公众的海洋生态保护意识不断加强，管理者对海洋生态环境与海洋经济发展的认识以及陆海分化的意识发生转变，进而促进了相应的海洋法律法规和政策的制定、执行。

3）加拿大

加拿大是海洋大国，三面环海，海岸线长达24万千米，为世界之最。进入20世纪中后期，随着工业化发展及沿海地区经济水平的提升，加拿大近海尤其是沿海经济发达地区部分海域面临着海洋环境污染、近海生境与生态系统发生退化的威胁。为此，加拿大建立了以海洋环境治理法律为基础、以海洋执法为手段、以预防性和可持续发展为原则的海洋生态安全治理模式，有效地推动了具有加拿大特色的海洋生态安全模式的发展，为国际海洋生态安全治理实践提供了有益借鉴[①]。其代表性举措如下：

一是制定海洋发展战略。2002年，加拿大水产海洋管理机构发布了《加拿大海洋战略》。该战略完善了加拿大渔业海洋制度，并将海洋可持续发展战略置于首要地位。此后，加拿大政府又进行了一系列部署，2005年发布了《加拿大海洋行动计划》《联邦海洋保护区战略》；2007年启动了《健康海洋引导计划》；2009年发起了《我们的海洋，我们的未来：联邦的计划和行动》。这些都是由加拿大政府渔业和海洋部、环境部和公园局等共同组织实施的，目的在于改善海洋气候与海洋生态环境。

二是健全海洋环境治理法律体系。加拿大的海洋立法有着悠久的历史。1868年和1869年，加拿大先后颁布了《渔业法》和《沿海渔业保护法》，以保护海洋渔业资源。1988年，加拿大颁布了《环境保护法》，海洋环境保护是其核心内容之一。1996年，加拿大颁布实施了世界上第一部综合性海洋法律——《海洋法》。《海洋法》是一部管理海洋的基本法律，为海洋生态保护提供了根本性的法律依据。目前，加拿大海洋环境法律体系涉及海洋环境污染治理办法、海域内渔业的管理、海洋倾废物管理等方面。

---

① 陈利，卢瑛莹，陈琴，等.先进湾区生态环保历程及对浙江大湾区建设的经验启示[J].环境与可持续发展，2018，43（2）：70-73.

三是推动海洋保护区的建设与发展。加拿大海洋保护区发展历史悠久，早期主要是沿海各省建立的地方性海洋保护区。目前，加拿大联邦海洋保护区网络由三大核心计划组成：① 依据《海洋法》建立的海洋保护区，主要用来保护重要的鱼类与海洋哺乳动物栖息地、濒危海洋物种、生物多样性丰富的区域；② 海洋野生动物保护区，重点保护多种野生动物，包括迁徙鸟类与濒危物种；③ 国家海洋保育区，主要用来保护海洋自然与文化遗产。除了上述核心保护区外，具有海洋成分的候鸟禁猎区、国家野生动物保护区和国家公园也是联邦海洋保护区网络的重要组成部分。

2. 国内经验

1）厦门

守护碧海蓝天，夯实城市发展的后劲，是厦门城市管理的重大战略。在海洋生态环境治理领域，厦门近年来连续取得重大突破，打造出了"厦门样本"，值得我们学习和借鉴。

一是持续开展生态修复。2016年，厦门市观音山人造沙滩受到严重的油污染，厦门市海洋与渔业局采用创新做法，委托第三方组织实施了生物修复工程，现场就地开挖微生物处理池，利用微生物对油污的吸附、包裹、降解作用，对受油污染的沙子进行修复处理。厦门的修复技术与施工工艺可为国内类似油污染问题的生态修复提供了借鉴。此外，海沧湾蓝色海湾整治工程作为厦门市海沧区实施的第一个蓝色海湾整治工程，工程全长6.4千米，总投资3.4亿元，主要建设包括修复红树林湿地，修建休闲广场、亲水护岸和亲水栈桥。该工程实施后，大大改善了湾区生态景观，为市民增添了良好的休闲空间，并被国家海洋局列为蓝色海湾综合整治示范工程。同时，在《厦门市九龙江—厦门湾排海污染物总量控制试点工作实施方案》有效落实后，通过对陆源、溪流、海域的点源、面源、移动源多维度治理，厦门湾局部海域符合第一、第二类海水水质标准的海域面积达890平方千米，占该海域总面积的69.1%，比年度目标值上升4.2%。厦门国家级海洋公园海域水质总体良好，沙滩岸线稳定，滨海景观水平整体提升，九龙江和九条溪流入海污染物总量有所下降。

二是珍稀海洋物种国家级自然保护区建设与管理。近年来,在厦门海域出游,常能邂逅美丽的中华白海豚。事实上,不仅仅是中华白海豚,在海域生态环境继续保持稳定态势的同时,厦门海域生物多样性状况继续保持相对稳定。多年来,厦门针对珍稀海洋物种国家级自然保护区建设与管理积极探索,逐渐形成了以"规划引领,科技支撑,系统保护,执法有力,公众参与"为理念的保护区管理模式;主要保护物种中华白海豚、文昌鱼、白鹭种群稳定并逐步回升,栖息地生态环境得到科学修复和改善。厦门的保护区管理经验由此在全国范围得以推广。2017年,国家农业部渔业主管部门委托厦门市海洋与渔业局组织编制并牵头实施全国《中华白海豚保护行动计划(2017—2026年)》,牵头发起成立了全国中华白海豚保护联盟。

三是创新海洋垃圾防治体系。海洋垃圾预报和处置,得益于厦门—旧金山"伙伴城市"合作机制的开启。厦门完善了海洋垃圾收集处置机构,制订了海洋垃圾应急处置预案,实现了溪流入海垃圾漂移轨迹和分布区域的预测预报。依托自然资源部第三海洋研究所,厦门大学开展了海洋垃圾监测、评估与防治技术业务化的研究及示范应用项目,对入海垃圾尤其是微塑料垃圾做了细致的调查研究,从海洋垃圾的来源、种类、数量、分布特点等入手,分析恶劣气候条件下进入厦门海域的垃圾及其影响;建立了厦门海洋垃圾数据库,为开展海洋垃圾防治工作提供有力的基础数据支持;实现了每日对九龙江流域入海垃圾漂移轨迹、时间及分布区域的预报。厦门市还专门成立了以分管副市长为组长的中美海洋垃圾防治合作领导小组和办公室。为应对恶劣气候条件下海漂垃圾的应急处置,厦门市成立了应急处置协调小组。因此,海洋生态环境治理的厦门探索,顶层设计有力,创新举措不断,综合治理成效斐然,为城市的高质量发展提供了强劲助力。

2)深圳

深圳市为了推进全球海洋中心城市建设,同时落实国家生态文明建设要求,历时四年,审议并通过了《深圳市海岸带综合保护与利用规划》,成为指导未来深圳海岸带地区保护与利用的总体性规划。这是深圳市首个在海洋生态环境方面的专项规划,是转变城市发展方式,优化陆海空间格局和统筹陆海资源配置的战略蓝图和行动纲领。该规划对于整个海洋生态环境保护有着非常重要的意义。

一是量化环保预期目标。《深圳市海岸带综合保护与利用规划》确定了海洋环境质量、入海污染物控制、海洋生态保护与管理能力建设4个方面17项量化指标,作为海洋生态环境质量改善的重要评价因素。同时,将17项指标分为纳入政府考核要求的约束性指标和作为规划实施评估依据的指导性指标。

二是将全市海洋空间根据环保预期目标进行细分。《深圳市海岸带综合保护与利用规划》将深圳的海洋空间分为严格保护区、环境改善区、综合协调区、重点治理区四类。

三是对于全市的海洋生态环境保护工作进行顶层设计。按照"陆海统筹、系统管理"的思路,统筹规划,首次提出了海洋生态红线分类管理要求,与陆域的基本生态控制线制度一起组成深圳全域生态空间管理基本制度。同时,制定了入海污染总量控制、陆域污染控制与减排、海上污染综合治理三个层面的规划策略,强化对海洋资源的保护与生态修复,将海洋资源利用与保护相结合。

3)青岛

近年来,以海洋为特色和优势的青岛市,随着经济规模的扩张和产业升级,环境保护与资源开发的矛盾日益突出。青岛市对此采取了系列举措,取得了良好成效。

一是强化陆源污染控制。深入推进工业污染防治,加快城镇污水处理设施、雨污管网、污泥处置设施的建设和改造。到2020年,青岛市内三区和其他区市的城区污水处理率分别达到98%和90%以上,市内三区和其他区市的城区污水处理厂污泥无害化处置率分别达到90%、70%以上。同时,统筹推进农业农村污染防治,加强入海排污口、入海河流治理;开展入海水流清查、清理非法设置和不合理设置入海排污口,2020年重点河流水质全面达标。

二是强化海洋污染防治。清理整顿海水养殖污染,2019年底前,彻底清理整顿近岸海域非法和不符合分区管控要求的海水养殖,持续推进船舶污染防治,完善港口污染治理设施,推进沿岸及海上垃圾污染防治,加强陆源突发环境事件、海上溢油风险防范及海洋生态灾害预警与应急处置。

三是强化海岸带生态保护。2020年底前,青岛要完成海洋生态保护红线勘界定标工作,加强自然岸线保护,严格管控围填海活动,严格控制捕捞强度,达到国家、省级捕捞压减要求。

四是健全治理责任体系。青岛发布实施了《关于推行湾长制加强海湾管理保护的方案》,推行"湾长制",创新海湾管理保护机制;梳理问题清单、责任清单、措施清单,细化工作台账,进一步明确时间表、路线图;建立责任单位联络表。下一步将按时协调、督办,及时汇总上报进展工作情况和发布工作信息,推进打好胶州湾及近岸海域污染防治攻坚战相关工作。

五是实施生态修复工程。青岛已经编制完成《胶州湾保护利用总体规划》,积极开展"蓝色海湾""银色海滩"整治行动,推进"南红北柳"滨海湿地修复工程,组织胶州湾红岛南岸段、西海岸红石崖段和西翼段重点岸线整治修复。红岛东岸线、灵山湾岸线生态修复效果已初步显现。

六是提升海湾监管能力。青岛实施"智慧胶州湾"项目,建设胶州湾综合管理平台和大数据中心;整合优化胶州湾水质监测站位,推进胶州湾环境容量及入海污染物总量控制研究,进行了胶州湾多期遥感影像数据制作。

七是营造海湾保护氛围。青岛成功举办了以"海陆统筹、湾河共治"为主题的海洋生态文明专家行活动,加大海湾保护宣传力度,启动了胶州湾历史文化资源调查研究。

三、上海海洋生态治理现状与问题

(一) 管理机构

上海市海洋局是上海市政府主管海洋事务的职能部门。1990年,上海市海洋局与国家海洋局东海局合署办公,负责组织协调海洋生态环境相关工作。2008年,上海市政府机构职能调整,上海海洋局与上海水务局合署办公,下设滩涂海塘处、海域海岛管理处和海洋环境保护处。2018年,上海市政府机构改革,组建生态环境局,海洋生态保护职责转移至生态环境局。

(二) 发展现状

上海位于我国大陆海岸线中部,长江入海口和东海交汇处,拥有海域面积10 754.6平方千米,岸线总长约518千米(不含无居民岛),共有崇明岛、长兴岛、横沙岛3个有居民岛屿和23个无居民岛屿(沙洲),拥有港口航道、滩涂湿地、渔业、滨海旅游、风能和潮汐能等多种海洋资源。

20世纪80年代,长江口及其邻近海域基本无富营养化;20世纪80年代末至20世纪90年代初,出现轻度富营养化;20世纪90年代中后期,出现中度富营养化;21世纪初以来,基本处于中度或重度富营养化[1]。近年来,上海近岸海域渔业资源衰退、海洋生物多样性降低的状况较为突出,生态系统结构单一、生态服务功能减弱,海洋生态长期维持亚健康状况[2]。长江口海域以及长江冲淡水区的浮游植物、浮游动物、底栖动物的种类数明显减少;生物多样性降低,生物群落结构趋向简单[3]。少数优势微藻种类,如中肋骨条藻在环境条件合适时极易大量增殖形成赤潮,显示河口生态环境遭到严重破坏[4]。

上海市历来高度重视依法开展海洋环境保护工作,但受陆源污染物入海、长江流域来水水质不佳等影响,其近岸海水水质优良率长期处于较低的水平,主要超标污染物为磷酸盐和无机氮,超标区域主要分布在长江口和杭州湾北岸近岸海域。氢离子浓度指数(pH)、溶解氧、化学需氧量、石

① 李静芳,李佼,朱晨轶.上海海洋生态环境监督管理系统的设计与特色[J].海洋信息,2018,33(3):55-61.
② 王金辉,黄秀清,刘阿成,等.长江口及邻近水域的生物多样性变化趋势分析[J].海洋通报,2004(1):32-39.
③ 范海梅,蒋晓山,纪焕红,等.长江口及其邻近海域生态环境综合评价[J].生态学报,2019(13):1-15.
④ 卢长利,周芳.上海海洋资源开发中的问题及改进措施[J].黑龙江农业科学,2013(5):107-109.

油类和重金属等指标基本符合第一类或第二类标准①。

"十三五"以来,上海市认真贯彻《中华人民共和国海洋环境保护法》,通过实施全市水环境综合整治、沿江沿海污水厂提标改造、初期雨水治理、海绵城市建设等一系列陆源污染防治行动,近岸海水水质优良率有所改善(见图1~图3)。

上海水质年鉴资料显示,1991年至2017年,上海市废水排放总量基本稳定在20亿吨左右(见图4)。为保障水质排放达标,上海市建设了大量的污水处理厂。2017年,全市污水处理厂数超过50家(见图5),有力地控制了陆源污水的排放。

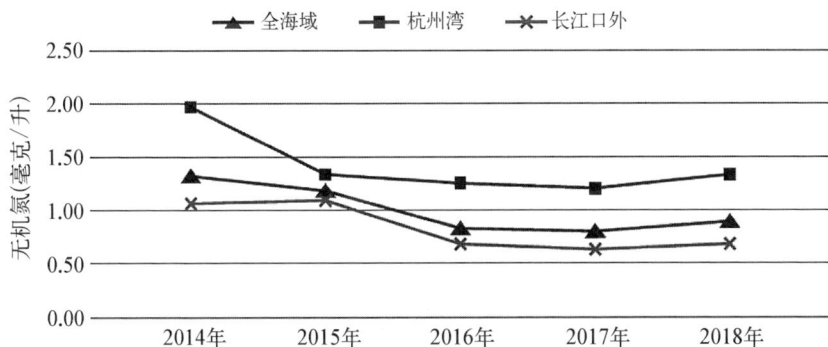

图1　2014—2018年上海市海域无机氮浓度变化趋势

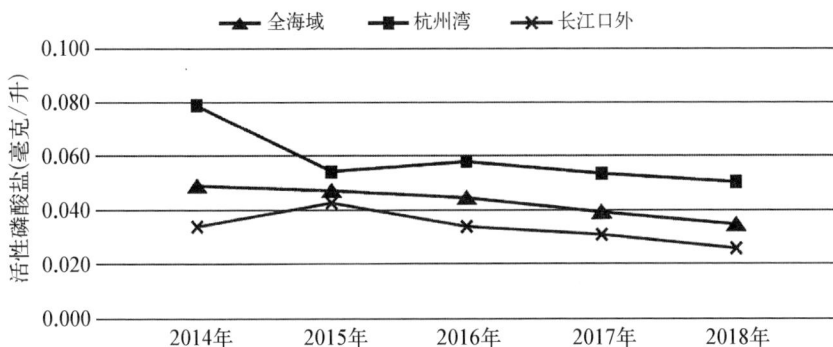

图2　2014—2018年上海市海域活性磷酸盐浓度变化趋势

---

① 上海市海洋局.上海市海洋环境质量公报[R].2013—2018.

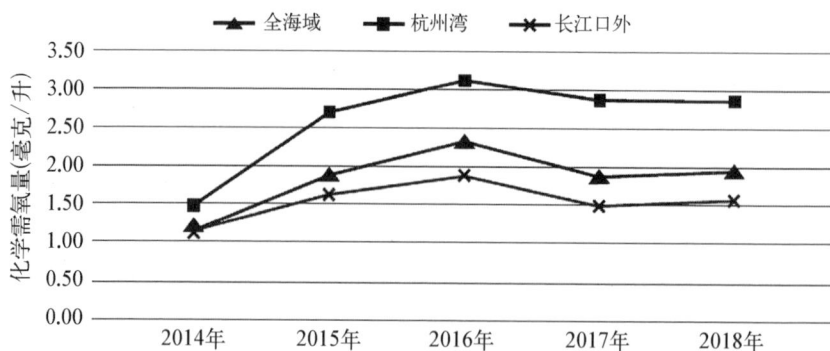

图3   2014—2018年上海市海域化学需氧量浓度变化趋势

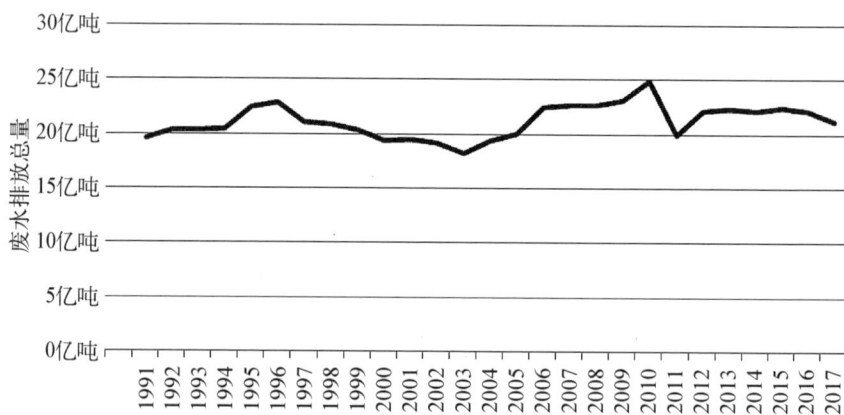

图4   1991—2017年上海市废水排放总量

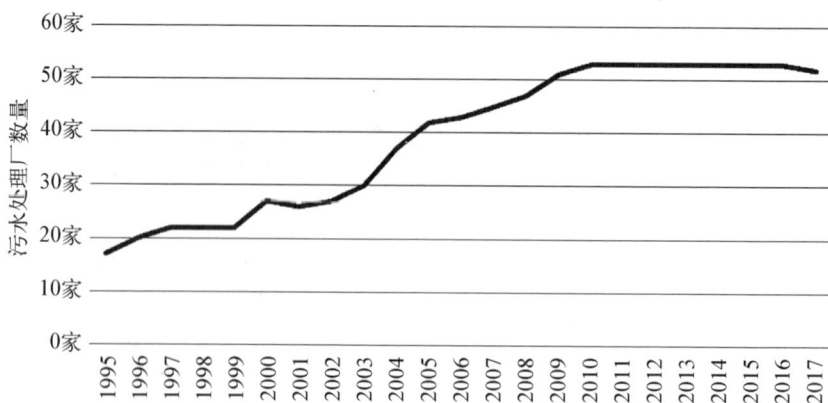

图5   1995—2017年上海市污水处理厂数量

在本次调研过程中,上海交通大学生态示范子课题调研组选取苏州河、宝山工业区、闵行工业区三个点,针对上海市的水质情况进行了实地调研,分别测定了其溶解氧(DO)、浊度、pH值以及藻类含量。基于《地表水环境质量标准GB3838—2002》,根据溶解氧指标结果,发现苏州河区域水质质量已接近Ⅱ类(集中式生活饮用水地表水源地一级保护区)水质标准,说明前期重点治理效果显著。宝山工业区和闵行工业区水质分别为Ⅲ类(集中式生活饮用水地表水源地二级保护区)和Ⅳ类(一般工业用水区及人体非直接接触的娱乐用水区),虽符合国家对于工业用水的要求,但仍需进一步加大治理力度。

(三) 已有举措

1. 依法编制海洋环境保护规划,统筹推进海洋环境保护工作

2012年,上海市编制完成《上海市海洋功能区划(2011—2020年)》,并经国务院批复同意。该区划统筹考虑了海洋环境资源保护、长江口河势控制、航道治理、淡水资源开发和生态环境保护,强化饮用水源和自然保护区以及领海基点等重点目标的保护,提出进一步规范海洋开发利用秩序,加强海洋生态环境保护,逐步修复近岸受损海洋生态环境的区划目标,并从完善法规和规划体系、全面提高海洋综合管理水平、加强海洋环境保护和生态建设、强化管控支撑体系建设四个方面提出海洋功能区划的具体实施措施。

2018年,上海市印发《上海市海洋"十三五"规划》,提出积极探索建设"全球海洋中心城市"目标,从加强陆源入海污染控制、推进海洋自然保护区建设、推进海洋生态修复工程、划定海洋生态红线区、加强海洋环境监测能力建设、建立海洋环境通报制度等方面进一步系统推进海洋环境保护工作。同时,根据《中华人民共和国海洋环境保护法》规定,上海市积极落实生态保护红线、重点海域排污总量控制、排污许可、生态补偿等制度;积极开展海洋生态保护补偿研究;按照"陆海统筹"原则,已完成生态保护红线的划定、报批和发布,启动红线勘界、发布及管控措施制定工作,推进海洋资源的科学合理开发和利用。

2. 依法加强陆源和海上污染治理与控制，严控入海污染物排放

2000年以来，上海市围绕节能减排，以滚动实施环保三年行动计划为抓手，以陆域截污治污为重点，累计投入数百亿元资金，持续加大陆源和海上污染综合整治力度，实现陆源入海污染量逐年减少。

（1）上海市大力实施陆域点源污染治理工程。按照国家计划安排，对火电、化工等15个行业核发排污许可证，实施污染物排放总量控制；推进中心城区污水治理1～3期工程、污水处理厂新改扩建以及郊区污水收集管网、重点水污染企业在线监测系统建设等，全面加强截污治污工作。截至2017年，全市污水处理率超过94.5%，居国内领先水平。

（2）实施苏州河、黄浦江等骨干河道和城乡中小河道综合整治工程。2016年底以来，上海市共摸排出1 864条段共计1 756千米黑臭河道，按照"一河一策"编制整治方案，全力推进综合治理。到2017年底，全市河道基本消除黑臭，城乡水环境面貌和水环境质量得到有效改善。2017年，上海大力推进黄浦江上游的浮吊船综合整治，全面清退165个离岸浮吊、31个靠岸浮吊，发布通告禁止在黄浦江及其支流设置浮吊设施，加强对黄浦江上游水源地和黄浦江入海水质的保护。

（3）严控新增入海排污口。2007年以后，上海市不再批准新设入海排污口，同时要求直排入海的相关企业实施截污纳管。2017年，按照《近岸海域污染防治方案》的要求，上海市环保、海洋、水务等部门联合开展了长江河口水域和杭州湾海域入河、入海排污口以及陆源入海污染物的排查工作。截至2018年初，已全面完成综合排查，为有针对性地控制陆源污染提供了第一手信息。

（4）加强海上污染源治理。加大海洋工程的污染监管力度，并开展"防船舶碰撞防泄漏专项整治""限制船舶污染物排放专项行动""渔港渔船污染防护专项行动"，加强海上污染控制。

（5）加强海洋倾倒废弃物管理。根据《委托签发废弃物海洋倾倒许可证管理办法》的规定，上海市海洋局负责签发废弃物海洋倾倒普通许可证。为规范许可行为，2010年，上海市制定了《上海市海洋局行政许可办事指南

和法律文书样式》，对审批流程进行了细化和规范。2018年1月，按《国务院关于第三批取消中央指定地方实施行政许可事项的决定》的要求，上海市海洋局向国家海洋局东海局移交倾废许可证签发工作的职权。

（6）依法开展海洋生态环境监测。上海市海洋局制定了上海市海洋生态环境监测工作方案，合理布设了水质站位354个，沉积物、生物站位各206个。每年开展近岸海洋生态环境监测、海洋环境监管监测、公益服务监测、海洋生态环境风险监测、海洋资源环境承载力试点监测等工作，对上海市及邻近逾1.72万平方千米海域的水文气象、海水、沉积物、海洋生物等百余项要素进行监测，并定期对监测数据进行分析评价。每季度发布海洋环境质量通报，每年发布上海市海洋环境质量公报。

3. 严格落实海洋生态治理示范，强化监管与信息化建设

近年来，上海市通过加快建立海洋生态文明制度体系，落实海洋保护法律制度，加强海洋执法监管，规范海洋开发利用行为，推进治理示范、依法保护，改善海洋生态环境。

（1）积极推进海洋生态环境修复。加强海洋和海岸带生态环境保护，持续开展滨海湿地生态环境修复，专项实施了洋山港海域海洋生态环境保护与修复，临港生态协调区海岸带生态廊道、金山鹦鹉洲湿地、大金山岛保护等海洋生态修复工程。

（2）加强海洋工程建设监管。持续加强河口海洋自然保护区的日常管理，建立巡视、检查、维护等一整套工作制度，落实相关管理要求。按照《防治海洋工程建设项目污染损害海洋环境管理条例》的要求，对新建、改建、扩建海洋工程项目依法核准环境影响报告书。此外，根据上海市实际，制定了《上海市海洋工程建设项目专家评审管理办法》《上海市海洋工程建设项目环境保护设施验收管理办法》等文件，进一步严把审批关，并加强批后监管。

（3）对涉海工程和海洋倾倒区域加强监管执法。每年开展海洋环保"碧海行动"专项执法，严格落实对海洋工程的日常监管制度，完善在建海洋工程的执法档案材料。同时，出台海洋工程环境影响评价报告，核准在

建和已建成项目环境保护情况的执法检查力度。对黄浦江、长江沿岸码头开展全覆盖陆上排查，掌握码头疏浚作业情况，调查疏浚物倾倒许可办理及实际处置作业情况，从源头上查禁违法倾废行为。同时，重点加强对倾废敏感区域的执法监督检查，加大夜间巡航和航迹监视的工作频次与力度，严厉打击未经批准向海洋倾倒废弃物、不按照批准的条件或区域向海洋倾倒废弃物等危害海洋生态环境的违法行为。

（4）推进海洋环保信息化建设。整合水务、气象、海事、环保等部门的信息资源，加大海洋生态环境监督管理系统的开发和应用，提升海洋生态保护与监管的信息化管理水平，用现代科技手段强化海洋环境的保护和执法监管。

（四）存在的主要问题

1.近岸海域污染监控防治工作仍有待加强

上海市近岸海域污染较为严重，沿岸海域长期处于严重富营养化状态。除了长江入海污染量大这一主要原因外，上海本地陆源入海污染源监管尚不到位也是原因之一。《中华人民共和国海洋环境保护法》第三十条规定，入海排污口必须报环境保护行政主管部门备案。2017年底，国家海洋督察组对上海开展围填海专项督察工作时指出，由于长江河口海域划界不明确，上海市有些离岸排放入海排污口并未依法办理用海审批手续。

《中华人民共和国海洋环境保护法》第四十条要求，沿海城市人民政府加强城市污水的综合整治。上海虽然在全力推进城镇污水处理厂的提标改造，但总体进度有些滞后，目前有些城镇污水处理厂仍未完成提标改造，尚未达到一级A排放标准。

《中华人民共和国海洋环境保护法》第十四条规定的环境监测制度也未全面落实，部分入海排污口、排涝泄洪口尚未实现监测的全覆盖。《中华人民共和国海洋环境保护法》第七十三条明确要求，对向海洋超标准排放污染物的行为应当采取罚款、责令停业、关闭等各种惩治措施，但上海市有关部门执法力度时有不到位的情况，致使企业超标入海排放行为未得到及时制止。

2. 海洋生态保护区建设及资源管控工作落实不到位

目前,上海市的自然保护区有金山三岛海洋生态自然保护区、长江中华鲟自然保护区、九段沙湿地国家级自然保护区、崇明东滩鸟类自然保护区等。然而,与海洋生态相关的保护区只有金山三岛海洋生态自然保护区,因此,上海还需加强对海洋生态保护区建设的重视程度,增加全市海洋生态保护区与海洋特别保护区的数量。

此外,在推进自然保护区建设和实施生态红线规定的过程中,上海也还存在管理和执法不到位的情形。《中华人民共和国海洋环境保护法》第四十七条、第四十八条对海洋工程建设项目的环评审批和环保设施使用提出了明确要求,但上海市个别新建或扩建的港口码头、采砂、滩涂整治等项目未办理相关手续,未依法开展海洋工程环境影响评价。有些滩涂整治项目未按照环境影响评价要求落实环境监理、跟踪监测、生态修复、生态补偿等环境保护措施。政府监管部门事中、事后监管亦不到位,未及时开展相关监督检查,督促法律规定和环境评价要求的有效落实。

3. 海岸生态系统修复工作重视不够

由于长期以来城市建设对沿海生态系统的影响,上海市海洋生态系统受损严重,修复工作迫在眉睫,其中海岸生态问题尤为显著。根据上海市海洋局2014年6月的检测显示,上海市大陆海岸线全长213.05千米,其中杭州湾北岸段长90.62千米,长江口南岸段长122.43千米。由于上海市海岸线天然地理位置不佳以及人为开发利用,自然岸线保有率仅有12%,远低于国家海洋局印发的《海岸线保护与利用管理办法》中提到的全国自然岸线保有率不低于35%的要求。

在立法与制度建设方面,海岸带法治建设也有待加强,海岸线严格分类管理及相关执法工作仍不到位。虽然各部门在海岸线管理方面已经建立了一定的协调机制,但海岸带管理工作交叉重叠问题仍然存在,需继续做好不同部门间的融合与衔接,理顺管理体制和机制。

4. 长江流域、河口海域协同治理有待加强

上海作为长江和杭州湾的入海区域,河口部分水域和海域重叠,实际

管理中存在职能交叉和法律适用冲突问题。例如,重叠区域的排污口管理,适用《中华人民共和国水污染防治法》或《中华人民共和国海洋环境保护法》会有不同的要求。同时,由于长江口河口海域未明确划界,是否纳入海域管理还存在争议。例如,有的滩涂整治项目仅按规定缴纳滩涂使用费,并未按海域管理缴纳海域使用金。

上海地处长江流域最下游,上游来水水质对上海市近岸海域海水环境质量存在重要影响。尽管长江入海水质处于Ⅲ类水质的水平,但入海污染的总量相当惊人,远超上海近海海域的承载能力。根据长期跟踪监测结果显示,上海市陆源入海污染物总量(化学需氧量、总氮、总磷、重金属等)仅占长江等上游下泄污染量的4%~5%,入海河流全流域协同治理亟须进一步加强。如果不加强长江全流域的污染防治,长江口近海生态环境质量难以从根本上得到改善。

四、上海打造全球海洋生态示范中心的总体思路和发展目标

(一) 总体思路

紧密围绕习近平总书记"生态优先、绿色发展"理念,加强海洋生态文明建设,配合上海海洋发展的总体目标三步走战略,以"数字海洋、智慧海洋"为支持,以"和谐共生、生态红线"为准绳,以"完善体制、合理布局"为基点,以"源头控制、区域联动"为抓手,"开发和保护并重、防治和示范并举",打造"活力海洋、安全海洋、和谐海洋"的区域生态海洋,为建设上海全球海洋中心城市发挥生态保护示范功能。

(二) 基本原则

1. 科学监测,准确预警

设置科学化、标准化监测项目与指标,完善海域动态监测体系。加强对海洋污染和突发性灾害事件的监测与研判,逐步形成常态化、长效性的海洋环境动态监测和海洋灾害预警机制。

2. 源头控制,精准防治

针对造成入海河流污染的产业集聚区和城镇生活污染源以及海上污

染源进行重点控制,查清污染物构成、来源和危害程度等;对存在的问题及其相互关系进行排查,集中研究力量找出症结所在,抓住关键环节;对需要协同解决的问题,要善于进行多环节联动。

3. 保护为先,修复示范

树立保护优先的理念,大力推进海洋生态红线划定和海洋生态示范区建设;加大入海污染防治力度,加快建立海洋生态红线制度,全方位实施海岸、海域的生态整治修复。

4. 陆海统筹,以海定陆

海洋生态修复和示范应与陆地协同治理,从根源上解决海洋生态环境污染的问题。对陆地、海岸、近海等不同区域的海洋倾废、渔业生产、填海造地、海岸工程要总体考虑,统筹治理。

(三)发展目标

到2025年,上海海洋环境污染得到有效治理,海洋生态环境明显改善:① 一般工业用水区及人体非直接接触的娱乐用水区的水质均达到Ⅳ类以上,主要集中式生活饮用水地表水源地二级保护区水质达到Ⅲ类。② 主要污染物排海总量基本得到有效控制,海洋生态环境质量得到明显改善。例如,海洋生态红线区面积占管辖海域总面积的15%(按本市管辖海域总面积10 000平方千米计算),海洋生态红线区域内海水水质功能区达标率提高15%;海水水质第四类、劣四类面积减少15%;自然岸线保有率达到15%。③ 基本建成与上海"四个中心"建设和全球科创中心目标相适应的海洋生态环境友好、海洋管理科学的海洋生态环境保护体系。④ 海洋环保财政投入明显加大,重点海域整治和生态修复取得明显成效,流域区域治污联动性加强,海洋生态系统实现良性循环,海洋可持续发展能力显著增强。

到2035年,力争实现:① 水质进一步改善,工业区域水质达到Ⅲ类以上,主要集中式生活饮用水地表水源地二级保护区水质达到Ⅱ类。② 主要污染物排海总量得到有效控制,保持海洋生态红线区面积不减少,海洋生态红线区域内海水水质功能区达标率提高25%,自然岸线保有率达到

20%。③ 上海海洋生态环境管控能力明显提高,海洋环境灾害得到有效监控,综合管理达到沿海省市领先水平,海洋生态环境保护体系更加完善,基本建成与全球海洋中心城市地位相适应的海洋生态环境。④ 全市的海洋生态环境保护体系更加完善,实现让海洋更安全、更美丽的目标。

五、上海打造全球海洋生态示范中心的政策和项目建议

为加快推进上海全球海洋生态示范城市建设,围绕上海海洋生态现状和打造全球生态示范城市的目标要求,借鉴国内外先进海洋城市的治理经验,提出如下建议。

(一) 设立国家级海洋生态保护区,全面推进海洋生态文明建设

一是深化崇明世界级生态岛建设。围绕世界级生态岛建设目标,以建设上海全球海洋生态示范城市为契机,争取将崇明岛建设成国家生态文明先行示范区。

二是将金山三岛海洋生态自然保护区发展成国家海洋公园,发挥其生态示范作用。金山三岛海洋自然保护区是上海市第一个、也是唯一一个市级海洋生态型自然保护区。金山三岛多年来受人类活动影响较少,并长期处于自然演变状态,是上海野生动植物资源最丰富、环境质量最优的区域,具有开发成为国家海洋公园的潜力。

三是营造亲海文化,打造海上看上海的新名片。因地制宜地贯通环海绿道,构建海洋文化主题公园。在不破坏现有自然岸线的基础上,可通过湿地小径、海滨广场、滨水绿道、沙滩漫步、丛林穿越等方式,构建市民亲海的公共空间与海洋主题公园,构建海洋生态文化。

(二) 依托科研优势,协同攻关,重点突破生态治理难题

一是完善生态环境监测体系建设。设立相关科研或公关项目,建设天地一体化的生态遥感监测系统,加强生态监测和评估;健全本市固定源、面源和移动源在内的污染源监测体系,重点排污单位率先实现污染物排放在线监测的全覆盖,完善重点企业和化工园区监测体系。

二是探索河海联治工程,联合高校与科研机构,开展生物净化水质项

目；针对污染超标的长江口和杭州湾北岸近海海域设立重点治理项目；研究实施长江口、杭州湾等重点河口海湾污染综合整治研究，针对特殊或者代表性污染物检测与降解开展攻关，突破技术瓶颈。

(三) 以制度规范为准绳，严格环境执法，加强监管

全面落实《中华人民共和国环境保护法》《上海市环境保护条例》等法律法规，坚决制止和惩处破坏生态环境的行为。实行生态环境损害赔偿制度。创新生态文明制度，试点建立自然资源资产产权和用途管理制度、生态环境损害责任终身追究制度。切实落实推进对海洋工程、海岸工程的环境监管。结合落实环境监察监测执法改革方案、基层社会治理和城市管理综合执法体制机制改革，推动环境执法重心向区、街镇下移。加强属地环境执法，强化环保专业执法和城市管理综合执法的联动，构建市、区、乡镇三级环境监督网络。继续强化多部门联动监管、联合执法，完善环境保护行政执法和刑事司法衔接机制。坚持陆海统筹，以实施污染源防控为重点，实施陆源污染物达标排海和排污总量控制制度，持续削减本市陆源入海及海上污染负荷。

(四) 推进全社会环保共建共治共享

加强环境保护社会治理机制建设，构建政府为主导、企业为主体、社会组织和公众共同参与的环境治理体系。深入推进环保政务公开，完善建设项目环境影响评价信息公开机制，落实企业环境信息公开制度，接受公众监督，推动全社会参与环境保护。引导环保社会组织有序发展，建立和完善环境公益诉讼制度。

六、上海打造全球海洋生态示范中心的具体举措建议

(一) 坚持陆海并重、监测严防，从源头上监控海洋生态环境质量

1. 以入海河流全流域治理为目标，加强河流入海污染控制

切实推进"上海十大工程"中的"入海陆源污染物总量控制工程"。重点研究长江、黄浦江、杭州湾等功能区入海污染物总量控制。实施入海河口水质自动监测，开展入海河流上游的水环境综合治理，建立入海陆源

污染物排海总量控制模式和方法体系,确定河口港湾水质主要污染物总量控制指标体系。积极开展重点海域的海洋环境容量与入海污染物总量控制制度研究,加强入海排污口区域规划。建立河口海域污染治理溯源追究、分工治理责任制,加强督察,确保治污效果。

2. 以产业集聚区和城镇生活污染源治理为重点,构建按功能区划分的陆源入海污染总量控制制度

加快产业结构调整,构建循环型和生态型海洋产业集聚区,强化总量控制产业集聚区入海污染物排放。实施临江、沿河生活、工农业重点污染源的整治。对于产业集聚区,应强化污染控制与管理,实现工业企业与集控区污水稳定达标排放。针对沿岸工业排污口开展有毒有害特征污染物排放调查评价,研究制定安全排放标准,并严格执行。针对城镇生活污染源,应加快沿海地区城镇污水集中处理设施及其配套管网的建设,提高城镇污水收集和处理能力,提高处理设施脱氮和脱磷能力,推动实施雨、污分流工程。

3. 以涉海项目污染防治为抓手,加强海上污染控制

严格控制海上各项工程的审批和建设,加大对港口船舶污染、养殖污染、围填海污染、海洋倾废污染等领域的治理力度,积极开展海岸垃圾清理。发展基于海洋生态可持续发展的围填海技术,选择崇明、浦东新区、奉贤、金山等地开展基于生态可持续发展的围填海示范工程。强化海洋倾倒许可证制度,严格控制倾倒数量和倾倒频率。

4. 优化海洋生态环境监测技术

加大对陆源入海污染的调查、监测和管理,完善污染监测网,健全卫星、船舶、岸站立体监视和执法体系。加强海洋环境调查与监视,增设海洋污染监测站点,以多样化检测手段加强海上检测力度。进一步完善灾害观测设施建设,加快海洋环境监测中心实验室建设,合理布局不同海域监测点,积极构建海岸带、海岛、近海、外海和远洋观测体系。突出沿海产业集聚区、海洋灾害频发易发区和海洋灾害防御薄弱点,加强重点海域、岸段和重点开发保护海岛的海上浮标、综合观测平台和观测站(点)建设。统筹近

岸陆海环境监测监视资源,建立海洋环境监测信息共享平台。按照统筹安排、共建共享、互联互通的要求,整合现有观测设施资源。对于上海市海域重点监测指标的监测与分析要做到全方位、无死角、动态化,及时发现可能会对海洋生态产生重大影响的污染源,为及时预警与防治提供科学依据。

5. 完善海洋生态预警平台

完善沿海及海上主要环境风险源和环境敏感点风险防控体系以及海洋环境监测、预警与防灾减灾体系。加强对海洋灾害和突发性事件的舆情监测与研判,逐步形成常态化、长效性的海洋环境动态监测和海洋灾害预警机制。加强咸潮、赤潮、外来物种入侵等灾害关键预警预报技术研究与应用,建立海洋灾害精细化数值预警模式。加快海漂垃圾、海域核泄漏物、海上溢油、危化物等扩散漂移数值预报模型及预警技术研发,及时准确提供漂移方位、污染范围等辅助决策信息。做好重大海洋灾害预警信息发布工作,同时做好海洋自然灾害和船舶溢油等事故灾害的预防与处置。

(二) 加强建设海洋生态保护示范区,引领全球海洋生态环境可持续发展

1. 严格实施生态红线管控

在国家大力倡导生态文明建设的大背景下,结合上海长江河口海域特点,大力推进海洋生态红线的实施和管控。严格执行《中华人民共和国海洋环境保护法》的有关规定和《上海市生态保护红线划定方案》,禁止损害海洋生态功能的开发建设活动,加强生态红线区域执法监管,切实落实保护责任,确保海洋生态红线面积不减少、性质不改变、生态功能不降低,从而为海洋强国、建成“生态良好、环境优美、智慧低碳”的上海全球海洋中心城市提供有力保障。

2. 开发与保护并重,推进海洋生态保护区建设

加强海洋资源综合管控,完善海洋生态管理机制;促使海洋环境保护向污染防治与生态建设并重转变,促进海洋经济的快速健康发展。切实推动“上海十大工程”中的“多功能生态鱼礁群示范工程”,在长江口近海区和近岸无人岛附近海域建设多功能生态鱼礁群,构建长江口生态鱼礁产业

链,带动上海市长兴岛中心渔港建设。推动建立国家和上海市两级海洋生态保护区,加强保护区建设的资金、政策和技术支持。组织新建国家级海洋保护区,健全保护区网络体系。

3. 探索建立海洋生态补偿机制

实行陆海统筹、污染溯源,明确责任主体。建立对重点海洋生态功能区的补偿机制,健全海洋生态损害赔偿制度。建立海洋生态补偿的综合管理机构,完善监督管理体系。确定海洋生态资源损害补偿主要用于海洋生态环境修复、保护和管理。建立统一的生态补偿基金,加大对污染海洋环境和违法开发利用海洋资源的处罚力度,保障所得资金能够悉数用于海洋生态补偿。

(三) 分类实施海洋生态保护与修复,全面改善全市海洋生态环境

1. 加强海洋生物多样性保护

开展海洋生物资源和生态环境调查评价,研究上海海域典型生态系统和物种多样性保护方案;出台海洋生态修复、生态保护与利用规划。实施海洋生物增殖放流和珍稀物种保护救治。增设海洋特别保护区,并出台相应的监督管理办法。完善和建立海洋生物多样性调查及信息系统和监测综合信息平台,完善生物多样性保护监测网络。

2. 实施生态修复重点工程

重点实施"南红北柳"湿地修复、"银色海滩"岸滩整治、"蓝色海湾"综合治理和"生态海岛"保护修复等工程,有效恢复受损的海洋生态系统。对有条件的滩涂可因地制宜地进行植被种植,从而提高湿地植被覆盖率,改善海洋生物栖息环境,恢复生物多样性。对因围海、填海等人类活动造成生态系统严重受损的海湾及滨海湿地,通过水系重构、生态补水、疏通潮沟等措施,遏制滨海湿地退化趋势。

3. 海岸线资源管理与合理开发

对海岸线实行分类管理,科学规划海岸带利用格局,理顺海岸线保护利用的管理机制。编制海岸线保护和利用规划,协调港口、航运、围垦、养殖、旅游和临港工业等开发建设活动,建立海岸线常态化动态监测机制,加

强对特色海岸自然和人文景观的保护。定期开展海岸带调查统计工作,全面掌握本地区海岸线类型、利用现状等基本情况,统计自然岸线保有率。对于海岸线资源的利用,可分为重点开发区域、限制开发区域和禁止开发区域。海岸线的修复工作需纳入"蓝色海湾""南红北柳"等整治行动中,对受损自然岸线进行整治与恢复。采取护岸加固、海堤生态化建设等手段,有效提升岸线稳定性和自然灾害防护能力。通过清除岸线两侧违法建筑和设施,恢复海岸线的生态功能。

(四) 部门与区域联动,全面系统根治上海市海洋生态环境问题

1. 健全上海市海洋生态协同管理体系

设立上海市海洋环境灾害与污染事故报告举报和应急指挥中心,建立完善市、区(县)二级海洋灾害应急指挥机构和应急指挥平台。加强海洋、气象、水文等部门专业预警预报机构的合作,增强其对灾害的应急处置能力,形成指挥有力、运转高效、分工明确、配合密切的全市海洋灾害应急指挥体系。加强地方环保部门与海洋部门在近岸海域污染事故监测与处理方面的合作,提高对各类海洋污染事件的综合协调与应对能力。科学评估海洋资源环境综合承载能力,合理确定海洋开发规模、方式和时序。统筹处理好开发和保护、规模与效益、投入与产出的关系。严格落实生态红线制度,有效控制污染物排放;创新推广海洋循环经济,提高节约集约用海水平,实现生态海洋、美丽海洋的目标。

2. 建立分工协助的多部门联合执法机制

根据国家有关规定和全国人大环资委关于河口海域管理的意见,抓紧组织开展上海市长江口河海划界工作,研究提出长江口河海划界方案,从而明确职责分工。加强长江流域统筹协调,实现长江三角洲海洋生态系统的"动态平衡、安全健康、循环节约、区域协调",促进区域海洋经济可持续发展。

充分发挥长三角区域污染的协作防治机制,以实施污染源防控为重点,强化水污染防治等领域协同执法监管。以恢复和改善近海海洋生态环境质量以及保障区域海洋生态安全为立足点,以生态规划、循环经济和科学发展观为总体设计理念,实施不同部门与区域的联动,协调海洋开发利用和生态建设,提高海洋防污、生态修复的效率。

协同加强对生态红线区内的重点区域和重点项目的海洋环境保护专项执法,严厉打击涉海工程项目建设、海洋倾废和涉及海洋保护区及海洋生态系统的环境违法行为。协调海洋资源开发与保护、恢复重点海域生态环境、提高海洋生态系统服务功能。

3. 协同攻关提升海洋生态示范建设能力

加大对海洋环保科研的支持,充分发挥海洋科研机构、高等院校等海洋科研力量的作用,加强在海洋环保、海洋生态方面的研究合作与技术交流,重点开展长江口地区、黄浦江地区的海洋环境问题研究合作,重点组织研究和解决海域环境容量与环境质量调控技术、典型生态功能区退化机理与受损生态系统修复技术等海洋环境关键性、基础性科学问题,提升海洋生态系统保护、修复的技术水平,提高海洋生态环境治理能力。

参考文献

［1］陈利,卢瑛莹,陈琴,等.先进湾区生态环保历程及对浙江大湾区建设的经验启示［J］.环境与可持续发展,2018,43(2):70-73.

［2］范海梅,蒋晓山,纪焕红,等.长江口及其邻近海域生态环境综合评价［J］.生态学报,2019(13):1-15.

［3］李静芳,李佼,朱晨轶.上海海洋生态环境监督管理系统的设计与特色［J］.海洋信息,2018,33(3):55-61.

［4］李睿.国际著名"湾区"发展经验及启示［J］.港口经济,2015(9):5-8.

［5］卢长利,周芳.上海海洋资源开发中的问题及改进措施［J］.黑龙江农业科学,2013(5):107-109.

［6］寺西俊一.战后日本的环境公害及其历史教训［J］.嘉兴学院学报,2015,27(1):5-14.

［7］唐天均,谢林伸,彭溢,等.东京湾水环境治理对深圳的启示［J］.环境科学与管理,2014,39(12):42-44.

［8］王金辉,黄秀清,刘阿成,等.长江口及邻近水域的生物多样性变化趋势分析［J］.海洋通报,2004(1):32-39.

［9］王宪明.日本东京湾港口群的发展研究及启示［J］.国家行政学院学报,2008(1):99-102.

04

专题报告4

海洋文化交流和教育

摘　要：全球海洋中心城市引领着世界海洋先进文化的发展方向，并在培育创造海洋文化、推动海洋教育发展、促进全球海洋文化交流中发挥着重要的组织者和推动者的作用。发展海洋文化教育功能是上海全球海洋中心城市建设的应有之义和内在要求。本专题报告回顾了全球海洋文化交流的历史脉络，梳理了国内外发展海洋文化的经验做法，剖析了上海海洋文化交流和教育发展现状及存在的问题，提出了上海打造全球海洋文化交流功能的总体思路、发展目标和对策建议。

关键词：海洋　文化　教育

一、对本专题研究的总体认识

2017年，国家发展改革委和国家海洋局联合印发的《全国海洋经济发展"十三五"规划》明确提出，推进深圳、上海等城市建设全球海洋中心城市。建设全球海洋中心城市是国家交给上海的一项重要任务，对新形势下推进我国改革开放、建设海洋强国和实现上海高质量发展都具有极其重要的意义。作为全国最大的经济中心城市和沿海城市，上海依海而生、因海而兴，海洋不仅孕育了上海"海纳百川、追求卓越、开明睿智、大气谦和"的城市精神，还塑造了上海开放、创新、包容的城市文化品格和气质，对推动上海历史上与世界各大文明交流对话发挥了重要的载体和通道作用。

所谓海洋文化，是指人类认识海洋、开发海洋、保护海洋、管控海洋等与海洋互动以及不同文明之间交融过程中所形成的物质成果、精神风貌、生活方式和价值观的外在表现。纵观全球海洋中心城市，无不承担着海洋经济引领、海洋科技创新、海洋文化教育、海洋生态保护、海洋事务国际合作、全球海洋治理等诸多方面的综合功能。特别是在海洋文化教育功能方面，全球海洋中心城市引领着世界海洋先进文化的发展方向，并在培育创造海洋文化、推动海洋教育发展、促进全球海洋文化交流中发挥着重要的组织者和推动者的作用。

总的来看,发展海洋文化教育功能是上海全球海洋中心城市建设的应有之义和内在要求。在推进全球海洋中心城市建设的过程中,上海必须充分发挥近代城市海纳百川的文化底蕴和上海海洋文化教育资源丰富的优势,借鉴其他全球海洋城市先进经验和成功做法,积极培育和壮大海洋文化教育功能,力争成为国家对外海洋文化交流展示的纽带和窗口,打造具有世界影响力的国际海洋文化交流和教育中心。

二、全球海洋文化交流的发展历史与国内外经验借鉴

(一) 全球海洋文化交流的历史回顾

海洋自古就是世界各国经贸和文化交流的天然纽带。自2 000多年前的秦汉时期开通以来,古代海上丝绸之路从中国东南沿海出发,经过中南半岛和南海诸国,穿过印度洋进入红海,抵达东非和欧洲,构成了中国古代与亚欧非国家政治、经济、文化往来的海上大动脉,为东西方文明传播和交融作出了重要贡献。到了15—16世纪的地理大发现时期,郑和七次下西洋、哥伦布发现美洲新大陆、达·伽马通航印度、麦哲伦环球探险,都大大加速了世界各国贸易往来和文化交流的进程。世界从此不再是一个个孤立的大洲或国家,而是通过海洋迅速联结在了一起,人类也正式从陆地文明开始进入海洋文明。进入20世纪,随着经济全球化逐渐深入、产业分工不断细化和国际航运快速发展,海洋在世界各国经济和文化交流的重要通道与载体作用更加凸显出来,世界逐步变成了地球村。

1. 古代海上丝绸之路:海洋贸易和文化交流开始起步

作为中国与外国贸易和文化往来的海上大通道,古代海上丝绸之路推动了沿线各国的相互交流和共同发展。特别是在宋元时期,中国造船技术和航海技术的大幅提升以及指南针在航海领域的广泛运用,全面提升了商船的远航能力,促进了海上贸易的大发展。中国由此同60多个国家有着直接的"海上丝路"往来。明代郑和七次下西洋,更是成为古代海上丝路

进入极盛时期的重要标志。

1）海上丝绸之路是东西方海洋贸易的主要通道

中国是东方文明古国，中国产品历来在国际市场上很受欢迎。从出口商品来看，唐代以前，中国对外贸易输出的商品主要是丝绸和黄金。唐代以后，陶瓷开始受到海外市场青睐，成为另一种主要输出商品。明末至清代，茶叶传入欧洲，开始成为中国最大宗的出口商品。从进口商品来看，中国进口的主要是香料、珠玑、翠羽、犀角、象牙、玳瑁、琉璃、玻璃、玛瑙及其他各种宝石等土特产和奢侈品，明清以后又增加了西洋毛织品、棉织品、钟表、香水、皮毛、金属等。东西方各国通过海上丝绸之路进行经济贸易交往，共同分享人类创造的物质文明。

2）海上丝绸之路是东西方文化交流互鉴的重要通道

秦汉时期海上丝绸之路开通之后，远至印度、罗马帝国的外国商人、使节，都沿着这条航路，源源不断地进入中国内地。经过多年的发展，从地中海西部，到非洲东部，穿过印度洋各国，再到中南半岛和南海诸国，直至中国东南沿海各地，都纳入海上丝绸之路所编织的海洋贸易和文化网络之中。沿着这条网络，中国的历史文化和技术也得以广泛传播至海外。例如，中国的纺织、造纸、印刷、火药、指南针、制瓷等工艺技术，绘画等艺术手法，乃至儒家、道家等哲学思想，都通过海上丝绸之路传播到海外，对周边国家和地区的发展乃至世界文明都产生了不同程度的影响。同时，西方的天文、历法、数学、雕塑、绘画、哲学、宗教、科技等也传播到了中国。因此，海上丝绸之路不仅是沿线各国在物质上互通有无的"商贸之路"，也是各国文明交流的"文化交流之路"，还是中外国家友好往来的"和平对话之路"。

2. 新航路开辟与地理大发现：中西方开始直接大规模的文化交流

新航路的开辟是一个循序渐进的历史过程。早在15世纪上半叶，郑和开辟了中国直达东非的航路。在同一时期的西方，葡萄牙和西班牙等国也在探索通向东方的航海之路。在葡萄牙，从15世纪中叶葡亲王亨利组织葡萄牙人在非洲大西洋海岸的航行，到1487年葡萄牙人迪亚士航行至非洲最南端的好望角，再到1497年达·伽马绕过好望角东行最终抵达印度西海岸卡里库特;在西班牙,从1492年哥伦布扬帆西航开辟欧洲通往美洲的新航路,到1521年麦哲伦率西班牙船队最终完成了环球航行,这些新航路的开辟,在世界发展史上具有划时代的意义。

尽管中西方文化交流在新航路开辟前就已开始,但由于没有直达的海上航路,中国与西方的交流主要是中转式或分段式的,即中国的物质文化与精神文化往往通过阿拉伯人、波斯人等传到西方,而西方国家的物质文化与精神文化也往往通过这些人群传到中国。伴随着新航路的开辟(葡萄牙人占据澳门后开辟的一条西欧直达中国的航线,即澳门—满剌加—果阿—里斯本航线以及西班牙人麦哲伦开辟的全球航线),这种状况得到了彻底改观,使得传统上已经存在的远东到红海的东西海上丝绸之路向东延伸到美洲,进而扩展到全球,亚洲开始从东西方两个方向与欧洲进行联系和文化交流。例如,虽然中国丝绸早在地理大发现前就已声名在外,并远销西欧,但由于交通不便以及财富不足等因素的影响,西欧人对中国丝绸的消费能力和消费数量都比较有限。由于新航路的开辟,世界海道大通以及由此而引发的以掠夺黄金为目的的西欧殖民者大规模地向海外扩张,使得殖民地的财富尤其是美洲的黄金白银源源不断地流入西欧(16世纪欧洲贵重金属拥有量增加了10倍),大大提高了欧洲人的财富水平和对中国丝绸、陶瓷的购买能力。同时,新航路开辟也为西方传教士大批来华传播宗教精神和欧洲文化打开了方便之门。虽然早在唐代就曾有传教士来华传教,但无论是经由陆上丝绸之路还是传统的海上丝绸之路来华,都要经历漫长的时间、经受巨大的风险,导致来华的传教士人数不多。正是由于新航路开辟后西方传教士大批来华,中西方精神文化交流开始迈上了一个新台阶。

3.20世纪以来:全球化时代和海洋文明时代来临

随着第二次工业革命的开展,世界各国开发海洋、利用海洋又到达了新的高度。海洋已经不仅仅是一种联结各国的运输方式,更成为各国争夺的宝贵资源。

1)海洋成为世界经济和贸易的"大动脉"

当前,海运是国际贸易中最主要的运输方式,85%以上的国际商品贸易通过海上运输来实现。特别是20世纪七八十年代的集装箱大规模运输，促进了运输组织方式的变革，提高了运输效率，降低了运输成本，拉近了世界的距离，促进了全球贸易的发展和世界范围的产业分工合作，经济全球化和区域一体化进程大大加速，重塑了世界经贸格局。随着贸易形式的多样化发展，港口中转功能也在不断延伸，大量抵港船舶所带来的不仅是货流，还有产业、信息、资金和服务需求，成为全球资源配置的重要平台。

2）海洋成为培育新兴产业的"新载体"

进入21世纪，海洋文化产业出现新业态，具有新特色，呈现新趋势，其中滨海旅游业、邮轮业、节庆会展业、文化创意产业等都极具成长性。如滨海旅游业以独特的海洋文化资源为核心，具有宣传传统海洋文化、提升人们精神文化生活和促进海洋生态可持续发展的作用，各国都在积极开发相关旅游线路和产品，如中国沿海海上丝绸之路古港城市游、"重走海上丝绸之路"国际游等。近年来，邮轮产业由于兼具休闲、观光等功能，涵盖船舶制造、港口服务、后勤保障、交通运输、游览观光、餐饮购物和银行保险等多个产业链条，受到各国和地区的广泛重视和大力支持。节庆会展业是集商品展示交易、经济技术合作、科学文化交流于一体的新兴产业。其中，节庆方面如海洋文化节、妈祖文化节、休（开）渔节、重大历史事件纪念活动等，会展方面如博览会、博物馆、文展馆等，近年来也得到快速发展。文化创意产业则通过深入挖掘具有浓郁特色的海洋地域文化，通过生产高附加值的海洋特色产品，有利于提高区域产业竞争力。

3）海洋成为引领社会风潮的文化"风向标"

在当代艺术发展过程中，艺术家基于海洋文化中的诸多现象以及海洋本身所蕴含的内在特质，通过各种表现形式和手段进行创作，使得所借用的不同海洋元素成为一种符号。在影视方面，中外导演创作了《海洋深处》《加勒比海盗》《泰坦尼克号》《少年派的奇幻漂流》等知名影视作品。在服装设计方面，意大利品牌JIMI ROOS等诸多奢侈品牌以20世纪80年代的海洋风元素为设计灵感，获得了一致好评。在绘画、文学作品方面，管怀宾在作品《航线》中把一只指南针置于有砂的铁皮小船中，这些典型的海洋符号包含艺术家个人的情感体验。在海明威的代表作《老人与海》中,大海在整个故事中起着举足轻重的作用,它是圣地亚哥老人赖以生存的物质世界,海洋为他提供了展示巨大的勇气和毅力的场所。

(二) 国内外发展海洋文化的经验举措

1. 国际经验

日本是一个四周环海的岛国,非常注重从价值观的高度培育民族海洋精神,加强国民对海洋文化的认同感,形成国家海洋核心价值观。一是形成了日本文化中的海洋崇拜。例如,日本创造了下龙宫等海洋神话,演变成了海龙王文化。日本至今还保留着很多和龙、海神有关的祭祀习俗。这种海洋神话既反映了日本民族对未知领域的探求欲望,也揭示了日本人因大海而产生的危机意识。二是日本创造了"海洋日"这一法定节假日,加深了日本民族对于海洋的热爱与崇敬,加强了民众对本国海洋文化的认同感,将这种能量转化到发展日本海洋文化中,成为日本海洋文化的集中体现。

美国作为海洋强国,特别注重社会海洋教育、文化传播和海洋军事文化建设。一是加强高层次的海洋教育。美国在许多大学开设海洋学专业,加速学科交叉与融合,有60多所高校、研究所等机构可以授予海洋专业博士学位。二是加大海洋教育的资金支持。美国设置大量的海洋学习、教育补助金资助海洋教育活动,同时美国自然科学基金会也对美国大学海洋科学领域重大科学计划设立和管理发挥了作用。三是开展全民海洋教育。许多涉海高校、研究所组织的学生海洋夏令营等多种活动,由教授或博士亲自给学生讲解海洋地理、海洋生物、海洋与大气等课程,如加州卡特琳娜岛海洋研究所夏令营每年吸引超过5 000名青少年参加海洋科技、文化实践学习活动;坐落于美国加州西海岸的圣地亚哥军港,停泊着包括已经退役的中途岛号(CVB-41)航空母舰在内的许多军舰。作为一种特殊的博物馆形式,游客在此可以参观并进入军舰内部一览其设施构造。

奥斯陆是挪威首都最大的港口和最大的城市,海洋氛围浓厚,是名副其实的"海洋城市"。一是加强海洋文化普及教育。该市设有四个航海博物馆,展示了丰富的实物和翔实的史料,向本国民众及外来游客展示挪威航海史和相关产业发展、船体工程以及海洋时代艺术、绘画、遗迹和文明等方面的知识。二是海洋金融成为奥斯陆海洋经济产业重要的支柱之一。绝大部分与海洋经济相关的金融服务机构在奥斯陆都设有分支机构。同时,挪威银行、北欧联合银行、奥斯陆证券交易所等成为海洋金融领域的国际性金融机构,奥斯陆形成了以海洋油气为核心、以海洋金融为支撑、以海洋经济与金融配套服务为翼展的新兴海洋产业集群。

2. 国内经验

广东省于2010年批准的《广东省建设文化强省规划纲要》突出了海洋文化建设的重要作用,提出要统筹国际海洋文化协调发展,建设国际旅游目的地,深入挖掘海洋商贸文化、华侨文化等。此外,广东省积极参与"一带一路"建设工作,充分发挥其历史、地理优势,在海洋渔业方面与东南亚、南太平洋、印度洋等区域的国家和地区保持密切合作与交流,并成功举办海博会,促进海洋文化对外交流与合作。

深圳在推进全球海洋中心城市建设过程中提出要绿色发展、凸显海洋城市文化特色,重点是加强海洋文化宣传教育,普及海洋知识、策划海洋节庆活动,提高公众海洋文化意识。一是举办高水平海上运动赛事,丰富海上活动项目,如帆船帆板精英赛等。二是举办海洋文化论坛。每一年的海洋文化论坛都紧紧围绕大海展开,旨在让人们重新认识海洋,发现海洋,论坛子活动"中外古代海图展"多次受邀参加中国航海日活动,参与国家级大型海洋文化宣传活动等。三是海洋文化园初具雏形。建造10座彰显海洋文化特色的雕塑作品,推进梅沙音乐街区等4大特色街区建设,做好国家级非物质文化遗产"沙头角鱼灯舞"等本土文化的保护、挖掘和传承,努力形成开放、包容、进取的高品位滨海区域文化;设立了约700平方米的海洋文化园区,读者可以通过海洋科普展示、互动体验、4D影院等多媒体声光电技术实现人与海洋的互动。

青岛海洋文化历史悠久、源远流长,拥有丰富的海洋自然资源,独具特色的海洋文化资源,以及以中国海洋大学等为代表的雄厚海洋科教资源。一是举办大型海洋节庆活动。青岛打造的海洋节庆品牌——中国青岛海洋节,是当今中国唯一以海洋为主题的节日,内容涵盖了开幕式、海洋科技、海洋体育、海洋文化、海洋旅游、海洋美食等多个方面,具有较大的社会影响力。二是共建教育基地,开展流动性的海洋科普宣传。积极实施"馆校共建"工程,海洋类博物馆开展与大中小学的共建教育工作,设立校外课堂,请学生到展馆接受系统的海洋科普教育;购置高科技科普设备、互动仪器,制作精美的海洋生物标本和海洋科普知识展板,建立高水平的"移动科技馆",使海洋知识和海洋文化深入城市的各个角落。三是依靠中国海洋大学大力发展海洋教育。开展面向海洋领域官、产、学界人士的中短期培训工作,承办海洋科学、海洋管理、海洋法律、海洋资源与环境保护等领域的国际会议和专题研讨会;与中国海洋大学附属中学(青岛三十九中)开展蓝色海洋特色教育,创办青岛首个海洋教育创新人才培养班。

天津则积极建设渤海湾畔以国家海洋博物馆为文化地标的滨海新区,充分展示和发展历史悠久的海洋渔盐文化、海洋军事文化、海洋祈福文化等民俗文化。一是培育以海洋为主题的海洋文化创意产业。依托天津国家动漫产业综合示范园、中国天津3D影视园、国家数字出版基地、国家影视网络动漫试验园、国家影视网络动漫研究院等一批平台,不断提升海洋文化产业的核心竞争力。二是开展海洋文化节庆活动。每年举办妈祖文化节,增强了海内外华人、华侨,特别是港澳台同胞之间的情感交流;天津海博会已成为打造世界海工基地、扩展海工装备贸易、推动海洋科技进步、促进海洋生态文明发展的重要平台;大沽海鲜节向八方宾客展示了天津海域的优质食材,吸收祖辈烹饪技艺推出地道海鲜吃法,让南来北往的游客品鉴当地特色海鲜美食,将大沽文化融入海鲜盛宴,把天津特色海鲜这一历史名吃发扬光大。三是打造具有天津特色的海洋文化品牌。国家海洋博物馆落址天津,是中国首座国家级、综合性、公益性的海洋博物馆,已成为集收藏保护、展示教育、科学研究、交流传播、旅游观光等功能于一体的海洋科技交流平台和标志性文化设施;妈祖经贸文化园落户天津滨海新区,成为海峡两岸乃至天津与海上丝绸之路沿线国家经贸文化交流合作的新载体。

三、上海海洋文化交流和教育发展现状与存在的问题

（一） 发展现状

1. 海洋文化方面

上海在漫长的发展历史中积累了大量色彩厚重的海洋非物质文化遗产资源，如青浦青龙镇、丹凤楼遗址、黄道婆墓、崇明宝船港、土山湾博物馆、金山嘴历史文化馆。尤其是2016年底公布的青龙镇考古发现证明，上海曾是唐宋时期海上丝绸之路的港口，在古代海上丝绸之路和海外文化交流中曾经发挥着重要的作用。这些遗产不仅是先民留给我们的宝贵财富，更是在海洋世纪上海推进国际化文化大都市建设的重要资源。

1）海洋文化遗产和民俗得到保护与传承

一是推进海洋遗迹勘探和挖掘。2017年，上海市文物局根据《上海市文物保护条例》，安排专项资金，委托专业单位对柘林古遗址进行勘探，划定遗址埋藏区，基本掌握该遗址分布范围、文化层堆积情况，并将柘林古遗址列入上海市文物局2018年度考古发掘计划，获国家文物局批准；重视对华亭海塘的研究和保护，2017年奉贤区政府委托专业团队对海塘碑刻进行了拓印，新发现碑刻十余块，同时已与市文物局进行沟通，将海塘列入上海市申报第八批国家文物保护单位遴选预备名录，并安排资金委托专业单位对海塘进行资料收集与勘验测绘。

二是传承和发展海洋民俗。在上海市奉贤区柘林镇，国家级非物质文化遗产"奉贤胡桥滚灯"正是早年海洋文化传承至今的一个最佳例证。柘林镇文广中心制定了滚灯项目的发展规划，举办了滚灯艺术研讨会、滚灯舞、滚灯操培训班、滚灯操比赛等活动，提高滚灯的艺术表演水平，扩大了滚灯艺术的群众基础；出版《奉贤民间滚灯舞集成》，让世人从多角度、全方位地了解滚灯、熟知滚灯、走进滚灯。2008年1月，奉贤滚灯被列入全国第一批非物质文化遗产项目扩展名录。

三是规划和开发海洋遗产。目前在建的奉贤博物馆新馆内，以奉贤华

亭海塘为元素,专设海塘文化专题厅;奉贤区内正规划以海塘为核心,将华亭东石塘周边的运石河、古冈身、柘林古文化遗址等融合,结合贝币的传说,打造华亭古石塘遗址公园。

四是大力支持各类海洋公共服务项目和文化活动。编纂出版了《中国海洋文化:上海卷》,在上海科技馆上映原创4D电影《海洋传奇》。

2)海洋文化创意产业正在蓬勃发展

一是都市休闲渔业已初具规模。上海的休闲渔业主要以休闲垂钓为主,如上海海狮钓鱼中心、西部渔村休闲垂钓中心、周浦钓鱼中心、金山嘴渔船码头等。休闲渔港也在兴起中,如上海芦潮港码头正全力打造陆海一体的渔人码头,形成一个具有交通、物流、旅游、观光、餐饮、休闲、度假、海产品交易等功能的海洋特色风貌区。

二是滨海旅游业多种业态共同发展。近年来,上海邮轮产业布局不断完善,基本形成了吴淞口国际邮轮港、国际客运中心、外高桥备用码头"两主一备"格局。2018年,上海港接待国际邮轮靠泊406艘次。其中,以上海为母港的邮轮378艘次,邮轮旅客吞吐量达275.29万人次。虹口北外滩围绕上海港国际客运中心码头,积极打造上港邮轮城,依托进口商品展销中心、中高端餐饮美食、跨境通线上购物及线下体验店等全新项目,打造黄浦江沿岸商业新地标。上海海洋水族馆是亚洲最大的海洋水族馆之一,每年平均接待来自世界各地的游客超过100万人次。上海海昌极地海洋世界于2017年建成开园,为游客提供世界上数量最多的极地海洋动物种群展示、最精彩的表演和最丰富的海洋科普内容。上海邮轮游艇旅游节携手"百艇汇"游艇俱乐部,把阿兹慕(Azimut)游艇搬到现场,推出游艇参观及试乘活动。

三是海洋休闲体育业蓬勃兴起。上海已经成功举办世界水上摩托锦标赛、上海市民运动会帆船总决赛(青少年)、STC大铁联赛之滴水湖大铁113铁人三项赛、斯巴达勇士赛、上海滴水湖国际半程马拉松赛。这些具有较大影响力的国际国内大型体育赛事的举办,充分拉动了上海休闲体育业的发展。中国航海博物馆是中国第一家国家级航海博物馆,接待参观者已逾百万人次。作为上海重要的海洋主题活动,临港海洋节已经成为弘扬海洋文化、保护海洋环境、传播海洋知识的海洋主题特色活动。

2.海洋教育方面

作为全国最大的经济中心城市和沿海城市,上海在海洋教育和科研方面具有得天独厚的优势。

1)上海涉海教育资源和实力非常雄厚

上海目前拥有上海海洋大学、上海海事大学、上海海关学院等25家涉海高校和一批科研院所,拥有船舶与海洋工程、河口海岸、海洋地质等海洋领域的3个国家重点实验室,拥有一批国家"863""973"海洋项目学科带头人和海洋科技专业人才。上海涉海高校以及院系师资雄厚,开设的与海洋相关的专业包括海洋技术、交通运输、航海技术、轮机工程、船舶与海洋工程、交通工程、海洋资源开发技术、港口航道与海岸工程、海关管理等,开展涉海相关本科、硕士以及博士人才的系统培养工作。

截至2017年,上海高校共有超过3.6万在校大学生正在海洋领域相关的学科专业学习。其中,上海交通大学船舶与海洋工程学科连续三次在全国一级学科评估中排名第一,设有船舶与海洋工程国家实验室,高新船舶与深海开发装备协同创新中心获国家级协同创新中心称号,成立中国海洋装备工程科技发展战略研究院,设立上海高校首批智库中唯一的海洋类智库"国家海洋战略与权益研究基地"。上海外国语大学从海洋政治和国际关系的角度研究海上丝绸之路的国际合作,并对海权与海洋法问题进行深入研究,"海洋政治学研究"已入选国家社科基金重大选题。上海政法学院成立中国海洋战略论坛,已打造成为推进我国海洋战略实施与建设海洋强国目标的高端对话和高端智库平台,已与阿联酋、泰国、韩国建立了"海湾国家—中国论坛""中泰论坛""中韩论坛"。上海海洋大学设有海洋科学、海洋技术等10多个海洋类本科专业,拥有海洋生物科学国际联合研究中心、海洋工程装备检测试验技术国家工程实验室等20多个基地平台,新成立了"海洋文化与法律学院",创新海洋人才培养。上海海事大学设有中国(上海)自贸区供应链研究院、上海国际航运研究中心等涉海机构22个,拥有5

个国家级特色专业、6个教育部卓越工程师教育培养计划专业。上海海关学院设置了海关管理、物流管理等7个本科专业和税务硕士专业学位点,并设有世界海关组织中国亚太培训中心。

表1　上海高校海洋学科相关高峰高原学科支持情况

学　校	学　科	类　别
上海交通大学	船舶与海洋工程	Ⅰ类高峰
同济大学	海洋科学	Ⅱ类高峰
上海海事大学	船舶与海洋工程	Ⅰ类高原
上海海洋大学	水产	Ⅰ类高峰
上海海洋大学	海洋科学	Ⅰ类高原
上海海洋大学	食品科学与工程	Ⅰ类高原

表2　上海涉海高校本科开设相关专业情况

学　校	专　业
同济大学	海洋资源开发技术
同济大学	海洋技术
上海交通大学	船舶与海洋工程
上海海事大学	船舶与海洋工程
上海海洋大学	海洋科学
上海海洋大学	海洋技术
上海海洋大学	海洋渔业科学与技术
上海海洋大学	海洋资源与环境

专栏

上海部分涉海高校发展情况

上海海事大学的发展特点如下:一是聚焦优势、特色的专业群,创新人才培养机制,发展一流本科教育,对接行业需求,培养应用型人才。该校航海技术、轮机工程、船舶与海洋工程、船舶与电子电器、港口航道和海岸工程、会计学6个专业先后获上海市应用型本科试点专业建设立项。二是加大课程建设力度,增加优质课程资源。以专业综合改革项目为抓手,辐射其他专业,主推课程教学方法改革,增强教学内容的实践性和新颖性;推进现代化信息技术与教育教学深度融合,鼓励教师积极调研、学习外校课程资源建设和课堂教学经验。三是深化创新创业教育改革,提升师生创新创业水平。为有效提高师生参与科创的积极性,提升师生创新创业水平,学校通过积极搭建科创指导平台、制定系列激励机制等措施实现机制到位,包括举办"滴水湖大学生创新创业论坛",每年资助学生科创项目达320项,资助经费超过200万元,修改免试研究生推荐办法,以提高学生的创新项目参与度。四是改善教学管理,有效完善学风。积极实施考风考纪、学业预警制度、试读制度等措施,提升学生的学习效果。

上海海洋大学,以海洋、水产、食品学科为特色,理、工、农、经、管、文、法等学科协调发展的多科性应用研究型大学,2017年9月,上海海洋大学入选国家"一流学科建设高校"。学校遵循扎根中国大地建设一流大学的原则,主动对接"一带一路"倡议、海洋强国战略,服务上海"五个中心"建设,积极推进优质研究平台和学科建设工作。现有国际海洋研究中心、中美海洋联合研究中心等国际合作平台9个,以及海洋文化研究中心、渔业发展战略和调查研究中心、数字海洋研究所等一批校级科研平台。2017年9月,上海海洋大学与中国远洋渔业协会共同成立"远洋渔业国际履约研究中心";2017年开始,学校着手建设中国系列"大国海洋"课程,包含海洋政治、海洋生态、海洋经济、海洋社会和海洋文化5个板块;2018年,以4个水产类一流本科专业建设为核心的"'源起水产,汇入海洋,走向世界'一流本科专业与实践教学平台建设"获批上海市高等学校一流本科建设引领计划。

2) 海洋科普教育宣传扎实有效

一是加强海洋科普教育。开展纪念"世界海洋日暨全国海洋宣传日"系列宣传活动,上海各级海洋部门在海洋日前后举办"携手看海去"上海青少年海洋知识传播行动、"走进水务海洋"公益互动、"世界海洋日"专场活动、线上海岛科普主题互动宣传等10余项活动,涵盖海洋科普、执法、生态环保、防灾减灾等方面,在全市范围内深入弘扬海洋精神,传播海洋文化,持续打造"6·8"海洋宣传品牌,努力构建全民关心海洋、认识海洋、保护海洋和支持海洋事业发展的良好社会氛围。

二是加快科普教育基地建设。成立上海首个综合性海洋科普教育基地——上海海洋科普教育基地,向人们传播海洋概况、海洋资源、海洋事业和南极考察等海洋科普知识;建立上海海洋水族馆、同济大学深海科学科普教育基地等海洋教育基地;长江口科技馆成功挂牌国家海洋科普教育基地。

三是普及中小学海洋教育。在中小学教育中,充实海洋教育有关内容。上海市各中小学的地理教材中均涉及了海洋相关知识。2018年,上海在专题教育平台上线了小学课程"蓝色的海洋"和高中课程"航海"。航华第二中学创建海洋科普教育平台,坚持海洋人文教育;上海海洋大学附属大团高级中学开发若干海洋科普教育文化拓展课程,建立与海洋文化相关的课程。

3.海洋交往和合作方面

上海大力推进海洋人文交流与合作,通过签约协议、博览会、举办论坛等形式,加强海洋文化的互动与交流;通过学术会议、专家互访、青年对话等形式,加强海洋问题的研究与探讨;通过建设海洋交往机制平台等形式,促进海洋人文交流的制度化和规范化。

1)积极参加海洋交往与合作活动

上海市人民政府发布了《关于共同推进上海市海洋事业发展的战略合作框架协议》,国家海洋局支持上海参与海洋文化国际交流,共同提升海洋文化影响力;完成2012年韩国丽水世博会的参展任务,以"人海相依"的主题,展示人海相互依存、和谐发展的理念;举办中国国际海洋工程发展论坛,为来自世界各地的海工专家和企业高层提供一个高层次的研讨与交流平台。

2)加快成立各类合作交流平台

积极吸引各类涉海合作组织和交流平台落户上海,上海国际海事亚洲技术合作中心、长江经济带航运联盟、北外滩航运服务中心、上海船员考试评估示范中心、全国海运集装箱运输备案综合服务平台、航运法律服务平台等专业合作机构和平台纷纷在沪揭牌、成立或建成运营。完成《中国海洋文化：上海卷》编制出版；成立上海海洋战略研究所和中国海洋研究联盟等智库，与美国、日本、澳大利亚、印度等国外研究机构广泛合作；举行上海海洋论坛国际学术研讨会，并承办了多场以海洋为主题的全国性会议和国际学术会议。

3）依托涉海高校加强国外教育合作

涉海高校为响应国家"一带一路"重大倡议，以打造教育共同体为目标，加快国际合作交流步伐，通过整合上海高校资源和优势，建立上海与海上丝绸之路沿线国家和地区产学研协同推进联盟，与海上丝绸之路沿线国家和地区的教育交流与合作取得了一系列成果，有利于发挥上海海洋教育在21世纪海上丝绸之路沿线国家和地区的枢纽和辐射作用。

一是将国家"一带一路"重大倡议与学校国际化战略深度结合。上海交通大学船海学科与挪威国家石油公司、挪威科技大学建立了可持续的科研合作关系，在海洋能源利用等前沿方向开展深入的合作研究；上海海事大学与日本长崎外国语大学签署了合作交流协议。

二是通过举办学术论坛与成立合作研究中心，广泛深入开展学术交流。近年来，上海高校主办了第七届国际船舶水动力学研讨会、第五届世界港口城市大学联盟会议等；建立的合作研究中心有劳氏教育基金深水工程及水动力学联合研究中心和上海交通大学—千叶大学国际合作研究中心等。

三是积极参与并主导国际教育联盟，增强海洋教育的国际地位与影响力。同济大学紧紧抓住国际大洋钻探的改组机会，继美、欧、日之后，成为国际大洋钻探四大主体之一。

（二）存在的主要问题

对标伦敦、新加坡、东京等其他全球海洋城市，上海在海洋文化教育功能方面还存在一些问题，经过初步调研和梳理，主要体现在以下几个方面。

1. 全社会海洋意识和文化氛围还不浓

一是全市对海洋重要性和战略地位的认识还不够。据《瞭望》此前对上海部分大学生做的调查结果显示：大多数大学生对海洋问题不那么感兴趣，而且对海洋常识的了解程度令人担忧，对于大陆架、领海、专属经济区等与海洋相关的概念，大多数大学生存在认识不清的问题，对海洋国土的相关概念认识不够，这在一定程度上反映出上海海洋意识薄弱的现状。现行中学地理教材中海洋内容被不断删减，学生对地球环境缺乏了解，青少年海洋国土观教育严重不足。海洋权益和海洋战略研究专家缺乏，上海海洋学院没有设立培养海洋综合人才的专业，其人才培养和科研领域仍然集中在水产、矿产、航运等传统技术领域，具有全球宏观视野和战略眼光的研究专家不多。

二是海洋文化教育宣传的载体和手段不多。目前开展的海洋意识宣教活动规模较小、覆盖面窄、内容重复、形式有限、手段单一、吸引力不强，特别是利用互联网、新媒体技术进行海洋文化宣传和科普的手段还不丰富。传统宣传以文字、影视报道为主，比较单一，模式较为刻板。海洋文化遗产大数据平台、"互联网＋文脉教育"、"互联网＋文创产品"、"互联网＋文物/非遗动漫游戏"等新宣教方式和技术尚未得到充分开发和运用。总的来看，除了上海海洋节举办的海洋论坛之外，其他有影响力、辐射力的海洋文化活动和论坛还比较缺乏。

2. 上海海洋文化创意产业规模还不大

上海海洋产业发展主要聚焦于海洋交通运输业、船舶制造、海工装备等产业，海洋文化创意产业发展基础相对薄弱。上海乃至我国海洋文化创意产业总体上还处于起步阶段，发展比较缓慢。从现状来看，发展文化创意产业成本高，收益周期长，缺乏相应的人才和技术，所以很少有企业有能力专营海洋文化创意产业，大多数企业主营其他产业，兼营海洋文化创意产业，故而海洋文化创意产业始终面临着资金短缺、资源分散、无法形成聚力等问题。

一是海洋文化创意产业人才缺乏，海洋文化研究力度不够。关于海洋文化创意产业的专业人才还很少，具有较大影响力的成果还不多；海洋科研和海洋产业的有效合作机制还未形成,无法为海洋文化创意产业提供强有力的技术支持。

二是海洋资源利用率低,文化附加值不高。海洋文化创意产业对海洋资源的利用率过低,大部分企业一味地开采资源,却没有做到资源的合理利用和再加工,最终造成资源的短缺,既缺少高层次的文化整合,也缺乏独特的风格。

三是企业融资难,资金约束严重。文化创意企业大多是中小企业,以人力资本为主,多数缺乏固定资产,并且金融贷款普遍面临困难,又缺乏产业发展的专项资金,在成本方面不具备优势。

3. 上海海洋国际文化交流功能还不强

一是文化产品缺少内容竞争力,品牌战略有待加强。作为"一带一路"的桥头堡,上海拥有的国际文化交流平台、载体和品牌不多,对全球海洋文化的引领和影响力还比较有限。

二是交流对象范围偏窄,与周边国家交流不多。上海市海洋文化交流活动的重点是发达国家,而针对周边国家、发展中国家,特别是非洲和拉美地区的文化交流项目较少,分层化、差异化、梯度化文化交流策略有待制定。

三是对交流媒介认识不充分,渠道建设有待进一步拓展。网络信息技术的发展和应用使整个社会呈现出"媒介化"特征,这为进一步拓展海洋文化对外交流渠道和方式提供了空间,但上海对海洋文化交流媒介的理解和认识还不够充分,对外文化传播方式创新不足,海洋文化和其他领域的合作,如"文贸结合""文商结合""文金结合""文教结合"有待进一步深化。

4. 上海涉海国际组织和蓝色总部集聚能力还不强

上海市民政局在民政部的支持下于2004年开始依据《民办非企业单位登记管理暂行条例》,探索涉外社会组织试点登记,拓展登记领域。目前主要的涉海类涉外社会组织有上海亚洲船级社中心、国际海事教师联合会上海中心、波罗的海国际航运公会上海中心、上海国际海事亚洲技术合作中心、国际海上人命救助联盟亚太交流合作中心。这些试点登记组织自成立以来,能够走上国际舞台,引进先进理念和技术,在推动上海"五个中心"建设、提升上海国际城市地位和能级等方面发挥了重要的作用。但在发展过程中,这些组织也存在着不少困难和瓶颈。

一是人才与资金的缺乏。如有的试点登记组织反映,由于其职业前景和职业保障不明朗、工资待遇不高、在招聘市场上缺乏竞争力,往往采取以中方举办单位(如某大学)的名义招聘相关人员后再派驻该社会组织就职,薪酬一般由该举办单位发放,或派遣编制在原单位的人员在社会组织兼职,不取酬;另外,国际组织举办的会议较多,需要场地保障,如无业务主管部门及举办方的强力支持,其运营面临一定的困难。

二是关于税务减免问题。有些国际组织反映,资金进出和使用按照国际规则一般享受税收优惠和减免,而在国内则仍需要交税。另外,在蓝色总部方面,除了中远海运等少数总部在沪的企业以外,其他重量级涉海总部数量还比较少,大多是一些功能性的分支机构。

四、上海打造全球海洋文化交流和教育功能的总体思路和发展目标

(一) 总体思路

以习近平新时代中国特色社会主义思想为指导,全面贯彻党的十九大精神,按照国家推进海洋强国战略的总体部署,服务上海全球海洋中心城市建设,依托上海多元融合、海纳百川的"海派文化"优势和国际交往便利条件,充分发掘上海海洋文化历史资源,坚持"继承传统与发展创新相结合,海洋文化交流与海洋经济发展相结合,海洋文化建设与海洋意识教育相结合",做大海洋文化创意功能,做优海洋教育培训功能,做强海洋国际交往功能,大力发展海洋文化创意产业,加快完善海洋文化服务体系,积极打造一批海洋文化交往平台,不断提升上海全球海洋文化交流的影响力和辐射力。

(二) 基本原则

一是因地制宜,创新发展。立足上海海洋文化资源禀赋和特色,深入挖掘传统海洋文化内涵,不断注入新的文化要素,形成独一无二、不可替代、与时俱进的海洋文化。

二是统筹协调,全面发展。统筹海洋文化改革、发展、管理,促进海洋文化事业全面进步、海洋文化产业加快发展、优秀传统海洋文化传承弘扬,推动上海海洋文化大繁荣大发展。

三是共建共享,普惠发展。注重共建共享,保障市民基本文化权益,满足人民群众日益增长的精神文化需求,不断提高群众海洋文化活动的参与度和获得感。

四是交流互鉴,开放发展。充分发挥上海作为国际大都市的开放优势,加强与国内外海洋文化的交流和融合,参与世界文明对话,促进海洋文明互鉴,打响上海海洋文化的亮丽品牌。

(三) 发展目标

针对打造全球海洋文化交流和教育功能,上海提出分步走的阶段性发展目标。

上海海洋文化创意产业应不断发展壮大,海洋公共文化服务体系要日益健全。到2025年,建成若干海洋教育科普基地;国际海洋合作机制逐步完善,打造10个左右具有一定国际影响力的海洋文化交流平台和品牌;海洋全球交往功能不断增强,吸引10个左右涉海类国际组织总部、分支或功能性机构。

到2035年,上海全球海洋文化交流和国际交往功能进一步增强,海派文化品格进一步彰显,海洋文化影响力进一步提升,全球海洋文化交往枢纽性平台地位初步确立,成为全球海洋文化发展的重要风向标和全球海洋交往的"国际会客厅"。

五、上海打造全球海洋文化交流和教育功能的对策建议

海洋文化是海洋事业的重要内容和组成部分,对于提高国民海洋意识、推动海洋文化传播、发展海洋文明以及促进海洋经济与科技文化融合发展都具有独特而重要的作用。因此,必须大力发展海洋文化事业,加强海洋文化公共产品和服务供给,促进海洋文化创意产业发展,营造全社会关心海洋、认识海洋、经略海洋的良好氛围。为强化上海海洋文化交流交

往功能,推动上海全球海洋中心城市建设,提升上海世界海洋城市网络中的地位,提出如下对策建议。

(一) 大力传承和弘扬海洋历史文化,不断提高上海海洋文化品牌竞争力

1. 增强海洋文化遗产保护意识

积极履行联合国《保护水下文化遗产公约》,加强保护水下文化遗产的意识,发挥海洋文化遗产作为承载海洋文化载体的重要作用。通过博物馆展览、出版物、互联网、社会媒体等多种方式让公众了解、参与水下文物文化遗产保护,提高全社会水下文化遗产保护意识,增强全社会参与保护的积极性。鼓励多部门交流和跨国合作,交流互鉴海洋文化遗产保护理念、方法以及防止非法打捞、走私等违法管理办法,引领、促进国内和国际海洋文化保护氛围的形成。

2. 提高海洋水下文化遗产挖掘保护能力

开展调查海洋水下文化遗产的分布、数量和特征等信息,了解海洋水下文化遗产分布区的地质地貌环境、水动力环境和保存环境条件,建立海洋水下文化遗产档案馆和数据库系统,完善与海洋水下文化遗产保护相关的法规、政策和标准规范,提升执法效率,做好海洋水下文化遗产保护和海洋开发利用的协调工作等;进一步提高海洋文物与海洋非物质文化遗产的保护能力,创新海洋文化遗产保护传承方式,拓展海洋文化遗产传承利用途径。积极开展国际范围的水下文化遗产对话交流,深入探讨海洋文明的历史进程与未来发展。

3. 加快海洋公共服务设施体系建设

在整合现有的多头、分散的海洋文化资源和项目的基础上,深入挖掘传统文化、渔业文化、民俗文化等特色海洋文化,创造性地予以重组、包装和宣传,最终形成具有浓郁区域特色的海洋文化产品和优势品牌。建设海洋科技馆、海洋生物珍藏馆等一批基础文化设施;开辟一个集休闲娱乐与观光于一体的海洋文化乐园;建设集海防、军事教育、娱乐和休闲于一体的海洋文化主题基地;建设以文化名人、宗教信仰、民俗风情和民间艺术为特色的文化带,使海洋文化资源和人文精神渗透到城市的每个角落。

4. 推动海洋文化创意产业繁荣发展

大力发展海洋文化旅游业、海洋休闲渔业、海洋文化会展业、影视制作业、海洋文化节等,打造上海海洋文化创意产业集群。依托上海自贸区国际艺术品交易中心开展艺术品保税仓储、展览展示、交易拍卖、评估鉴定、金融服务等文化贸易活动,带动周边海洋文化消费,扩大文化创意产业发展规模,实现海洋文化与海洋经济相互促进。大力扶持与海洋相关的文学、影视、舞台艺术、美术、群众文艺、网络文艺等领域的重大主题项目,打造一批具有全国影响力和国际美誉度的优秀文化产品。

(二) 加强海洋宣传教育与海洋人才建设,不断强化民众海洋意识

1. 加强海洋教育和宣传科普

落实海洋意识教育"进学校、进课堂、进教材",做好小学、中学海洋教育的普及工作。坚持专业化和大众化相结合,加强对中外历史上重大海洋活动与航海知识、海洋考古与海洋物质文化遗产、非物质文化遗产保护、海洋节庆文化、与海洋相关的文学艺术作品以及海洋公共文化教育设施的介绍与宣传。鼓励学生积极参加与海洋文化相关的图书馆、文化馆、科技馆等志愿者活动,积极参与海洋文化宣传日、主题活动的推介宣传活动,鼓励开展随手拍征集与展览、海洋题材文章评比等文化活动,提高青少年海洋文化意识。积极组织具有影响力的海洋科普专题展览等活动,结合重要历史事件和科普内容,邀请知名专家做专题讲座,并与报刊、电视台等媒体合作组织电视直播和专题活动,不断提高宣传教育活动的效果。积极构建亲民式的传播平台,推动形成亲近海洋、体验海洋、保护海洋的常态意识,扩大民众生活与海洋文化的接触面,推动海洋文化融入民众日常生活。

2. 加强各类海洋学科和人才队伍建设

充分发挥上海海洋高校和科研机构集聚优势,强化海洋学科建设,培养一批海洋人才。优化海洋专业学科设置和建设,在各大高校增设海洋学科和专业,支持创建若干个海洋类重点一级学科,扶持一批海洋类新兴学科和交叉学科。抓住长三角一体化发展的重要机遇,支持上海高校、研究机构与长三角兄弟省市开展海洋领域学科建设合作。鼓励职业教育学校开展与海洋相关的职业教育和行业教育。全面实施海洋人才战略工程,造就一支结构合理、门类齐全、质量较高、数量可观的海洋人才队伍。依托上海全球海洋中心城市建设,加强重大海洋科技平台和项目建设,形成以科研学术为引领、"政—产—学—研—用"共同发展的联合创新生态。鼓励高校与涉海企业、创新平台通过建立见习基地、定期开展海洋产业交流会和研讨会等,共同合作培养人才。加大优秀海洋人才的引进力度,强化政策支持和服务,吸引海外海洋高端人才来沪创业和发展。

(三) 加强海洋文化国际交往,不断提高上海国际海洋话语权和影响力

1. 加快打造对外文化交流平台

响应国家"一带一路"倡议大局,构建"一带一路"沿线国家和地区海洋人文交流平台,如创办区域文化合作联盟、建设海上国际文化交流展示中心,举办海洋文化交流专题活动,如筹办"海上丝绸之路国际文化论坛"。引导社会力量参与,丰富交流主体,依托涉海高校加强国际文化教育合作,充分调动国有、民营、行业协会等各类海洋文化机构的积极性,形成多主体合作的对外文化交流大格局,共同构建综合性的交流平台。积极拓展对外文化交流新渠道,加强部门分工和协作,促进文教、文经、文贸、文金、文旅和文体等在对外海洋交流领域的全方位融合发展。重点扶持既能传播和宣扬中国文化特色,又具有较强公益性的海洋文化平台。鼓励发展以基金会、奖励、补贴和免税等方式开拓相关大众媒介产品的国际市场,以国际性会议为契机,搭建同世界交流和对话的平台。

2. 积极吸引海洋组织和机构

鼓励涉海涉外组织入驻上海,完善国际组织登记注册路径和相关法律法规,营造海洋国际组织在沪集聚和发展的良好环境,将上海打造成为持续吸引涉外海洋组织和机构的集聚区。加强与市外办沟通,将吸引海洋国际组织在沪集聚和发展列入重要工作事项。根据目前登记注册的法律条件和路径,建议以较为便捷或成熟的登记路径为首选,即注册为境外非政府组织代表机构或涉外民非,待各方面条件成熟以后,再规划吸引国际组织总部入驻。引导各类海洋组织积极参与上海海洋事业和上海全球海洋中心城市建设,进一步发挥其在联系国内国际资源、推动上海"五个中心"建设、提升上海国际城市地位等方面的重要作用。

3. 大力集聚发展蓝色总部

充分发挥企业总部在主导全球资源配置中的重要作用,大力吸引一批涉海类跨国公司地区总部、央企总部和民营企业在沪集聚发展,不断提高上海利用内外资的水平和质量。抓住上海新一轮促进跨国公司地区总部发展的政策机遇,通过大幅放宽跨国公司在沪经营的各类限制,提高跨国公司的投资便利度、资金使用自由度、贸易物流便利度和研发便利化等措施,不断吸引更多跨国公司地区总部在此落户,并提升区域总部能级。积极支持中远海运等涉海类总部在沪的央企的发展,进一步吸引更多涉海央企将区域总部以及投资、研发等功能性机构和产业基地落户上海。鼓励国内海洋相关的民营企业依托上海国际化优势和各类平台"走出去",进行全球资源配置,不断提升上海的国际影响力。

附录:国内外先进海洋文化交流和教育案例分析

(一) 国内城市案例

1. 青岛

青岛市不仅是我国海洋文化发展最为繁荣的海滨城市之一,也是我国海洋教育最为发达的城市之一。

海洋教育已成为青岛教育的重要品牌,且成果显著。青岛市坚持高点站位,对标国际标准,整合各方资源,深入推进蓝色海洋教育。一方面,青岛市调整全市义务教育课程设置,加强落实青少年海洋教育,规定1~8年级同时开设海洋教育地方课程和学校课程,且保证每学期不少于9课时。另一方面,青岛市不断加强课程研发,完善海洋教育课程体系。近年来,青岛市出版了国内首套义务教育学段海洋教育教材《蓝色的家国海洋教育篇》,探索构建了"海洋VR教育课程体系"、海洋实验STEM课程等。目前,青岛市已建成全国海洋科普教育基地15个、联盟基地71个、海洋教育研学基地16个,已评选出100所海洋教育特色学校,这为提升青岛海洋教育水平奠定了坚实的基础。

青岛市计划继续实施海洋教育工程,做优海洋教育品牌。青岛市计划到2020年增加50所市级以上海洋教育特色学校,并重点打造20个高水平海洋教育研学基地,旨在形成规模适度、梯度合理的海洋教育特色学校集群。此外,青岛市将继续加强海洋教育交流活动,增加全国性海洋教育实践活动,举办区域以及国际海洋教育交流活动,引领全国中小学海洋教育发展。

2. 天津

天津市充分利用天津海洋资源,发挥区域比较优势,以中新天津生态城为依托,高度重视以海洋文化旅游业为主的海洋文化发展,深度挖掘和开发滨海旅游资源,重点打造滨海旅游产业集聚区,塑造天津滨海旅游品牌,提升城市海洋文化品质。

一是重视国家海洋博物馆工程建设与宣传,将其塑造成为国内外知名的海洋文化展示交流平台以及新时期天津的文化地标和城市名片。做实做优国家爱国主义教育基地的建设目标,基本实现成为集收藏保护、展示教育、科学研究、交流传播、旅游观光等功能于一体的教育基地。

二是重点打造滨海新区航母主题公园,构建“海、陆、空”立体化旅游大格局,实现“吃、住、行、游、购、娱”六要素的联动发展。具体以“基辅号”航母为核心,拓展航母北岛海军训练基地和南岛娱乐休闲区,旨在形成集航母舰队观光、军事活动体验、军事拓展训练、大型实景演出、海岛娱乐休闲等功能为一体的、品质独特的世界级航母海上军事文化体验区。

三是加强邮轮游艇旅游发展工程建设,打造中国北方国际邮轮旅游中心,逐步形成以邮轮经营为中心的目标,增加邮轮增值服务,丰富邮轮旅游产品,加快塑造以邮轮旅游、商业休闲和文化娱乐为主业,相关金融、贸易、研发、培训、创意、会展等服务业为延伸的现代邮轮产业体系。

四是完善滨海旅游区配套工程建设,推出专项旅游产品,打造各具特色的滨海休闲旅游区。例如,积极推出“滨海休闲游、现代工业游、历史文化游、渔乡体验游、新区观光游"等专项旅游产品,重点推进亿利生态旅游岛、海河口游艇旅游区、妈祖文化经贸园、东疆湾沙滩景区等旅游项目,完善滨海旅游体验内容。

3. 深圳

深圳市地处南海之滨,连接南海及太平洋,拥有超过260千米的海岸线,是粤港澳大湾区的重要城市,也是21世纪海上丝绸之路的枢纽城市。深圳经济特区对接"2035年基本建成全球海洋中心城市"目标,积极打造深圳海洋文化特色品牌,推动海洋文化产业发展。一方面,加大海洋文化的传播和教育力度,使公民深入了解海洋文化、熟悉海洋文化,不断增强现代海洋意识。另一方面,加强海洋文化活动宣传、科研、保护等内容建设。丰富海洋文化节庆活动,使海洋文化节庆活动成为深圳海洋文化展示、传承、创造的平台;定期邀请国内外海洋界专家学者,围绕海洋文化主题举办高端论坛,逐步形成海洋科学研讨的学术氛围;加强对海洋文化历史资源的保护,大力开展深圳市海洋文化资源调研和保护等工作,切实做好深圳海洋文化历史地标的保护及研究。

4. 大连

大连市位于黄海和渤海之间,三面环海,海域辽阔,为我国北方最具活力和开放度的沿海城市,是中国东北对外开放的重要门户。优越的区位为大连发展海洋文化产业提供了基础。近年来,大连市政府高度重视海洋文化产业发展,建设了贝壳博物馆、大连极地馆、圣亚海洋世界等一批海洋文化设施;开辟了集休闲、购物、展示功能于一体的海洋文化走廊;打造了观海景、品海韵的海洋观光带;举办了首届"一带一路"国际海洋城市文化摄影周等活动,对推动海洋文化发展、提升城市形象发挥了积极的作用。

大连市为进一步提升海洋文化产业发展水平,一是鼓励培育海鲜节庆项目,营造海洋饮食文化品牌。在"文化+"的市场产业发展理念下,打造"大连海食文化节",通过树立大连海鲜节庆文化品牌,提高海鲜节庆活动的群众参与度等方法,实现海鲜资源与餐饮市场在文化产业发展中的聚合、互动和创新。二是强调深入挖掘具有历史文化底蕴的海洋文化资源与遗产,如运作贝雕文化项目,打造海洋历史文化品牌。三是构建海洋教育平台,提升公众海洋文化意识。大连贝壳博物馆是世界上最大的贝壳博物馆。大连市政府鼓励将贝壳博物馆作为"海洋文化"教育宣传的载体,使贝壳博物馆成为大连海洋文化的活名片。四是鼓励加强构建新海洋经济模型,打造海洋文化产业集群,融合第三产业,以"文化+"的模式,如建设"渔港梦工厂",打造可以容纳生产加工、娱乐休闲、教育宣传、科技展示等多个方面的海洋文化产业集群,改变公众视野中水产企业的固有形象,加强建设可输出的大连海洋文化。

5. 厦门

厦门市建立海洋文化产业协会,支撑海洋强省、海洋强国战略。一是开展海洋文化的政策和理论研究,协助政府部门制定海洋文化发展规划。该协会聚焦海洋文化及相关行业研究、生产、宣传、服务等工作,建立国内首个海洋文化专家库,开办海洋文化讲堂,开辟大、中、小学生的校外课堂。二是搭建海洋文化交流与合作平台,积极打造推动海洋文化产业发展具有影响力的综合服务平台。积极开展海洋文化新媒体融合平台建设,提高海洋文化传播能力。此外,提供海洋文化交流活动和海洋文化项目的高端咨询服务等多项业务。

6. 舟山

舟山市作为海上丝绸之路的重要节点,秉持开放与创新的理念,建立一种既有深厚本土文化根基,又能充分吸取和融合世界海洋文化精华的先进海洋文化。一是充分利用传统媒体优势,同时积极拓展传播渠道,丰富传播手段,提升海洋文化的传播能力。二是充分发挥与海洋相关的节庆活动和地区性海洋节庆平台,着力推进各类海洋文化的传播作用。一方面,舟山市将借力中国"海上丝绸之路申遗",积极将自身打造成为中国与世界文化交流中心;另一方面,发挥舟山港作为海上丝绸之路始发港的形象优势,塑造一个海上丝绸之路起航的标志性节庆文化品牌。三是充分利用品牌文化活动与海洋文化的结合,举办高水平的海洋文化交流活动,积极推动舟山海洋文化走向世界。

7. 三亚

三亚市积极开展青少年海洋文化教育。在琼南地区最大的海事巡逻船"海巡1103"上落户青少年海洋文化教育基地,让青少年跟随"海巡1103"出海巡航,了解附近海域情况、航标、海洋文化以及海上交通知识等,激发青少年对海事和海洋文化学习的热情;依托"海巡1103"海洋教育新平台,积极开展海上交通安全、海洋国土、海洋环境保护、海上人命救助等主题教育活动,通过专业讲解、互动演练等生动形式,宣传海洋文化,培养青少年的海洋情怀。

(二) 国外案例

1. 英国

英国作为一个历史悠久的海岛国家,一直非常重视文化遗产保护和文化事业发展,发掘海洋文化资源是其中一项重要内容。英国在保持优美的海滨风光的基础上,着重突出自身特色,造就具有地域特色的产业文化,推动着海洋文化产业向前发展。

英国的主要发展路径有三点:一是重视海洋文化产业的建设,实行严格管理。推行一些政府性的文化管理机构的改革,合并重复或相似的职能岗位,扩大管理范围,实行三级文化管理模式。准政府机构、地方艺术管委会等机构也共同参与管理建设。二是以文化城市评选活动推动滨海城市文化发展。英国积极参加"欧洲文化之都""欧洲体育之都"等文化城市评选。三是强调资源的充分利用和创意的挖掘,打造独具英国海洋文化特色的产业风格。如滨海旅游、王室生活、表演艺术、博物馆展览等,注重对历史文化资源和自然资源的保护利用,并在此基础上强调创新性发掘文化内涵,不断突破"3s"[阳光(sun)、沙滩(sand)、大海(sea)],发展有特色的滨海文化旅游。

伦敦作为世界上最强的国际海事金融中心之一,其法律和金融以及政府和海事行业之间良好沟通机制的优势,为海洋产业的发展奠定了坚实的基础。一是具有完备的海洋法律体系,能够为海洋产业发展提供公开、透明的制度保障。二是伦敦国际金融中心可以为海洋产业提供完备的融资服务,促进海洋文化产业创新、集聚发展。此外,伦敦市政府与海事行业之间具有良好互动,政府不仅具有非常开放和全球化的视野,且与海洋产业从业机构、人员建立了动态、有效的沟通合作机制。

2. 日本

日本作为四面环海的岛国,深知"惠于海洋,毁于海洋"。一是重视孕育海洋文化心理,重视青少年海洋文化教育,积极推动具有教育功能的航海博物馆建设,加强其与企业、科研院所、基金会及院校的合作,为青少年提供与之需求相符合的海洋文化内容,赋予博物馆时代感和亲和力。具体措施包括博物馆与当地教育部门联合举办中小学生海洋绘画展,将博物馆打造为青少年关心海洋、热爱海洋的展示舞台。展会专门设计青少年易于理解和接受的卡通形象和说明文字,开设开放式儿童活动区,以实物资源为依托,将科学性和趣味性相结合,重视海洋文化教育的互动体验、寓教于乐。二是加强海洋文化引导与转化,将海洋文化转化为开拓海洋、发展海洋、保护海洋的实际行动,促进形成海洋文化与经济发展良性循环的发展模式。

日本新潟县位于日本本州岛中部,日本海沿岸的北陆,为日本海沿岸的海路交通枢纽,拥有丰富的海洋物质及非物质文化资源。日本最早的鲑鱼博物馆三文会馆坐落于此。在三文会馆中,游客可以通过10处透明的观察窗,直接观察河流中的自然环境以及海洋生物产卵过程;通过文化展板、多媒体等方式,了解村上地区的鲑鱼历史和文化,通过鲑鱼公园、青砥武平治塑像等系列景观,进一步将当地历史文化与自然风光巧妙地融合在一起。

新潟县发展海洋特色文化的措施,可以概括为以下三方面:一是基于地方的自然资源和人文历史资源,开发特色文化与海洋产业。通过建设鲑鱼博物馆,使外地游客了解相关知识和地域文化特色,提升景观资源和地方的知名度,具体以展示鲑鱼文化、渔业文化、海洋文化为主,使得资源、文化与产业实现有机融合,如延伸开发与鲑鱼有关的美食、调味品、小商品等。二是重视对自然生态景观的保护性开发。新潟县十分注重自然景观的保护性开发,鲑鱼博物馆的建造完全融于周边自然景观,尽量减少人为破坏,为鲑鱼洄游创造更好的条件。三是重视社会团体、行业组织和新媒体的作用,并通过行业协同搭建各种推介平台,为游客及时更新信息,方便游客实时了解动态信息和相关的历史文化背景。

3. 美国

美国是濒临太平洋和大西洋的海洋大国,重视海洋强国建设,强调高层次教育和全民教育共同发展,充分利用新兴技术,组建全国性卓越海洋科学教育网。一是落实高层次海洋教育建设,高等院校开展海洋生物和生物海洋学、海洋资源管理学、海洋科学、海运、海洋工程及海洋学六大类涉海专业,且大规模加速与地球科学、大气科学、空间、地质、渔业和环境等多学科的交叉融合,提升海洋科研实力。二是注重全民海洋教育,致力于发展海洋教育的全国性、州立、私人以及非营利组织或协会。这些机构为不同年龄阶段、学习阶段的人提供各式各样的海洋科学教育计划,整体上旨在塑造强调全方面促进公众海洋意识增强、鼓励学生选择海洋科研工作、海洋科学氛围更加浓厚的海洋教育氛围,以进一步提升海洋科学文化水平。

纽约位于美国东海岸,濒临大西洋,重视海洋文化产业集聚发展。其海洋文化产业发展受益于坐落其中的帝国大厦、时代广场、华盛顿广场公园、自由女神像、埃利斯岛、康尼岛、布莱顿海滩等诸多热门景点。纽约滨海旅游娱乐业以海洋资源为基础带动其他旅游和娱乐活动,如滨海餐饮服务、酒店住宿、水上观光、水族馆、公园、游艇码头、船舶经销、休闲车船停靠场地和露营地及相关体育用品制造等。

4. 韩国

韩国三面临海,其海洋国土面积约为陆地面积的5倍,因此,韩国十分重视对海洋的利用和开发。韩国政府制定了许多海洋强国的政策和规划,海洋文化是其中不可忽视的重要组成部分。韩国强调培养全体民众的海洋观念和海洋意识,把海洋视为"生活海、生产海、生命海",在积极实施海洋开发战略的同时,大力推进海洋文化的建设,一方面,以青少年海洋教育为重点,在许多沿海地区和渔村建立了学生观光住所,从小培养国民热爱海洋、重视海洋的意识。另一方面,为实现21世纪世界一流海洋强国的目标,韩国政府合理设计产业发展规划,充分利用海洋资源,打造区域海洋发展特色。具体来说:一是明确区域海洋文化的发展地位,如以旅游为主导开发济州岛,将其建设为世界著名的滨海旅游胜地。二是将传统产业与创意产业相结合,主推大众流行文化。韩国将海洋文化旅游与电影、电视剧产业巧妙结合,海洋文化资源借力于此,在世界上形成了强大的吸引力。三是政府颁布了一系列保障文化发展的法律法规,先后创建了文艺振兴基金、文化产业振兴基金、电影振兴基金等多个项目,资助重点文化产业的发展,将创意产业纳入政府的发展计划中,不断加大文化产业发展力度。

5. 新加坡

新加坡四面环海,由于沿海岸线只有3海里的领海,本地海洋资源极为紧缺,海上交通线是新加坡最重要的海洋资源。新加坡凭借其独特的区位优势,以海洋为重要依托,成为集航运中心、世界第三大炼油中心、亚洲海工制造基地于一身的国际海事中心。新加坡高度重视城市海洋文化形象塑造,将其提升到战略高度,同时强调营造人与自然的和谐关系、提倡包容的城市文化。新加坡海洋开发和管理兼具硬实力和软实力。

一是以圣淘沙岛为代表的滨海旅游业迅速发展,使得海洋经济表现突出,政府将海洋产业与就业、教育等民生问题相挂钩,推动海洋产业发展以高科技、知识型为导向,促进本国经济和人才建设。二是建立以国立海洋生物博物馆为代表的海洋博物馆设施,强调商业娱乐与文化教育相结合,新加坡将国立海洋生物博物馆打造成全球最大的水族世界,使其兼具"观赏＋体验＋教育"三大功能,以不破坏岛屿整体生态环境为前提走"可持续发展"模式。此外,结合新加坡未来发展目标,政府斥巨资研究、设计、推广国家(城市)形象,如耗资8 800万新加坡元,将100多年前新加坡外贸核心区域,现在以旧仓库为主的克拉克驳船码头改造成为市区沿河最具吸引力的娱乐场所之一。新加坡政府在海洋资源开发与保护中,首先考虑的是对海洋生态环境是否造成破坏,并以此为标准开展城市规划,严格采用立法等各项手段极力保留具有民族风情的建筑和设施,促进各种不同的文化传统的相互交融和创新协调发展。

6. 澳大利亚

澳大利亚四面环海,自成大陆,其海洋战略关系到本国的生存和发展。早在20世纪90年代,澳大利亚政府将海洋文化产业发展壮大列为国家发展战略中的重要战略目标之一,并大力推进海洋文化创意产业发展,具体措施包括:一是注重普及海洋文化教育,根据不同年龄阶段和学习阶段,制订不同层次的人才培育计划,整体上提高全民海洋知识和海洋意识。二是推动海洋文化产业发展。注重充分利用自身丰富的海洋文化资源发展文化旅游业。目前,澳大利亚东海岸的悉尼、墨尔本、北昆士兰和阳光海岸、黄金海岸等城市和地区已成为其主要的海洋旅游地。澳大利亚在海洋文化旅游、文化创意、滨海旅游、休闲体育业等方面具有成熟的运行模式,在国际市场上已经形成了相当强的竞争力。三是建立健全海洋开发法律法规,基本上实现了覆盖海洋工作的方方面面。法律法规政策涵盖海洋生物多样性保护、渔业水产、近岸石油与矿产以及与海洋相关的环境保护、旅游、运输、科技等方面的内容。

参考文献

［1］郭菁荔.2020年,青岛再增50所市级以上海洋教育特色学校［N/OL］.青报网,(2019-06-22)［2020-05-01］.http://www.dailyqd.com/news/2019/06/22/content_472913.htm.

［2］韩伟表.新区"十三五"海洋文化建设的发展取向［N/OL］.舟山日报,(2016-01-15)［2020-05-01］.http://www.cseac.com/new/zs/llwx/201601/t20160115_757386.html.

［3］秦正茂,周丽亚.借鉴新加坡经验　打造深圳全球海洋中心城市［J］.特区经济,2017(10):23-26.

［4］邵希炜.大连市工商联提议:加快发展海洋文化产业［N/OL］.中华工商时报,(2018-01-30)［2020-05-01］.http://www.ce.cn/culture/gd/201801/30/t20180130_27967776.shtml.

［5］孙婧.海南省首个青少年海洋文化教育基地落户三亚海事巡逻船［N/OL］.海南日报,(2017-05-28)［2020-05-01］.http://sanya.hinews.cn/system/2017/05/28/031134662.shtml.

［6］谢安.珠三角海洋文化产业发展的问题及对策研究［D］.广州:广东海洋大学,2017.

［7］修斌,黄炎.日本新潟县的海洋文化产业开发及其启示——以日本最早的鲑鱼博物馆为例［J］.中国海洋经济,2019(1):177-188.

［8］杨芹."海上丝绸之路"的由来及其作用［N］.南方日报.2013-12-30(A02).

［9］朱秀华.山海洋文化发展对策［N/OL］.舟山日报,(2016-10-18)［2020-05-01］.http://www.cseac.com/new/zs/llwx/201610/t20161018_808540.html.

05

专题报告5

海洋事务治理

摘　要：本报告从全球和中国海洋事务治理发展的大背景出发，阐述了上海建设全球海洋事务治理中心城市的重要性和必要性。通过分析国际海洋事务治理中心城市建设的历史，提炼出适应上海海洋事务治理中心城市建设的基本经验。针对上海海洋事务治理中心城市建设的基础资源以及存在的瓶颈问题，以党中央、国务院海洋强国建设的指导方针为指引，以"一带一路"倡议和海上丝绸之路战略为契机，本研究报告提出可操作性的总体思路和发展目标，同时提出了上海建设全球海洋事务治理中心城市的具体对策建议。

关键词：海洋事务治理　全球海洋中心城市　海洋强国　海上丝绸之路　上海

一、对海洋事务治理的认识和理解

党的十八大和十九大提出了推进海洋强国建设的重大战略部署。习近平总书记多次就海洋强国建设做出指示。特别是2018年11月，习近平总书记在上海考察调研时进一步指出，经济强国必定是海洋强国、航运强国。

海洋事务治理是海洋强国建设的一项重要内容。从国际层面来看，在全球海洋中心城市建设处于世界前列的国家与城市单位里，海洋事务的良好治理是其他海洋城市建设的基础和前提条件。即使在挪威咨询机构Menon Economics发布的年度"全球领先海事之都"的评估报告当中，更高的权重给予了海洋经济，但是，海洋事务治理仍然内含在几个主要指标之中。从国内的层面来看，正在立法过程中的海洋基本法也将海洋事务治理作为一项重要内容。从海洋基本法立法提案中可以看出，国家对海洋事务给予了具有中国特色的界定：第一，海洋事务治理应当将我国海洋国土范围的确权、反制他国对我国的牵制，作为头等重要的目标；第二，海洋事务治理应当遵循国际惯例、体现海洋强国义务的原则，努力提供海事纠纷处理、海洋灾害应急等海上公共服务;第三,海洋事务治理应当建立"陆海统筹、协调一致、行动有力"的海上公共服务机构,提高海上救援等应急管理能力。

在宽泛意义上,海洋事务涉及以海洋经济为基础的各个层面的问题,在海洋领域,以国家为单元的政治、经济、军事、司法、文化等组织活动都可以纳入海洋事务这个框架当中。在狭义上,海洋事务一般涉及国家之间(国际或区域)在海域划分、国际海事规则制定、海上安全等问题的合作与争议处理。本研究报告采取国际通行惯例,在狭义层面上论证上海海洋事务治理,重点围绕海洋事务国际合作、海上安全保障、海洋争议处理、海洋灾害的预防与救灾、海洋环境保护、极地考察与勘探等问题,构建适应全球海洋事务的治理体系。

海洋事务的治理是一项摆在上海市委市政府和社会面前的重要议题,必须加以足够的重视。《全国海洋经济发展"十三五"规划》明确将上海(和深圳)打造成为21世纪海上丝绸之路的排头兵和主力军。中央对上海"五个中心"的战略定位以及上海自贸区改革的全面升级,给上海的海洋事务治理带来了巨大的机会与挑战。在政治层面,上海将代表中央政府,越来越全面地参与有关海洋权益的协商与合作当中;在经济层面,上海的商业组织会越来越广泛地扩大在国际社会的海洋科技项目、海洋服务贸易、海洋商务旅游等方面投资与交易的力度;在社会层面,国际海事组织会越来越多地在上海建立分支机构,协调和处理海事争端。由海洋经济演变而来的海洋事务治理(见表1),已经成为上海迫在眉睫的任务。上海全

表1　2015—2017年上海海上安全事故统计

时间	一般等级以上事故/次	沉船/艘	死亡人数	经济损失/万元
2015年	26	15	14	12 519.61
2016年	14	10	19	4 256.80
2017年	23	5	17	6 694.50

资料来源:上海市海事局。

球海洋中心城市建设的成与败,不仅仅取决于上海海洋经济发展水平,在很大程度上,还取决于上海海洋事务治理的能力与水平。

二、全球海洋事务治理的发展历史、趋势特征及经验借鉴

(一) 历史回顾

海洋事务的治理是海洋文明或蓝色文明发展的结果。在海洋时代或者蓝色文明发展的早期阶段,西欧的海洋强国在完成了全球航海勘探之后,彼此之间在海外殖民、海洋贸易、资源攫取等方面不仅遇到了利益冲突的问题,同时也遇到了海洋安全与海事争端的问题。这些国家的统治者和商业组织意识到,"弱肉强食"的"丛林法则"对海洋利益的开发不具有可持续性,从长期来看会造成两败俱伤的后果。在随后的数百年时间里,围绕着国际资源的利益分配,一系列关于海洋事务治理的国际规则被制定出来,这些规则维持了海洋活动的秩序,化解了海洋活动的争端。第二次世界大战的结束标志着全球化进入了一个高度制度化的阶段,以联合国为标志的大批跨国组织纷纷建立起来,国际规则进一步得到完善,海洋事务治理的全球化与制度化也在这个过程中得到了发展。例如,1958年,在联合国的主导下,国际社会签订了《公海公约》,约定各个主权国家在公海领域的权利与义务。

在冷战的大背景之下,国际社会日益担心核武器的生产与使用会给全球海洋环境与资源带来致命的破坏,使得本就日益恶化的海洋环境雪上加霜。在国际环保组织的大力推动下,海洋事务的治理开始由强调海洋资源使用的公平性向重视海洋资源保护的方向转变。1982年,联合国海洋法会议通过的《联合国海洋法公约》不仅完善了海洋领土归属、海洋资源的勘探与使用、海洋事务争端等传统问题的处理方式,而且有专门条款规定海洋环境的保护与保全。《联合国海洋法公约》是海洋事务治理的纲领性法律文本,对于当前海洋事务的治理发挥了重要作用。当前,国际社会关注的焦点问题转向了全球气候变暖以及气候变暖对海洋的影响。如何减少碳排放、应对温室效应,成为海洋事务治理的一项新兴议题。世界主要国家通过已

有的全球治理平台，或者建立新的治理平台，积极采取行动，发布治理宣言，惩罚碳排放量高的企业，鼓励相关科学研究，寻找替代能源，等等。

(二)　趋势特征

1. 在全球海洋治理的过程中，海洋强国重视制度性权利的获得

海洋强国在加强对管辖内海域及其资源管理和控制的同时，纷纷加强海洋治理制度性权利的获得，尤其在公海和国际海底区域，国际海洋秩序和国际海洋治理格局深度调整。美国不是《联合国海洋法公约》的缔约国，为确保发展空间和海洋活动自由宽松的外部环境，凭借其军事和科技优势维持其全球海洋领导地位，或者说维持其国际海洋治理体系的霸权地位。欧盟则利用其较高的发展程度，较强的技术优势、环保意识和理念，较为完善的政策法制，在全球海洋治理中依靠"通过榜样示范进行领导"的软领导战略，打造成一个规范性力量。国际组织、非正式的公民社会组织等非国家行为体在国际海洋事务治理中扮演重要角色。

2. 海洋事务治理越来越依托国际组织之间的合作

在全球化的背景之下，海洋强国依托和利用国际组织，在全球海洋治理中发挥基础性作用。参与全球海洋治理的国际政府组织主要分为两类。第一类是全球性组织。全球性国际政府组织主要是为全球海洋治理提供重要框架的行为体。最典型的是联合国及其下属机构：联合国环境规划署理事会、联合国粮农组织(Food and Agriculture Organization of the United Nations, FAO)、联合国环境规划署(United Nations Environment Programme)、联合国教科文组织政府间海洋委员会(Intergovernmental Oceanographic Commission)、联合国可持续发展委员会(Commission on Sustainable Development)、国际海事组织(International Maritime Organization)等。全球性组织的参与度较高，治理的效力和约束力会更强。第二类是区域性国际组织。区域性国际政府组织主要是为治理特定海域问题成立的组织。例如，赫尔辛基委员会、国际捕鲸协会(International Whaling Commission)、北极理事会(Arctic Council)等。区域性国际政府组织在特定海洋制定的具有国际法效力的规章制度适用于

全球所有行为体。

这些国际组织关于建章立制的较量,已经扩展到全球海洋治理主导权的争夺上。现有相关国际组织较好地兼顾发达国家和发展中国家的关切,逐步扩展到海洋环境保护、应对气候变化等领域,开始深度超越各主权国家的传统边界,对国际社会的政治经济进程产生重大影响。

3. 全球海洋治理主要借助于完善的法律体系加以实施

为解决日益凸显的全球性海洋问题,以海洋环境保护为导向,海上船舶航行、公海渔业捕捞和深海采矿等主要海洋活动有关法律制度正在细化完善,新兴领域各治理主体正在制定相关规则。在船舶航行和废弃物倾倒方面,已制定了《国际防止船舶造成污染公约》《防止倾倒废物和其他物质污染海洋的公约》等20多项公约。很多公约的技术条款都提供了逐步提高实施标准的时间表,以渐进方式实施环境保护标准。在深海矿产资源勘探和开采方面已制定3项勘探规章,并将制定开发规章和环境规章,重视海底矿产资源勘探开发对其他海洋活动及环境要素的影响。在渔业捕捞方面,已制定了《负责任渔业行为守则》《港口国措施协定》等多项管理规定和技术指南,采取冻结产量、维持现有配额等措施,加强对渔业生态系统的保护,维持现有捕捞能力。各国还正在就国家管辖外海洋生物多样性问题进行磋商,将在《联合国海洋法公约》框架下就海洋遗传资源、公海保护区、海洋环境影响评价等问题制定具有法律约束力的国际协定,弥补在该问题上存在的法律和管制缺口,达到分享利用海洋遗传资源产生的惠益、提高海洋活动门槛、限制海洋活动空间的目的。在海洋垃圾(微塑料)、海洋酸化等新兴问题方面,国际社会正在酝酿制定相关法律与技术规则。

4. 非政府组织成为全球海洋事务治理的参与主体

根据联合国经社理事会第288(X)号和第1296(XLIV)号决议的界定,国际非政府组织是指那些具有非政府性和独立自治性特征的国际组织。其中,涉及海洋治理的国际非政府组织是全球海洋治理的主体。例如,由世界野生动物基金会和联合利华创办的非营利组织——海洋管理委员会(Marine Stewardship Council)旨在教育公众,鼓励他们不要购买和消费那些由牺牲生态系统为代价的海洋生物产品。另外,国际海洋保护及海岸清理组织(ICCC)推动着海洋垃圾防治体制的不断发展与完善。北极治理非政府组织主要由北极圈附近的不同族群发起并创建。

这些组织成员要么是特定海域的利益攸关方,要么具有非常专业的知识背景。它们是连接国家海洋治理、区域海洋治理和全球海洋治理的纽带,也推动着全球海洋治理的民主化和法治化。国际非政府组织参与全球海洋治理扩大了治理基础,使治理走向多元化。这些组织一经成立,就为全球海洋治理提供了新的治理理念、倡议和制度,同时,对国家行为体进行监督,在一定程度上增强了国际公约的约束力。

5. 海洋生态环境的保护越来越受到国际社会的重视

1982年,《联合国海洋法公约》的签署是国际海洋管理领域划时代的重大事件,海洋环境管理正是在此基础上发展起来的。在以后的几十年间,国际上通过了一系列海洋开发与保护的协议,进一步补充和完善了海洋监管的法律制度。《千年生态系统评估报告》指出,世界海洋及沿岸地区正面临严峻威胁,其所面临的主要威胁包括:航运污染、陆源污染及富营养化、过度破坏性捕捞及非法捕鱼、生态栖息地遭受物理改造、外来物种入侵、全球气候变化。

海洋环境的生态保护已经形成了两大显著特征:

(1)国际海洋环境保护法律制度逐渐完善。随着国际海洋环境保护法的完善,国际海洋环境法律制度的调整内容不断深入,海洋环境保护机制也逐步完善起来。

(2)国家需要承担的责任与义务不断增加。国际海洋环境法律制度更加重视国家在海洋环境保护工作中的责任和义务承担问题,赋予了各国更加广泛的责任和义务,对国家应当承担的责任和义务的规定更加详细,使得相关内容的执行力度大大加强。

(三)国外经验借鉴

1. 海洋事务治理主体的转移

海洋事务的治理主体从国家向地方转移,城市特别是港口城市成为海洋事务治理的集散地和中心舞台。尽管主权国家仍然是全球事务治理的基本单元,但是,越来越多的全球事务是由那些国际知名的城市发起和承担的,在一定程度上,主权下放意味着城市成为国家的代言机构。随着海洋经济越来越聚集在城市特别是港口城市,有关海洋活动的治理单位也开始以城市为主。全球著名的海事之都既是海洋经济的领头羊,也是海洋事务治理机构集中的地方。在这些城市,海洋经济越发达,海洋事务治理活动越密集,在全球海洋领域的地位就越高。国际性和地区性的海洋事务治理机构都是从这些城市生长出来的,在国家的授权之下,这些机构从本国利益出发,提出全球海洋事务治理的议题,制定海洋事务治理规则,裁决国际海洋事务争端。海洋中心城市还在海岸线保护、海上航行安全等领域履行国家主权职能。

　　伦敦不仅是海洋经济的中心城市,而且还以公正的海事法律闻名于世,长期以来保持着航运界法律中枢的地位。虽然伦敦只是一个城市,但是,很多国际组织的总部设立于此,如国际海事组织(International Marine Organization, IMO)①、国际独立油轮船东协会(Intertanko)②和海洋管理委员会(Marine Stewardship Council, MSC)③。此外,伦敦的经纪人市场和保险市场也十分发达,是世界公认的法律仲裁中枢。

---

① 国际海事组织(International Marine Organization, IMO)是联合国负责海上航行安全和防止船舶造成海洋污染的一个专门机构,已有171个正式成员。IMO的作用是创建一个监管公平和有效的航运业框架,包括船舶设计、施工、设备、人员配备、操作和处理等方面,确保这些方面的安全、环保、节能。

② 国际独立油轮船东协会(Intertanko)成立于1790年,有正式成员240个,代表全球独立油轮船东的利益,定期向会员提供全面的信息服务、国际法规、港口信息及与油轮业相关问题专家意见,举办一系列的研讨会及展览,并参与所有的IMO委员会会议及分委会,在制定及执行有效的规范及行业标准、确保航运安全及海洋环保方面起领导作用。

③ 海洋管理委员会(Marine Stewardship Council, MSC)成立于1996年。MSC水产品认证是一项已被认可的针对海洋渔业以及加工水产品的管理良好的供应链认证项目。MSC鼓励可持续发展的水产业,与各个利益方建立合作关系,包括水产捕捞者、零售商、消费者以及资源保护者,在产品标签上以明确的标志说明捕捞来源于良好的海洋环境,此产品可持续捕捞。

2. 海洋事务的治理重视发挥非政府组织的作用

海洋事务治理的复杂性为非政府组织提供了机会。这些组织一方面利用所在城市在组织、专业和政策制定方面的资源优势；另一方面利用自身非政府的属性，回避争议性大的国家主权问题，在海洋事务治理方面发挥了巨大的作用。目前，海洋事务非政府组织的活动领域主要集中在如何治理海洋公域的问题。海洋公域作为公共物品，在低排他性和低竞争性导致的市场失灵下，很难由市场和国家充分提供。这种情况导致了公共海域存在着长期难以解决的问题，如日本捕鲸、加拿大捕杀海豹等。

在治理海洋公域事务方面，伦敦这样的全球海洋中心城市扮演着举足轻重的角色。例如，为了维护海洋生态系统，1999年，海洋管理委员会（MSC）在伦敦成立。MSC致力于可持续发展渔业以及野生捕捞鱼的标准。MSC要求渔场必须获得其所核发的渔业认证，这样海鲜产品才能贴上MSC生态标志；所有接受审核的公司必须展示其在追溯体系方面的有效性，确保只为来自认证渔场的海鲜产品贴上MSC标志。这样有助于阻止非法捕获的鱼进入供应链，防止贴错产品及替代种类的标签。如今，海洋管理委员会的分支机构遍布世界主要港口城市，如东京、香港、西雅图、新加坡、悉尼等。

3. 建立统一高效的海事执法队伍

全球海洋中心城市都有一个建制统一、高效有为的海洋事务治理体系，它们为海洋事务的各项活动提供了有力的保障。海洋事务治理体系大致具备四个共同的特点：一是执法机构代表中央政府保护海岸安全，阻止海上犯罪（走私、偷渡、贩毒等），实施海上救援，等等；二是代表中央政府的执法机构在主要的海港城市都有分支机构，负责港口附近海域的执法事务；三是各个分支机构之间倡导无间隙协作，在信息共享的基础上，彼此之间分工合作；四是执法机构重视建立跨国的地区性合作关系，交换执法信息，协助海上执法。

海事与海岸警卫队（Maritime and Coastguard Agency，简称MCA）是一个隶属于英国中央政府的海事安全执法机构，主要负责海上船只与人员的搜救工作,以及执行英国和国际海洋法与安全政策。海事与海岸警卫队在伦敦设有分支执行机构。海事与海岸警卫队的搜救与执法工作还依靠伦敦本地两支警务组织的协助,一个是专门负责泰晤士河航行安全的海事警务组(Marine Policing Unit,简称MPU),另一个是伦敦大都会警察局(Metropolitan Police Service,简称MPS)。两个机构都隶属于伦敦市政厅。前者是世界上第一个得到政府财政资助的警务机构,成立于1800年,在伦敦的泰晤士河沿岸设立搜救站,专门负责河流上的紧急救援工作;后者负责伦敦地区陆上安全的执法机构。虽然两个机构的分工不同,但在应急处理的时候相互协作、共享信息。近年来,负责海事与泰晤士河的警务队伍新增了反恐的任务,它们经常参与全国以及国际反恐行动。

美国的纽约、波士顿、迈阿密、旧金山、洛杉矶等海洋中心城市,在海洋事务治理方面积累了丰富的经验。这些城市的海事执法依托于联邦政府组建的海岸警卫队,在这些城市都设立了海岸警卫队的分支机构。迈阿密驻扎了美国海岸警卫队第七区分队,主要负责佛罗里达州、南卡罗来纳州和佐治亚州的海上执法工作。第七区隶属于国务院的国土安全部,但是,为了便于执法,迈阿密也设立了隶属于本市的紧急事态管理局,在涉及范围更大的海事应急处理时,该局听从于第七区的调配,协助海岸警卫队共同执法。海岸警卫队第七区建立了可分享与调配的信息、装备、人员的一体化应急处置体系,迈阿密地方政府也是这个应急管理体系中的一个重要的组成部分。由于海岸警卫队的执法具有社会公益性质,所以,它们的财政经费不仅仅来自联邦政府,佛罗里达州和迈阿密市政府都会承担一定的经费支出。

三、上海海洋事务治理的发展现状与存在问题

(一) 发展基础

1. 海事事务治理体系基本完善,部门之间的协调合作机制基本建成

上海市的海洋事务治理的主体是上海市海洋局,其涉海主要职责包括:贯彻执行有关海洋管理的法律、法规、规章和方针、政策;研究起草有

关海洋管理的地方性法规、规章草案和政策,并组织实施有关地方性法规、规章和政策。会同有关部门制定海洋功能区划;参与制定海区海洋经济、资源、环境等规划;负责本市海域海岛的监督管理;审核海域使用申请,实施海域权属管理和海域有偿使用制度;负责海底电缆、管道审批和监督管理;负责本市海域勘界、海洋基础数据管理;负责综合协调海洋事务。依法实施海洋行政执法,查处违法行为;负责协调海洋突发事件的应急处理。

除了上海市海洋局之外,上海地区海洋事务治理的国家级机构还包括上海海事局和国家海洋局东海局(见图1)。

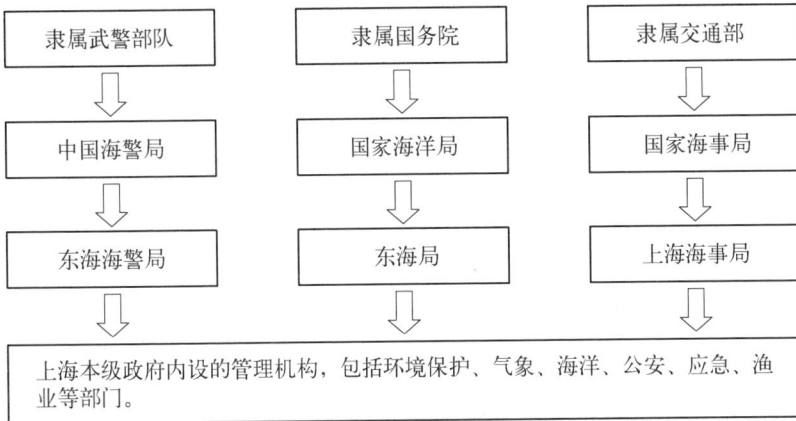

注:⟹表示垂直领导关系。

图1　上海地区涉海执法组织结构

2.海洋灾害应急管理机制初步形成,应急能力明显提高

上海市海洋应急处置管理工作由市委市政府统一领导,市政府是海洋应急管理工作的行政领导机构,市应急委决定和部署海洋应急管理工作,其日常事务由市应急办负责。海洋突发事件应急处置主要涉及的部门包括上海海洋局、国家海洋局东海局、上海海事局、上海气象局以及上海公安局等。其中,上海海洋局是市政府主管本市海洋事务应急管理的职能部门,是本市处置海洋应急事件的责任单位,并承担本市海洋突发事件的日常管理工作。在海洋应急管理工作中,除了上海海洋局之外,上海气象局、海事局、民政局、旅游局以及国家海洋局东海局、上海市慈善基金会和上海

市红十字会等部门在海洋突发事件处置工作中也发挥了积极的作用。

3. 海洋事务的法制框架基本完备, 依法行政能力明显提升

多年来, 在上海市委市政府的正确领导下, 市人大常委会以及海洋事务行政管理部门十分重视对海洋事务治理的建章立制工作。经过不懈的努力, 制度化的条例、规章基本上覆盖了海洋治理的大部分基础领域, 海洋事务的行政管理工作基本上进入有法可依的阶段。纵观海洋事务治理的建章立制工作, 海洋事务治理的法制框架包括如下内容: 一是拓宽了治理领域, 从港口管理(2005年颁布、2015年修订的《上海港口条例》)拓展到海洋生态自然保护区管理(1997年颁布、2010年修订的《上海市金山三岛海洋生态自然保护区管理办法》); 二是引入了专门化治理措施(1996年颁布、2010年修订的《上海市滩涂管理条例》, 1992年颁布、2010年修订的《上海港口岸线管理办法》); 三是对标国际社会, 治理前沿问题, 如海域污染(1996年颁布、2010年修订的《上海港防止船舶污染水域管理办法》, 1993年颁布、经过5次修订的《上海市水产养殖保护规定实施细则》)、海上安全(2011年颁布的《上海市渔港和渔业船舶安全管理办法》)等。

这些涉海类地方性法规和配套政策, 较为全面地规范了涉海事务, 有力地推进了海洋领域的依法行政, 使海域、海岛、海洋环境、交通运输、渔业管理更为规范有力(见表2)。

表2　2015—2017年上海海事局海上执法统计表

时间	行政处罚/件	罚款金额/万元	搜救行动/次	救助人员/人次
2015	3 884	2 012.11	189	1 084
2016	3 593	1 772.61	155	961
2017	8 147	3 367.67	237	1 818

资料来源: 上海市海事局。

4. 涉海社会组织的发展初步成型, 国际组织登记注册的政策有所突破

由于我国目前尚无适用的国际组织入驻的法律法规, 在民政部的支持下, 上海市民政局于2004年开始, 探索涉外社会组织试点登记工作, 拓展

了登记领域。目前,上海市涉海类涉外社会组织已经成功地登记了5家,它们是上海亚洲船级社中心、国际海事教师联合会上海中心、波罗的海国际航运公会上海中心、上海国际海事亚洲技术合作中心、国际海上人命救助联盟亚太交流合作中心。这5家社会组织以业务主管单位为主导,以"涉外民非"方式解决了法人地位问题。

这些试点登记组织自成立以来,在国际社会上发出了中国的声音,具备了一定的国际影响力。上海国际海事亚洲技术合作中心与国际海事组织合作,配合"一带一路"倡议,在规则制定、平台搭建、人才培养等方面发挥了基础作用;波罗的海国际航运公会上海中心,为修订相关国际公约和文件提供了意见和建议,提升了中国的影响力;国际海事教师联合会上海中心主导了国际海事英语示范教材的修订,该教材顺利通过了国际海事组织的审议。

5. 对外交流合作取得进展,国际话语权不断增强

上海海事局于2018年组织开展了IMO海员考试评估区域培训、中国—东盟国家海上搜救协调员培训、国际航标管理人员培训、东盟国家海事主管机关人员培训、东京备忘录第25届亚太地区港口国监督研讨会、中国—丹麦海事调查研讨会、IMO船旗国和港口国监督检查官区域培训等国际交流与合作项目。上海海事局还派代表赴德国汉堡开展海事交流与磋商。2018年,上海海事局共派出17批次、19人次参加国际海事会议,接待外事来访20批次;向IMO等国际组织提交提案15篇并被采纳。上海海事局与上海海事大学、上海航运交易所签订新一轮战略合作框架协议;与江苏海事职业技术学院签订战略合作协议,与江西地方海事局签订"结对子"协议,落实国家长三角一体化战略。

上海市委市政府还通过推动加入国际海事组织,提升上海的国际话语权。2015年,上海航运保险协会成功地加入了国际海上保险联盟(IUMI),对于提高上海航运保险国际化、市场化和专业化水平,提升我国航运保险业的国际影响力具有重要意义。目前,已有7名中国水险专家在上海航运保险协会的推荐下入选IUMI的4个关键专业委员会,参与国际航运保险

规则的制定,提升了中国航运保险在国际上的话语权。

6. 海洋事务治理具有得天独厚的条件,专项治理能力取得重大进展

依托全国航运中心和综合科技水平的独特优势,上海在海洋观测与气象预报的发布方面,无论在技术上还是在信息共享的机制建设方面,均在全国遥遥领先。海洋观测是由上海海洋局承担,气象预报由上海气象局发布,另外,国家海洋局东海局也承担着海洋气象信息的观测与预报发布工作。上海气象局在行政区域内组织对重大灾害性天气跨地区、跨部门的联合监测和预报工作,及时提出气象灾害防御措施,并对重大气象灾害做出评估,为上海市人民政府组织防御气象灾害提供决策依据;管理上海行政区域内公众气象预报、灾害性天气警报以及农业气象预报、城市环境气象预报、火险气象等级预报等专业气象预报的发布。

上海市在海洋治理方面还具有另一项得天独厚的条件,即隶属于自然资源部的中国极地研究中心设立在浦东。中国极地研究中心主要开展极地基础科学研究,是我国极地考察的业务中心,负责"雪龙号"极地科学考察船、南极长城站、中山站以及国内基地的运行与管理;负责中国南北极考察队的后勤保障工作;开展极地考察条件保障的国际交流与合作。迄今为止,中国极地研究中心已经组织了30次南极考察、9次北极考察,已经建成了中国极地科学数据库、极地信息网络、极地档案馆、极地图书馆、样品样本库。

(二) 存在的主要问题

1. 海洋治理的管理体制不顺,执法水平有待进一步提高

由于受到中央一级海洋管理体制设置的影响,在上海市层面,海洋管理存在一个体制不顺畅的问题。长期以来,受到"条条管理为主,块块管理为辅"的海洋管理体制的影响,新时代全球海洋事务治理体系的建设受到了一定程度的制约。这种管理体制缺乏必要的统一和协调机制,不同涉海管理部门之间、不同地区之间容易产生矛盾。专门从事海洋、水务、渔政、海上安全的机构,彼此之间分工不是十分清晰,机构职能交叉的现象时有发生,这种关系经常造成执法盲区,给海洋事务管理带来了不利的局面。

在长三角一体化的大背景之下，整个长三角地区海洋事务治理的体制不畅带来的问题更加突出。上海、江苏、浙江和山东在海事管理上各自为政，信息共享程度有限，资源整合水平较低，不能适应长三角一体化国家战略的推进。

在海洋应急管理方面，体制与机制的不协调、不灵活影响到了海洋突发事件的处置效率。在上海地区，国家与地方体制的"条块分割"关系导致了本地海事应急管理常常需要得到中央政府部门的同意，在一定程度上延误了应急处置的最佳时机。在海洋执法方面，因央地财政投入关系的影响，中央财政在海事执法装备和人员配备上投入不足，而上海又没有财政投入的行政要求，致使应急管理系统的执行能力难以满足现实的需要。

2. 海洋治理的法律依据还不够完善，执法能力受到了一定程度的抑制

尽管在国家层面，海洋立法取得了一定的成效，但是，这些成效与建设海洋强国的目标还有较大的差距。海洋立法滞后表现在：第一，现有海洋立法主要着眼于保护海洋环境和发展海洋权益，缺少海洋产业法律法规，海洋资源立法缺少生态化内容，缺少针对各种海洋执法类型的统一执法规范与规则。第二，现有立法侧重于专项法律法规，法律效力层级较低，法律法规不协调、不系统，具有明显的政策化和利益化倾向，从而使得海洋法律法规条文、条款表达得比较抽象，缺乏可操作性。第三，由于上位的相关配套法律法规不健全，海洋法体系尚不全面，使得上海相关的地方性法规制定存在诸多不便。

3. 海洋治理体系单一，社会组织欠发达

海洋治理不仅需要健全的管理体制与法律法规体系，更需要政府与居民、企业、媒体及非营利组织建立良好的合作关系。目前，从中央到地方都尚未建立多元的公众参与海洋和海岸带管理的机制，专门的社会组织十分稀缺，社会参与主体不完整，因此，公众参与力度不够大，参与程度不够深；公众的意愿在政策中得不到及时反映，政策执行容易产生偏差。

上海本土的专门社会组织主要局限在海洋事务的研究机构方面。虽然在这方面上海走在全国的前列，但是，目前已取得的这些成就仍然无法

适应建设全球海洋中心城市的要求。其中的差距主要表现在：① 从事海洋事务治理的研究机构数量较少，相关的民间研究机构数量更少；② 专业分工过于粗线条，缺乏针对专门问题的研究机构和研究成果；③ 专业化研究的范围过于传统，大多局限于权益归属、环境保护的基础性问题研究，对于大量新兴的海洋事务缺少研究，例如，海洋事务国际合作、全球海洋监测预报、海上安全保障、海洋危机处理等全球海洋事务。

对国际海洋事务治理的组织来说，由于国家和上海都还没有出台相应的登记注册法规，国际海洋事务治理的组织落地上海遇到了一个较大的瓶颈问题。目前已经在上海登记注册的少数几个国际组织，只具有象征意义，不具有普遍的代表性，大量国际社会组织由于这个法律瓶颈而无法落户上海。

4. 缺乏参与国际海洋事务治理的合作经验

长期以来，上海的海洋事务管理范围主要集中在近海和内河，接待国际海洋事务管理活动的经验欠缺，海洋事务的管理还没有走出"内河式"管理的水平，"走出去"的步伐较小，参与国际海洋事务合作的能力和水平偏低。

国际海洋事务管理经验的缺乏，直接影响到了上海在全球海洋事务治理中的地位。一方面，治理经验的缺乏不仅限制了国际海洋业务在上海的开展，上海由此失去了一些发展海洋经济的机会，如国际邮轮业务；另一方面，国际合作经验的缺乏，使得上海长期徘徊在世界海洋强国的合作机制之外，失去了很多宝贵的经验学习机会。

四、上海海洋事务治理的总体思路和发展目标

(一) 总体思路

在海洋事务治理方面，积极地推动海洋执法机关的改革，建立新的、适应全球海洋事务治理的管理机构，对相关机构实行重组和调适，将海洋事务治理的权责分清，着眼于长远目标，提高解决新兴海洋时代上海面临的困难和挑战的能力；大力推进相关立法工作，对立法空白领域制定地方性

法规,修订那些不适应形势发展需要的法律和法规;建立全面参与的海洋事务治理体系,借助社会组织的力量,发挥民间的优势,共同提高公众参与的水平;加大政府投资的力度,新建和扩建若干个海洋事务的研究机构,瞄准海洋事务的前沿问题,加深对海洋事务传统问题的研究,争取在一定时间内实现突破。

(二) 基本原则

1. 坚持"走出去"的战略,拓展海洋治理的深度与广度

参与全球海洋治理,不仅要坚持陆海统筹,经略蓝色国土,还应当走向大洋,走向深海,走向极地。一方面,始终明确海洋科技对全球海洋治理的支撑作用,要依托上海海洋科学研究的优势,专注于海洋技术创新,不断促进上海参与公海、深海和极地的利用。另一方面,积极加入联合国、国际海底管理局、北极理事会等各类国际涉海治理平台,就国家管辖范围以外的区域海洋生物多样性(简称BBNJ)养护、可持续利用问题和国际社会进行对话与合作。

2. 坚持立足区域治理,建立全面合作关系

上海不仅应当在全球层面继续参与海洋治理,更应当立足周边,特别是和近邻的台湾地区建立海上磋商机制,推进海洋环保、海洋预报、科研、搜救、防灾减灾等低敏感领域的海上务实合作,以增进地区之间理解与信任。发挥国际海上人命救助联盟亚太交流合作中心等机构的作用,深入开展国际海洋事务的专项合作。海洋治理的区域合作还应当立足长三角地区,在长三角经济一体化战略的引领下,建立跨省(市)的治理机制,交流海洋治理的经验,分享海洋治理的信息,成立跨地区的海上应急管理机构,全面提高海洋治理的水平,为国家海洋战略、长三角经济一体化战略提供优质服务。

3. 坚持依法治理,利用好现有的法律利器

在全球海洋治理的进程中,积极地利用现有的海洋事务治理国际法律法规,带头遵法守法。同时,在现有的国际法律框架内,积极地为国家和地区争取合法权益,防止国际社会滥用国际法来损害我国的海洋主权。随着

BBNJ国际协定谈判的深入和国际海底资源开发规章的酝酿,全球海洋治理中的制度性约束会越来越多,我国也将迎来获得更多制度性权利的战略机遇期。面对机遇与挑战,应当用好法律利器,不断增强自身规则的制定能力和法理的博弈能力,维护国家海洋权益。

在对上海海域的治理方面,在充分调查研究的基础上,积极制定新的法律法规,弥补法律管理的空白。地方性海洋立法要着眼于长远,法律制定要追求可操作性。同时,地方性立法也要体现地方海洋事务治理的特殊性,不必追求整齐划一。除了努力制定新的地方性法规之外,还要深入研究已有法律规章不完善的部分,改变法律规章滞后于现实的现状,对相关法律规章进行适时的修订。

4. 坚持以提升执法能力和效率为导向,整合与完善现有的海洋管理执法队伍

为了实现海洋管理的权责统一,解决多重多头执法问题,提高海上执法的效率,改革现有的执法机制成为当务之急。以综合治理为目标的改革,应当建立一个跨部门和跨行政区域的执法机构,扩大应急处理的权限,提高应急处置的能力。

海洋事务管理采取以海上检查为前提,以港口管理为基础,条块相结合的管理模式。改革执法体制还应当强调如何增强管理单位的自主权,克服条块结合模式中的管理弊端,这样既能发挥"条条"部分的领导能力,又能发挥"块块"部分的灵活性。按照上述原则建立的海洋执法机构,能够有效地理顺体制,改进条块结合的管理,提高执法效率。

5. 坚持按照国际惯例推动海洋事务治理的非政府组织建设

参与全球海洋治理需要国家与非国家行为体、政府部门与科研团体的紧密协作,是一项蕴含立体外交思想的系统工程。不仅要正确处理党的领导与立体外交的关系,还应当巧妙利用非国家行为体的独特渠道,充分发挥涉海非政府组织的专业优势,激发政策创新的活力,保障对外活动的条件,精心设置契合国家利益的涉海议题,潜心打造具有中国特色的国际方案,不断提升我国的国际涉海话语权。

上海非政府组织的发展应当以改革与提高地方海洋事务治理为基础目标,同时着眼于国际海洋事务治理的合作。在地方治理中将上海经验国际化,在国际交往与合作中提高地方治理的水平。海洋事务治理的非政府组织的发展应当重视多样性的培育,对标国际社会,成立全面满足海洋治理的多元组织结构,增加把握国际话语权的机会。

(三) 发展目标

形成"法制完善、规划引领、海陆统筹、区域联动"的现代海洋综合治理体系,营造"依法管海、依法治海、依法用海"的和谐局面,全面提升海洋综合治理能力和公共服务水平。

到2025年,基本形成与建设国家海洋强国战略、"一带一路"发展倡议、长三角经济一体化战略、上海自贸区试验改革、上海"四个中心"发展要求相适应的海洋事务治理体系,海洋综合治理能力明显提高,海洋公共服务水平显著提升,基本形成分工明确、职责清晰、统筹协调、依法管海的海洋综合管理体制机制。

到2035年,基本形成与上海全球海洋中心城市发展定位、国家海洋强市发展要求相适应的现代海洋事务治理体系,海洋事务治理与公共服务能力、水平大幅提升,基本达到发达国家水平,全社会形成"发展海洋、保护海洋、维护海洋"的浓厚氛围。

五、上海海洋事务治理建设的对策建议

一是加强海洋事务的立法,提升海上执法能力。按照海洋基本法的精神和要求,健全涉海法律法规和政策,加快制定和完善《上海市海域使用管理条例》《上海市海上应急事件处理办法》《上海市海洋环境保护条例》《上海市无居民海岛保护办法》等涉海类地方性法规规章和配套政策,全面规范各项涉海事务;推进海洋依法行政,使海域、海岛、海洋环境、交通运输、渔业管理更为规范有力。

二是以上海海洋局为基本框架,筹建长三角地区海洋事务突发性事件应急管理中心。争取国家支持,成立以上海(市海洋局)为中心的长三角海

上应急管理部门,联合国家海警局、国家海洋局、交通运输部在华东地区的力量,建立跨地区的合作框架,提高"条条"的执行能力,发挥"块块"的优势,全面提高海洋应急管理水平。建立长三角海上应急管理机构,应当侧重海洋灾害预警信息的共同发布与信息共享,建立长三角应急联动机制,提高海上应急执法能力,减少因地区与部门协调补偿而带来的各种海上损失。

三是以全球海洋发展为主题,定期在上海举办全球海洋论坛,就海洋事务治理等话题进行交流对话和深入合作。依托上海交通大学中国城市治理研究院,联合外交部、国家海洋局等筹办"中国南海合作开发与治理国际论坛",为海洋事务治理提供民间交流的平台;举办"一带一路"沿线国家海洋事务治理的高端人才培训班,深化与"一带一路"国家的合作范围,将中国在海洋事务治理方面的经验传播出去,提高中国的国际影响力。

四是通过政策引导、财政扶持,大力培育上海地区专门的社会组织,拓宽海洋治理的社会参与渠道,让更多的社会组织参与国际海洋事务治理活动。在国家现有的社会组织管理法规下,上海市委市政府大胆尝试社会组织管理政策的改革,放宽海洋事务治理非政府组织的建立门槛,为国内外社会组织的发展创造宽松的环境,鼓励国内外非政府组织之间的互动,支持本地组织积极地"走出去",在国际海洋事务治理的舞台上发出中国的声音。争取在未来三年培育建设10个海洋事务治理的专门社会组织,范围涉及海洋领土归属、海事争端处理、海事国际合作、极地海事、海洋环境治理等。

五是成立"一带一路海洋事务治理协调中心",争取在三年内通过各项活动,使上海成为第一个地区性国际组织的总部。同时,积极鼓励和吸引国际海洋事务非营利组织,通过总部迁移或设立分支机构等形式,在沪集聚和发展,做好相关的服务和保障工作,打造全球海洋组织总部和活动集聚区,逐步地将上海发展成为全球中心城市海洋事务治理的一个不可分割的部分。

六是联合上海交通大学等高等院校和国家在沪涉海机构,共同发起组建上海海洋治理高端智库,为国家海洋强国战略和上海建设全球海洋中心城市建言献策。依托上海海洋高端智库,每年定期研究并发布全球海洋中心城市评估报告和上海建设全球海洋中心城市白皮书。

七是利用和发挥上海极地研究的资源和优势,打造具有全球影响力的主题活动。上海极地海洋世界以"海洋文化"为核心内涵的开发理念,用"生态关爱"来推广"快乐精神",创建可持续发展的旅游产品体系,是一个形式与内容并重的"情景式体验度假胜地"。在旅游开发的同时,将极地海洋治理的理念融入其中,充分利用上海极地研究的资源,在"上海极地海洋世界"的基础之上,进一步丰富海洋事务治理的内涵与形式,举办全球性的海洋事务治理论坛、展览、科技产品推广等活动,争取在5年内推出世界知名的品牌活动。

参考文献

［1］蔡壮标.新时期中国海事维护国家海洋权益的战略思考［J］.交通运输部管理干部学院学报,2010(4):34-38.

［2］陈洁,胡丽.海洋公共危机治理下的国际合作研究［J］.海洋开发与管理,2013(11):39-43,53.

［3］初建松,朱玉贵.中国海洋治理的困境及其应对策略研究［J］.中国海洋大学学报(社会科学版),2016(5):24-29.

［4］崔野,王琪.关于中国参与全球海洋治理若干问题的思考［J］.中国海洋大学学报,2018(1):12-17.

［5］赵奚赟.发达国家海洋强国战略及其对我国的启示——以美、日、加为例［D］.青岛:中国海洋大学,2014.

［6］冯光.S市海事应急管理对策研究［D］.大连:大连海事大学,2016.

［7］傅梦孜,陈旸.对新时期中国参与全球海洋治理的思考［J］.太平洋学报,2018,26(11):46-55.

［8］胡志勇.积极构建中国的国家海洋治理体系［J］.太平洋学报,2018,26(4):19-28.

［9］李培志.我国海上综合执法存在的问题及对策［J］.公安教育,2004(3):31-35.

［10］刘大海,丁德文,邢文秀.关于国家海洋治理体系建设的探讨［J］.海洋开发与管理,2014,31(12):1-4.

［11］刘笑晨,王淑敏.全球治理视角下打击海上恐怖主义的法律机制问题初探［J］.中国海商法研究,2016(4):98-107.

［12］上海市海洋管理事务中心,上海市发展改革研究院.上海市建设全球海洋中心城市评估指标体系研究分析报告(终期评审稿)[R].2018.

［13］王印红,渠蒙蒙.海洋治理中的"强政府"模式探析[J].中国软科学,2015(10):27-35.

［14］吴跃.中美海洋治理比较分析[D].济南:山东大学,2012.

［15］阎铁毅,吴煦.中国海洋执法体制研究[J].学术论坛,2012,35(10):204-209.

［16］杨焕彪.中国海警参与全球海洋治理途径探析[J].公安海警学院学报,2018,17(5):21-27.

［17］于思浩.海洋强国战略背景下我国海洋管理体制改革[J].山东大学学报(哲学社会科学版),2013(6):153-160.

［18］于洋.联合执法:一种治理悖论的应对机制——以海洋环境保护联合执法为例[J].公共管理学报,2016(2):49-62.

［19］袁沙,郭芳翠.全球海洋治理:主体合作的进化[J].世界经济与政治论坛,2018,326(1):50-70.

［20］袁沙.全球海洋治理——从凝聚共识到目标设置[J].中国海洋大学学报(社会科学版),2018(1):1-11.

［21］张成瑶.我国海上交通危机事件的应急协调治理研究——基于整体性治理的视角[D].大连:大连海事大学,2017.

［22］赵卫华.中国与周边国家海洋争端的层级及中国海洋维权的若干思考[J].石河子大学学报(哲学社会科学版),2018,134(2):20-29.

专题报告6

服务长三角区域海洋经济
高质量一体化

摘　要：2019年11月5—6日，习近平总书记在参加首届中国国际进口博览会和上海考察时提出"将支持长江三角洲区域一体化发展并上升为国家战略""经济强国必定是海洋强国、航运强国"。上海全球海洋中心城市建设要背靠长三角，发挥区域资源优势，加强区域协作，以区域高质量一体化的海洋经济发展模式为支撑，提升上海海洋产业发展能级以及在全球海洋城市中的核心竞争力。

本报告阐明了对长三角区域海洋经济高质量一体化发展的总体认识，明确其重要意义和战略定位，从国际、国内、城市三个层面说明其中的机遇。结合纽约湾区、东京湾区、欧盟及其成员国四大典型区域的海洋经济发展经验，本报告梳理了长三角区域海洋资源分布和经济规模结构情况，从陆海统筹、江海联运、港口共建、产业联盟四个方面总结了区域海洋经济一体化的发展现状，并指出长三角在合作收益、产业布局、科技创新、政府管理等方面存在的问题。

本报告提出长三角区域海洋经济高质量一体化发展的目标是将长三角地区打造成为世界级的海洋经济领先区域，其实现思路是以统筹协调改善地方竞合关系，以区域协同治理推动一体化发展。面向上海的核心城市定位，本报告进一步提出上海将全球海洋中心城建设与服务长三角区域海洋经济高质量一体化充分融合，在完善区域多元主体协商机制的基础上，以全球海洋中心城建设助力"五个中心"建设再上新的台阶。

关键词：海洋经济　高质量一体化　长三角区域

一、长三角区域海洋经济高质量一体化发展的总体认识

(一) 概念内涵

1. 海洋经济

海洋经济的概念最早由国外学者于20世纪70年代提出,基于"海洋产业"的发展演变,其内涵不断深化和丰富。但海洋经济的概念并不常见,多出现于相关的专业统计报告或发展政策中。国内海洋经济的概念提出较晚,虽然在早期并未形成统一的认识,但由于研究视角和研究者背景的差异,相关研究成果更为丰富。而在进入21世纪后,通过出台相关政府文件,对概念认识进行了统一[①]。

在国外的概念界定中,海洋经济对应于"marine economy"和"ocean economy"两个词。《新西兰海洋经济统计报告》(New Zealand's Marine Economy)和《(美国)国家海洋经济项目报告》(Report of National Ocean Economic Program)中分别使用了"marine economy"和"ocean economy",强调海洋经济的涉海特性。国内海洋经济的概念最早出现于20世纪80年代,在后续研究中,学者从不同视角对其进行解读,直至2008年出台的《海洋生产总值核算制度》中对相关概念进行规范,并在后期的制度修订中维持不变。其中,海洋经济指开发、利用和保护海洋的各类产业活动,以及与之相关联活动的统称。海洋产业指开发、利用和保护海洋经济所进行的生产和服务活动。海洋相关产业指以各种投入产出为联系纽带,与海洋产业构成技术经济联系的产业。

从相关概念中可以看出,即便对海洋经济的理解角度和认识方式存在不同,但是海洋资源、海洋产业、空间关联是其中共同的要素[②]。整体来看,海洋经济具有以下特点:① 海洋资源的基础性,海洋经济是以海洋资源为基础的资源依赖强烈的经济活动;② 海洋产业的核心性,海洋经济以海洋

---

① 张莉.海洋经济概念界定:一个综述[J].中国海洋大学学报(社会科学版),2008(1):23-26.

② 向云波.区域海洋经济整合研究[D].上海:华东师范大学,2009.

资源的开发利用和保护为基本表现;③ 海洋产业的涉海性,海洋经济不仅包括海洋产业活动,也包含与其相关联的经济活动;④ 海洋空间的局限性,海洋经济活动主要集中在沿海地区,并且无法脱离陆地空间①。

2. 高质量发展

"高质量发展"是一个复合词,可以分为"高""质量""发展"三个部分。虽然复合词的含义并不能由其组成部分的含义简单加总得到,但是探讨各个组成部分的含义有助于探索和理解复合词的整体含义。

"质量"一词原本是自然科学中的概念,后应用于产品生产和管理之中,指一组固有特性满足要求的程度。随着社会发展,质量的概念也不断得以扩展,由微观产品领域扩展至行业、工程、生态、社会等领域②。"发展"意为事物从出现开始的进步变化过程,反映事物的不断更新,在社会科学研究中指人类社会向人们所预设的美好价值目标前进的过程③。"质量"和"发展"组合而成的"发展质量",指在特定时点上社会在将其拥有的资源总量用于满足自身需求方面所呈现出的全部功能,以及社会整体运行的优劣状态④,具有主体性、可持续性、整体性和合目的性等共性特点⑤。根据"发展质量"的概念,社会系统"发展质量"存在五个判断依据:发展水平、发展方向、发展集约度、发展协调度、发展持续度⑥。

综上所述,"高质量发展"所反映出的是一种特定系统内各类需求得到普遍满足的状态或模式,其概念呈现出复杂和分化的特点,具有以下三个特征:① 合适的规模。高质量发展既不是低水平的发展,需要一定数量规模的支撑,但也不能超过系统承受的上限。② 合理的结构。高质量发

① 向云波,彭秀芬,徐长乐.长江三角洲海洋经济空间发展格局及其一体化发展策略[J].长江流域资源与环境,2010,19(12):1363-1367.
② 鲍悦华,陈强.质量概念的嬗变与城市发展质量[J].同济大学学报(社会科学版),2009,20(6):46-52.
③ 王庆丰.发展的合理性观念[J].新疆师范大学学报(哲学社会科学版),2017,38(3):58-65.
④ 王雅林,何明升.论现代化的发展质量[J].社会学研究,1997(3):36-44.
⑤ 李盛成.发展质量理论探析[J].理论与改革,1999(5):24-26.
⑥ 何明升.评价发展质量的五个判据[J].学术交流,1998(4):71-73.

展强调系统具有合理的关系结构,一方面需要符合类似系统发展的一般规律;另一方面需要能够反映出系统自身的关键特性和历史路径。③ 动态的可持续。高质量发展既要求在特定时点上系统需求得到普遍满足,又要求未来的需求能够在已有基础上拥有被满足的极大可能。

3. 一体化发展

"一体化"或称"整合",对应的英文单词为"integration",原意为整理和组合,指通过某种方式将零散的要素进行衔接,进而实现整体的资源共享和有效协同,最终形成一个有价值的整体。该概念后广泛应用于哲学、生物学、社会学、经济学等学科中。其中,"经济一体化"或"经济整合"的概念于1947年在美国官方文件中被首次提出,后经学者们的持续研究,其内涵逐步清晰,包括区域视角和国家视角两种理解方式,主要指两个或两个以上的经济体连为一体,对产业结构和经济组织结构进行整体规划和协调,从而实现资源的有效配置,最终达到利益最大化的过程,强调过程、机制和实现整体优化[1]。

结合海洋经济和区域经济一体化发展的概念,区域海洋经济一体化发展概念可以理解为以海洋资源为基础,以海洋及陆地的地理空间为载体,以海洋产业、陆海联动为核心,以提升区域海洋经济综合竞争力为宗旨,对区域海洋经济系统进行整理和组合,推动区域产业结构和布局的整体规划和协调发展,从而使整体系统运行更加有效,实现海洋资源和地域资源的有效配置[2]。区域海洋经济一体化发展,注重一体化发展的结果和区域协调发展的目的,并且注重海陆布局的整体优化,以实现区域海陆优势互补和共同发展,同时强调体制机制的创新实践性,以政府部门为主导,探索区域海洋经济一体化发展中的合作和良性竞争机制[3]。区域海洋经济一体化发展的过程和内容具有复杂性和综合性,包括创新海洋管理制度、优化海洋经济运行环境、促进生产要素跨地域流动、推动区域海洋经济产业结构

---

[1] 李娜.长三角海洋经济整合研究[M].上海:上海社会科学院出版社,2017:12-14.

[2] 向云波.区域海洋经济整合研究[D].上海:华东师范大学,2009.

[3] 李娜.长三角海洋经济整合研究[M].上海:上海社会科学院出版社,2017:14-15.

和空间布局的优化重组等①。

海洋经济相对陆域经济而言具有高科技、高投入、高风险等特点,区域海洋经济一体化发展相对于一般的区域经济一体化发展也具有自身特点,总结而言有以下四点②:① 海陆经济,区域海洋经济一体化发展同时也是海陆互动的发展过程;② 高技术经济,海洋经济所涉及的产业具有典型的知识密集特征;③ 开放性经济,由于世界范围内水域的整体连通性,区域海洋经济一体化发展与内陆经济开放之间关系紧密;④ 综合性经济,区域海洋经济一体化发展是海洋经济活动和相关陆地经济活动的总和,具有复杂性和多样性。因此,结合"高质量发展"的特征,区域海洋经济高质量一体化发展的概念在区域海洋经济一体化发展之上,更加强调区域规模的合理性、区域内经济主体的健康发展、区域各类要素的有效配置、区域各主体之间的良性竞合关系、区域发展的动态持续性。

(二) 长三角区域海洋经济高质量一体化发展的重要意义

1. 提升国家核心竞争力的内在需求

从古至今,我国的发展都离不开海洋。在世界版图上,我国位处亚洲大陆的东部、太平洋的西岸,拥有渤海、黄海、东海、南海、台湾海峡等海域,整体大陆岸线长约18 000千米,岛屿岸线长约14 000千米,管理6 500余个500平方米以上的海岛,可以主张大约300万平方千米的管理海域,海洋是我国发展的重要资源和空间。从整体历史发展而言,我国的发展与海洋的关系可以概括为依海而生、向海图存、向海开放、向海图强。

中华民族是最早利用海洋的民族之一。在我国悠久的历史中,海洋自古都是重要的资源来源和版图扩展方向。在改革开放后,我国对海洋战略做出重要调整,海洋则成为重要的开放途径,通过设立沿海经济特区、沿海开放城市、海洋经济开发区等方式,逐步实现"引进来"和"走出去"相结合的多层次、宽领域、全方位的对外开放格局。在进入21世纪后,我国

① 向云波.区域海洋经济整合研究[D].上海:华东师范大学,2009.

② 李娜.长三角海洋经济整合研究[M].上海:上海社会科学院出版社,2017:15-16.

海洋发展战略再次发生重大转变,海洋不仅是我国对外开放的重要途径,更是我国重要的资源优势。自党的十六大报告提出"实施海洋开发,搞好国土资源综合整治",到党的十七大报告中提出"提升高新技术产业,发展海洋产业",党的十八大报告中提出"提高海洋资源开发能力,发展海洋经济,保护海洋生态环境,坚决维护国家海洋权益,建设海洋强国",党的十九大报告则进一步明确"坚持陆海统筹,加快建设海洋强国",我国对海洋资源开发、海洋生态保护、海洋权益保障的重视程度不断提升。我国在全球海洋经济和全球海洋事务管理中的地位不断提升,海洋成为我国提升综合国力和国家竞争力的关键因素。

纵观我国整体发展与发展海洋经济之间的关系,海洋不仅是我国发展的重要资源依托和地理空间条件,更是我国经济发展和综合国力提升的重要方面。在我国的历史进程中,发展的繁盛时期均离不开对海洋资源和海洋空间的开发与利用,历史上的衰弱时期无不是对海洋抱有漠视和封闭的阶段,"走向海洋"是我国强盛的必由之路。因此,发展海洋经济不仅是我国建设海洋强国的战略要求,更是我国提升核心竞争力的内在需求。

2. 区域协调发展的关键手段

虽然海洋经济是以海洋资源为基础的经济活动的总和,但是受人类活动的地理空间限制,海洋经济依然无法完全脱离陆地空间而独立存在,海洋经济活动的土地、人才、资本等要素均需要立足于陆地空间。海洋经济的发展需要以陆地经济为支撑。区域海洋经济一体化发展的概念内涵中,"陆海联动"是核心过程,也是促进区域海洋经济系统资源有效配置和提升区域海洋经济综合竞争力的关键内容。因此,对于发展海洋经济而言,区域海洋经济一体化发展是提升海洋经济发展水平、扩展海洋经济规模量级的重要方式,尤其对于我国的海洋经济发展而言,由于三面环海、地域广阔、水系联通的地理特征,区域海洋经济一体化发展在调整经济结构、促进资源要素自由流动、推进实现经济高质量发展方面的重要性更为突出。

党的十八大报告和十九大报告相继提出我国要建设海洋强国。发展区域海洋经济以及区域海洋经济一体化发展,不仅是海洋强国建设的基本要求,更是现代化经济体系的重要构成和高质量发展的重要推动力。《全国海洋经济发展"十三五"规划》指出,"十三五"时期是我国海洋经济结构深度调整、发展方式加快转变的关键时期,明确要求坚持陆海统筹,紧紧抓住"一带一路"建设的重大机遇,推进海洋经济持续健康发展。在我国海洋经济发展布局中,主要划分为三大海洋经济圈及海岛和深远海空间。其中,三大海洋经济圈分别为:由辽东半岛、渤海湾和山东半岛沿岸及海域组成的北部海洋经济圈,由江苏、上海、浙江沿岸及海域组成的东部海洋经济圈,由福建、珠江口及其两翼、北部湾、海南岛沿岸及海域组成的南部海洋经济圈。从我国海洋经济整体布局看,我国海洋经济发展在规划上具有鲜明的区域特征,尤其是东部海洋经济圈,涵盖了长三角大部分地区,并且由于长江经济带建设以及长三角一体化发展的国家战略,使其成为对内和对外开放的重要节点和区域一体化发展的试点样板,既是发展我国海洋经济发展的重要构成,也是我国区域海洋经济一体化发展的关键突破口。

习近平总书记在学习贯彻党的十八届五中全会精神专题研讨班开班式上强调"协调发展是制胜要诀","协调既是发展手段又是发展目标,同时还是评价发展的标准和尺度,是发展两点论和重点论的统一,是发展平衡和不平衡的统一,是发展短板和潜力的统一"。协调发展的关键在于处理好发展过程中的重大关系,其中推动区域协调发展是其重要的具体表现。对于区域发展而言,区域发展不平衡是受经济规律影响的现实问题,是应该正视的客观事实。习近平总书记指出,"区域协调发展不是平均发展、同构发展,而是优势互补的差别化协调发展"。由于区域海洋经济一体化发展具有综合性经济的属性特征,涉及海洋资源、陆地资源及其相互关联,呈现出相当程度的复杂性和综合性,因此区域海洋经济一体化发展要求区域协调发展,以此实现区域海洋经济不断向高质量发展转变。

（三）长三角区域海洋经济高质量一体化发展的战略定位

1. 落实国家战略：长三角一体化发展战略和海洋强国战略

2019年政府工作报告中明确提出,将长三角区域一体化发展上升为国家战略,编制实施发展规划纲要。长三角地区包含上海市、江苏省、浙江省、安徽省全域,以上海市为核心,及其他26个城市构成中心区,是我国经济发展最活跃、开放程度最高、创新能力最强的区域之一,在国家现代化建设大局和全方位开放格局中具有举足轻重的战略定位。推动长三角一体化发展,增强长三角地区创新能力和竞争力,提高经济集聚度、区域联结性和政策协同效率,对引领全国高质量发展、建设现代化经济体系意义重大。同时,长三角地区也是我国海洋经济发展的重镇,其中沿海城市包括1个省级城市上海,以及江苏的南通、盐城、连云港和浙江的宁波、舟山、台州、温州7个地级城市,共计8个城市,涵盖了东部海洋经济带的主要陆地城市。

海洋经济是长三角区域经济体系的重要构成,将区域海洋经济一体化发展作为落实长三角一体化发展战略的重要内容和突破口,有利于稳步推进区域经济结构优化互补和区域经济活动联动。由于区域海洋经一体化发展具有相当的复杂性和综合性,既要求合理高效地开发、利用和保护海洋资源,又要求充分地调动陆地资源和跨区域有效地配置生产要素,使得相关产业之间存在天然的相互补充和相互支撑的关系,并且在区域海洋经济一体化发展的过程中,能够使海域、江域、陆域等不同类型资源和产业之间形成良性互动,加速引导区域经济体系建设向统筹协调的方向发展。同时,随着区域一体化发展程度的不断加深,以及海洋经济区域内外良性竞合关系的逐步形成,能够有力地改进区域海洋经济结构,优化区域海洋经济体系,提升区域整体经济发展质量并为海洋经济发展提供支撑和保障,加速推进我国海洋强国建设。

2. 优化对外开放:海上丝绸之路的重要节点

长三角地区涵盖了东部海洋经济圈的陆地部分,拥有完善的港口航运体系,海洋经济外向程度高,是"一带一路"建设与长江经济带发展战略的交互区域,也是我国参与经济全球化的重要区域、亚太地区重要的国际门户、具有全球影响力的先进制造业和现代服务业基地。

在对外开放过程中,苏浙沪三地依照其自身的资源禀赋和区位特征,在区域海洋经济一体化发展中具有差异化的定位,江苏沿岸及海域地区功能定位为丝绸之路经济带与21世纪海上丝绸之路的重要交汇点,新亚欧大陆桥经济走廊重要战略节点,陆海统筹和江海联动发展先行区;上海沿岸及海域地区的功能定位为国际经济、金融、贸易、航运和科技创新中心;浙江沿岸及海域地区的功能定位为我国重要的大宗商品国际物流中心、海洋海岛开发开放改革示范区、现代海洋产业发展示范区、海洋渔业可持续发展示范区、海洋生态文明和清洁能源示范区。虽然安徽自身由于地理位置不存在海洋经济,但因长江运输的影响,安徽也能够为其他地区海洋经济发展提供陆域经济的支撑。

长三角高度汇聚了我国大量的生产要素和经济资源,是我国经济密集度最高的地区之一。虽然长三角区域内各地方在国际经济体系中的影响力有限,但是能够通过区域一体化发展,集中区域优势力量、形成区域竞争力,借助开放型的海洋经济体系,参与国际分工,打造在国际经济体系中的核心竞争力,进而提升国家的综合实力。同时,在区域海洋经济一体化发展的背景下,区域内海洋资源联动陆域资源,能够实现优势资源的整合汇聚,为打造长三角亚太门户和提升国家的国际影响力提供重要保障。

3. 提升对内开放:长江经济带建设的枢纽

2019年的中央政府工作报告除明确将长三角区域一体化发展上升为国家战略外,进一步强调了长江经济带发展要坚持上中下游协同,打造高质量发展经济带。长江经济带以长江黄金水道为轴,横贯中国11个省级行政区,联动东、中、西三大板块的区位优势,约占我国内陆国土面积的21%,其人口和经济总量占比均超全国的40%,是具有全球影响力的内核经济带,有利于挖掘长江流域中上游广阔腹地蕴含的巨大内需潜力,促进我国经济增长空间从沿海向沿江内陆拓展。

长三角区域既是长三角一体化发展国家战略的特定对象,也是长江经济带发展的下游龙头区域,在整个经济带乃至整个内陆地区的发展中起到了核心的辐射带动作用。从地理位置上看,长三角具有通江达海、承东启西、联南接北的区位优势,国际联系紧密,口岸资源优良,不仅拥有舟山港等大型海岸港口,还拥有诸多如太仓港、南通港等内陆港口,并且已初步形成沿海、沿江联动协作的航运体系,能够为辐射内陆发展、实现对内开放提供有力的保障。

长三角区域海洋经济一体化发展是一个将内陆资源和开放口岸进行整合的重要途径,依托于长三角区域自身海洋经济的外向型特征,在苏浙沪形成可靠的对外开放口岸,并借由以长江黄金水道为主体的江河运输,以安徽为优先对象进而向流域内部扩展,带动长江流域及周边的内陆经济逐渐提升对外开放程度,将国内的内陆产业通过江海联运的方式,有效地转化为国际商品,推进供给侧结构性改革和现代化经济体系建设。同时,长三角区域海洋经济一体化发展依托于长三角地区在长江经济带的龙头地位,通过其经济优势和海洋禀赋,发挥长三角对外门户、对内枢纽的重要作用,凭借自身对外开放的基础,构建开放自由的产品服务和要素市场,促进产业和要素以流域为轴线迁移或流动,并将自身先进的生产和管理经验向内陆传播,逐步服务于内陆经济发展,切实支撑长江流域经济带建设和发展。

(四) 长三角区域海洋经济高质量一体化发展的机遇

1. 国际层面:海洋合作受到重视且处于起步阶段

海洋空间因其特殊的地理特点和资源类型,成为国际政治经济竞争的重要舞台。一方面,海洋经济在沿海各国经济中占据重要地位;另一方面,发达国家和地区开始设立专门的海洋事务机构,如美国内阁海洋政策委员会、欧盟海洋与渔业委员会等,强调海洋的重要性。目前,全球性海洋合作正处于启动阶段,以"墨西哥湾联盟"、欧盟"海洋空间规划"等为代表,海洋经济中区域合作和一体化发展已经成为全球性的趋势。

随着我国对海洋发展的重视程度不断提升,海洋经济已经成为国家发展战略的重要内容。从党的十六大报告提出"实施海洋开发的战略任务"到党的十九大报告提出"加快建设海洋强国",从"十一五"规划中设置海洋专章到"十三五"设立专门的海洋经济规划,我国海洋经济在国家发展战略中的地位持续提升,海洋经济的核心竞争力也不断提升,并积极参与到国际海洋经济发展和海洋事务治理中。这既为长三角海洋经济发展和区域海洋经济一体化发展在国家政策和体制机制方面提供了有力的支持，也对长三角的海洋经济发展提出了更高的要求。

2. 国内层面：长三角的发展基础与国家战略推动

长三角地区具有良好的经济发展基础，是我国重要的发展区域之一。2019年中央政府工作报告中明确提出，将长三角一体化发展上升为国家战略。这为长三角区域海洋经济一体化发展提供了重要的国家战略契机。长三角地区位于东海沿岸、长江入海口、杭州湾等重要地理要素的汇集区域，是我国经济最活跃的地区。由于区域内各地地缘相近、文化相亲、历史相通，在改革开放后逐步形成了良性的区域竞争合作关系，为区域海洋经济一体化发展提供了良好的基础。同时，长三角地区受限于资源环境稀缺，其中心区仅占全国不到3%的土地和全国约1/6的人口，环境、能源、空间压力日益增长。

在资源环境有限的条件下，长三角地区有着突破资源环境制约的迫切需要，凭借其自身优越的经济基础和制度优势，加速经济结构转型，构建符合新发展理念的现代化经济体系。与之类似，长三角海洋资源并不占优势，海岸线和岛岸线总长约为全国的1/4，海域面积不到全国的1/10，但为全国贡献了约30%的海洋总产值。在建设海洋强国战略的要求下，长三角地区更要求充分调动海洋和陆地资源，优化两类资源的配置，为区域海洋经济一体化发展提供了充足动力。

3. 城市层面：上海建设"全球海洋中心城市"

上海是长三角地区的核心，发挥区域内的核心辐射作用，同时也是长江的入海口所在城市，对于长江经济带而言，它发挥着龙头带动作用。《上海市城市总体规划（2017—2035年）》中明确提出，在2035年将上海建设成为全球卓越城市，要求加快推进上海国际经济、国际金融、国际贸易、国际航运和国际科技创新中心"五个中心建设"。作为东部海洋经济圈的重要组成部分，《全国海洋经济发展"十三五"规划》中明确指出，上海要建设成为"全球海洋中心城市"，"十三五"期间的重点是加快推进上海国际航运中心建设，加强与21世纪海上丝绸之路沿线国家的交流与合作，提

升国际枢纽港对长江流域的服务能力,优化现代航运集疏运体系,努力使
上海成为21世纪海上丝绸之路的重要节点。依托上海"五个中心"建设
和"全球海洋中心城市"建设的发展契机,明确上海作为长三角区域海洋
经济一体化发展的中心城市,优先发展好、发展顺上海的海洋经济,并凭借
现有的长三角合作协调体制机制,统筹发展中地区之间的利益平衡,通过
"以点带面"的方式,将上海的发展经验扩散至区域内其他地区,并形成良
好的地方合作、经济互动、错位发展、协调互补的区域内关系。

二、区域海洋经济一体化发展的国际典型案例与经验启示

21世纪是海洋世纪,从全球范围看,以城市群为主体谋划海洋事业协
同发展,从区域的视角协调海洋生态保护、海洋经济与科技、海洋资源开发
利用等各项工作,将国家战略与区域发展紧密结合,通过建设具有全球影
响力的海洋中心城市,提升整个国家的国际话语权与国际影响力,使本国
在海洋竞争中占得先机,开始成为海洋经济新的发展趋势。对标国际,美
国、日本以及欧盟等国家和地区都在不断深化海洋事业协同发展战略以适
应时代的需要。

(一) 区域海洋经济发展国际典型案例

1. 纽约湾区

纽约湾区自19世纪80年代开始发展,如今已是美国的经济和文化中
心,也是世界金融中心。纽约湾区涵盖31个县,面积达2.15万平方千米,
约占美国陆地面积的0.25%。2016年,纽约湾区的人口为2 340万人,其
GDP约为1.6万亿美元,约占全美GDP的8.6%,世界500强企业约有40%
在此落户,第三产业占比超过90%,制造业产值占全美30%以上①。纽约湾
区对外贸易周转额约占全美的1/5,制造业产值约占全美的1/3,它以发达
的金融和制造业、便利的交通、优良的教育环境吸引了全美1/3的500强企

---

① 广东省社会科学院.粤港澳大湾已建设报告(2018)[M].北京:社会科学文献出版社,
2021:298-349.

业总部和3 000家世界金融、证券、期货及保险机构落户于此,同时还拥有全球市值第一的纽约交易所和全球市值第二的纳斯达克交易所,金融保险业产值占比高达20%[①]。纽约湾区的独特区位优势,为湾区内国际贸易发展、资本自由流动、高端人才引进提供了便利条件,也因为金融业和高端人才引进奠定了发展基础,成就了金融湾区的美名。

在海洋经济方面,纽约湾区最典型的是拥有众多世界级贸易大港。其中,纽约港是美国东部最大的商港,其重点是发展集装箱运输;费城港主要从事近海货运;巴尔的摩港作为矿石、煤和谷物的转运港;而波士顿港则是以转运地方产品为主的商港,同时兼有渔港的性质。港口之间高度分工、高度协调,在四通八达的海运线路的支撑下,为湾区金融、制造等产业提供了不可或缺的货运支持。

在海洋经济协同发展上,各城市分工协作,各司其职。一方面,各港口城市共同构建起了错综复杂的海陆网络。核心城市纽约充分利用了自身的地域优势,在邻近城市建立了大型港口群,在此基础上开发出200余条水运航线、14条陆运路线,还建立了四通八达的地下铁路网以及3条空运路线,促使湾区包含的范围一直扩大到了美国的中西部。通过这个港口群所运输的货物占到了美国货运市场总量的一半以上,并且美国的本土产品也大都经由该港口群运输到世界各地,通过城市之间的联动协同进而带动纽约经济发展。另一方面,纽约湾区在1972年建立了纽约—新泽西港务局,该局是美国历史上较早创立的跨州联合管理机构,对于改善纽约湾区交通基础设施、促进湾区经济社会发展起到了极其重要的作用,成为调和府际冲突、促进区域融合发展的核心机构[②]。

纽约作为湾区最核心的海洋城市,是世界上著名的金融与法律城市、国际航运中心,拥有较强的城市竞争力和吸引力以及发达的港航服

① 张胜磊.粤港澳大湾区建设:理论依据、现存问题及国际经验启示[J].兰州财经大学学报,2018,34(5):12-21.
② 杨爱平,张吉星.纽约—新泽西港务局运作模式对粤港澳大湾区跨境治理的启示[J].华南师范大学学报(社会科学版),2019(1):102-108,191.

务业。在金融方面,纽约一直处于世界前列。根据全球金融中心指数排名,纽约是全球四大金融城市之一,是世界上最大的海事证券交易所所在地,在海运业务融资方面发挥着关键作用,无论是可交易股票的数量还是公司的市值,纽约均是目前全球最大的海运股票市场。在过去几年中,私营股权在该行业中的重要性已经提升,逐渐取代传统的航运银行,纽约的机构在这一发展中发挥了关键作用。在海事法方面,纽约是世界上最重要的国际海事法律中心,其海事法相关领域的专家拥有量排名全球第三。在航运方面,由于美国船队分布在全球不同的城市,使得纽约作为航运中心的重要性降低,但纽约在邮轮市场依然占有强势地位,拥有全球最大的订单数量,大多数希腊航运公司都在纽约或其他领先的海运金融市场上市。在城市化和城市吸引力方面,纽约具有强大的聚集力量,能够促使公司、人才和投资者在此落户,也使纽约这种国际化大都市一直保持它的吸引力。同时,纽约是全球范围内港航服务业的主导者,互促共进的港口、产业也推动着城市的发展,港口产业对城市功能的优化集聚作用明显,曼哈顿地区已升级改造为滨水休闲区,为提升该市整体品质发挥了重要作用。

当前,海洋产业对美国经济的贡献是农业的2.5倍。在美国经济中,80%的GDP受到了海岸地区的驱动,美国GDP排名前25名的城市中,有18个为港口城市,其中11个是海港城市,且大都市与大港口的重合度较高,海港城市往往是区域中心城市,沿海布局的特征非常明显。正是有了纽约这样的具有全球影响力的海洋中心城市对周边城市以及对其他沿海城市的引领和示范,美国的海洋事业发展迅速,海洋强国的地位得到巩固,国际影响力不断增强。

2. 东京湾区

东京湾是一个位于日本关东地区的海湾,因与东京接壤而得名。东京湾区是世界上第一个主要依靠人工规划而缔造的湾区。这里聚集了日本1/3的人口、2/3的经济总量、3/4的工业产值,成为日本最大的工业城市群和国际金融中心、交通中心、商贸中心、消费中心。2016年,东京湾的GDP

约为1.3万亿美元，GDP增速为3.6%，人均GDP约为37 143美元，地均GDP约为0.48亿美元，约占日本GDP的26.4%，世界500强企业总部数量为60家，主要以汽车、石化等制造业为主①。东京湾拥有横滨港、东京港、千叶港、川崎港、木更津港、横须贺港6个港口和三菱、丰田、索尼等一大批世界500强企业，也因此被称为"产业湾区"。东京湾注重生态保护和可持续发展，营造了国际一流的海湾生态圈，交通等硬件配套较为完善，在建筑设计、建筑风格、建设品质和居住文化等方面引导着世界的潮流。

东京湾开发始于17世纪的江户时代，德川家康的填海造地运动为东京湾周边城市拓展空间提供了可能性，东京也因此成为日本最大的物流中心。日本政府于1951年颁布《港湾法》，明确整个国家港口发展数量、规模和政策三者之间的关系。日本于1967年颁布的《东京湾港湾计划的基本构想》中提出"广域港湾"的概念，主张各地方港口集体协商对港口群进行规划协调，避免港口之间因费用定价不同而产生的恶性竞争，最大限度地保障港口群的利益。

首先，产业结构优化是湾区海洋经济快速发展的重要因素之一②。东京湾区土地面积狭窄，经济发展与土地、人口间的关系较其他地区更为紧张，因此进行了大规模的填海运动，开发了京滨和京叶两大工业集群。在中央及地方政府的扶植开发、财团投资，完善资本和劳动力分配，引进土地、技术等条件下，京滨地区逐步形成了产业分工和协作的良性关系。京滨工业区聚集了较多具有技术研发能力的大型企业和研究机构，如佳能、三菱电机、三菱重工、三菱化学、丰田研究所、索尼、东芝和富士通等，这些都是京滨工业区中具有产业创新能力的组织机构，京滨工业区由此拥有了先进的科技研发能力。京滨工业区还包括庆应义塾大学、东京工业大学和横滨国立大学等众多知名大学。京滨工业区十分重视产学研的合作，积极

① 邓志新.粤港澳大湾区与世界著名湾区经济的比较分析[J].对外经贸实务,2018(4):92-95.
② 朱烨丹.东京湾区发展对杭州湾区建设的启示[J].东北亚经济研究,2018,2(6):67-77.

促进各高校与企业在海洋领域的科技合作和协同发展,致力于推进高校海洋相关科研成果产业化的实践。

其次,东京湾港口群具备鲜明的职能分工体系,便于港口发挥整体合力。日本运输省港湾局早在1967年就提出了《东京湾港湾计划的基本构想》,建议把该地区包括东京港、千叶港、川崎港、横滨港、横须贺港、木更津港、船桥港在内的7个港口整合为一个分工不同的有机整体,形成一个"广域港湾"。这一构想的实施,很好地解决了东京湾内的港口竞争问题,将各港口的竞争转换成了整体合力。经过多年的发展,东京湾港口群已经形成了越来越鲜明的职能分工体系,各主要港口根据自身的基础和特色,承担不同的职能(见表1)①,在分工合作、优势互补的基础上形成合力。

表1　东京湾主要港口职能分工表

港　口	港口级别	基础和特色	职　能
东京港	特定重要港口	新兴港口;依托东京,是日本最大的经济中心、金融中心、交通中心	输入型港口;商品进出港;内贸港口;集装箱港
横滨港	特定重要港口	历史上重要的国际贸易港;京滨工业区的重要部分,以重化工业、机械为主	国际贸易港;工业品输出港;集装箱货物集散港
千叶港	特定重要港口	新兴港口;京叶工业区的重要组成部分,日本的重化工业基地	能源输入港;工业港
川崎港	特定重要港口	与东京港和横滨港首尾相连,多为企业专用码头,深水泊位少	原料进口与成品输出
木更津港	地方港口,1968年提升为重要港口	以服务境内的君津钢铁厂为主,旅游资源丰富	地方商港和旅游港
横须贺港	重要港口	主要为军事港口,少部分服务当地企业	军港兼贸易港

---

① 王建红.日本东京湾港口群的主要港口职能分工及启示[J].中国港湾建设,2008(1):63-66,70.

最后,作为区域核心城市,东京在航运、海事金融以及海洋技术方面有着较大的影响力,尤其在海洋技术方面具有较强的吸引力,是世界领先的海洋技术中心。东京的船舶制造业在全球具有领先地位,世界第二大船级社ClassNK的大部分研发中心位于东京地区,东京的船队也在不断地扩张,预计船队扩张率将超过15%。东京是主要的航运中心,东京港地处东京湾,是日本最大的消费品进出口港口,与日本陆上交通网直接相连,是日本率先开展集装箱运输的港口。东京的船队非常多样化,有大量的散货船、油轮、滚装船和天然气运输船,业务量位居世界第二,其港口产业及建筑业等相关产业十分发达。东京的海事金融业也较发达。日本在20世纪70年代经济腾飞后,逐步放松金融限制,推行日元国际化、金融政策自由化等政策,使得东京一跃成为与纽约、伦敦并列的三大金融市场之一。东京也是领先的海上保险中心,政府通过各项金融税收政策,如优惠贷款、贷款担保、债转股等形式来支持造船企业从事船舶融资业务,并且也涉足全球海上保险业务①。

3. 欧盟及其成员国

欧盟成员国是典型的海陆兼备国,也是海陆经济一体化发展的典范,其海岸线总长达7万千米,海洋经济对欧盟经济总量贡献度达40%。20世纪90年代以来,欧盟及其成员国基于海洋经济发展、国际海洋政治新形势,适时制定海洋发展战略和政策。进入21世纪,欧盟又出台了海洋发展新战略——《海洋综合政策蓝皮书》。欧盟的《海洋综合政策蓝皮书》不仅延续了欧盟长期奉行的海陆经济一体化发展理念,而且有所拓展、深化和加强②。

2006年6月7日,欧盟委员会(EC)公布《面向一个未来的欧盟海事政策:欧洲海洋愿景》。该报告贯彻欧盟2005—2009年海洋战略目标:发展可持续的、环境保护性的海事经济,发掘海事活动的全部潜能,旨在通过协调、整合欧盟未来海事政策,贯彻海域经济可持续发展理念。该报告也是

---

① 林贡钦,徐广林.国外著名湾区发展经验及对我国的启示[J].深圳大学学报(人文社会科学版),2017,34(5):25-31.
② 郑铁桥.欧盟及其成员国海陆经济一体化发展经验[J].现代经济信息,2014(11):172-173.

对欧盟里斯本战略的继承,旨在使欧盟成为世界上最具竞争力和创造力的知识型经济体,实现经济可持续发展,创造更多更好的就业机会,增进社会凝聚力①。经欧盟成员国为期一年对上述报告的磋商、讨论与修改,2007年10月,欧盟委员会颁布欧盟《海洋综合政策蓝皮书》②。《海洋综合政策蓝皮书》总体表现出欧盟致力于制定具有协调性、一致性及体现海陆经济一体化发展理念的海洋战略和政策。这主要表现在:一是注重顶层政策机制设置,建立海域综合政策管理新框架;二是注重建构涉及面广泛的欧盟各成员国海洋政策协同统一体;三是强调海洋立体开发和海域经济可持续发展;四是强调海洋科技发展;五是拓宽海洋经济发展融资渠道;六是加强欧盟公民海洋意识。

欧盟及其成员国积极实施包含海陆经济一体化发展理念的海洋经济发展政策,其主要实践体现在以下方面:

一是欧盟通过促进海洋高新技术产业发展,加强技术合作,实现优势互补。一方面,欧盟积极促进海洋高新技术产业发展,以此带动相关产业发展。欧盟发布的《海洋综合政策蓝皮书》提出,通过高水平科学研究和技术革新、加强海洋研究与技术开发投入,支撑和促进海洋经济发展。另一方面,欧盟各国加强高技术领域合作,走优势互补的联合之路,制定和实施"尤里卡计划",其中的"海洋计划"部分明确提出要加强企业界和科技界在开发海洋仪器设备中的作用,提高欧盟海洋工业生产能力和国际市场竞争力。

二是欧盟选择以海洋主导产业带动陆海相关产业发展。欧盟成员国根据各国经济发展现状及海洋经济发展趋势,合理选择海洋主导产业,并以此带动相关海陆产业发展。例如,英国以海洋石油和天然气业为主导产业,带动造船、机械、电子等行业快速发展。同时,英国大力推进滨海旅游业及海洋设备材料工业崛起,带动英国陆海经济发展。

---

① 孟方.欧盟新海事政策绿皮书解读[J].中国船检,2006(9):70-71.
② EUROPEAN COMMISSION. An integrated maritime policy for the European Union [EB/OL].[2021-02-03]. https://ec.europa.eu/maritimeaffairs/index_en.html.

　　三是加强海洋经济区域建设,优化海陆经济空间布局。欧盟加强海洋经济区域建设,实行海岸带综合管理。欧盟委员会鼓励建立"多产业海洋群集区"和区域性"海洋优秀中心",以促进欧洲海洋群集区网络式发展。欧盟海洋综合政策指出,建立"多产业海洋群集区"可以更好地整合欧盟海洋产业,提高其竞争力;公共与私营部门合作建设和发展"优秀海洋中心",将为不同产业和行业间的互动提供良好框架①。

　　四是整合海岸带管理力量,实行海岸带综合治理。欧盟曾经在海洋事务方面采取分散决策管理法。例如,长期按条块分割方式制定海运、渔业、能源、海洋巡航监视与治安、旅游、海洋环境及海洋科研等方面的政策,导致政策制定效能低下,矛盾迭起,甚至出现海域利用冲突②。欧盟认识到此政策制定方式的不足后,改而制定综合性海洋管理政策,内容涵盖人类与海洋关系的各方面。这种创新性和综合性方法使欧盟构建起连贯的海洋政策框架,有力地促进涉海活动的可持续发展。

　　五是海洋开发与保护并举,维护海陆资源生态环境系统。一方面,欧盟加强海洋资源生态环境保护;另一方面,欧盟积极发展海洋低碳经济,开发利用海洋可再生资源。例如,2003年,欧盟渔业部长会议通过《欧盟共同渔业政策》,削减海洋渔业捕捞量,保护海洋渔产资源。按此政策,欧盟在此后3至5年内,年捕鱼量将削减30%~60%,将减少发放8 600余艘渔船的捕捞许可证。这一强制性措施的实施,可确保海洋鱼类资源的再增长③。

　　六是积极引导金融和投资体系向海洋经济领域大力贷款和投资。欧盟成员国通过贴息等方式,积极引导政策性和商业性银行向海洋循环经济产业、海洋环保产业等大力贷款。欧盟及其成员国政府也鼓励风险投资业的发展,对于投入信息、环保、生物、海洋科技等高科技产业的风险资金,提

① 郑铁桥.欧盟及其成员国海陆经济一体化发展经验[J].现代经济信息,2014(11):172-173.
② 高艳.海洋综合管理的经济学基础研究——兼论海洋综合管理体制创新[D].青岛:中国海洋大学,2004.
③ 姜旭朝,王静.美日欧最新海洋经济政策动向及其对中国的启示[J].中国渔业经济,2009,27(2):22-28.

供利率、税收等方面的优惠政策①。

（二）区域海洋经济发展国际典型案例的经验启示

1. 中心城市多元包容，集聚辐射效应显著

对于区域而言，高度市场化、包容化、多元化的中心城市可以使海洋经济城市群在全球投资市场上散发独特的魅力。从国际三大海洋经济发展典型区域的实践经验和发展过程来看，其中的海洋经济发展中心城市，如纽约、东京、伦敦，都具有多元包容的发展特征，都在要素成本、公共服务、法治秩序和政务效率等方面具备了较强的综合优势，这也成为其营造高度市场化、包容性的营商环境、产生显著集聚效应的主要动力。比如，纽约、东京的制度环境都很宽松，为构建对外开放的贸易投资格局提供了基础。具有政策利好、资本优势和宽松营商环境的中心城市，既吸引了跨国公司的投资和外贸公司的加盟，也大大降低了跨国企业适应环境的成本和营商投资的风险。

中心城市对于区域海洋经济的集聚辐射效应，主要体现在以下两个方面：一方面，中心城市具备更完备的基础设施和产业体系，能够吸引与海洋经济相关的产业和资源在区域内落户发展。如纽约作为全球金融中心，具有强大的聚集力量，能够促使全球性的公司、人才和投资者在此落户，为海洋经济提供金融支持、服务支持、设施支持以及人才支持。在此基础上，中心城市内部能够形成良好的创新生态系统，如高等院校、科研机构和企业之间的合作，使"产学研用"的创新生态系统为海洋经济发展提供了的驱动力。另一方面，中心城市在集聚人才流、资金流、信息流、物流等各类资源要素的过程中，也将辐射带动周边城市海洋经济的协同发展。首先，中心城市对外开放的贸易投资格局和便利化程度，能够为构建区域内国际合作平台的"引进来"和"走出去"提供有力保障。其次，中心城市海洋经济发展过程中所需要的基础产业、重要资源，也成为周边城市产业转型和

---

① 李靖宇，任浚燕.论中国海洋经济开发中的金融支持［J］.广东社会科学，2011（5）：48-54.

发展的有利契机。

2. 生产要素自由流动,市场配置资源要素

在同等资源规模背景下,资源配置效率与经济增长的质量成正比例关系,即资源要素市场化配置效率越高,经济增长的质量也会随之提高[①]。从国际三大海洋经济发展典型区域的实践经验和发展过程来看,各类要素自由流动、资源要素市场化配置都是其发展的重要推动力。市场作为"看不见的手",不仅破除了行政隔阂、府际限制,而且有效推动了基本设施建设。比如,国际三大海洋经济发展典型区域都是以市场机制为各类要素自由流动的主导动力,以行政机制为资源要素市场化配置的辅助动力,既打破了各类生产要素高度自由化流动的各种障碍,也消除了行政性垄断、地区部门分割,使各类资源要素能够充分自由流动、组合,实现了资源要素的市场化最优配置[②]。

这些由市场化机制推动的高集聚产业在实现其目标的同时,也反作用于海洋经济发展。在这一过程中,行政机制主要解决区域内的基础设施建设和经济发展中面临的法律冲突问题,发挥的是辅助性的宏观调控作用[③]。因此,行政干预程度少,市场主导作用大,才能让区域内的人、财、物得到充分流动,并在市场机制的调配下,最大限度地提高海洋经济的生产效率和国际竞争力。

3. 基础设施互联互通,城市互动有序有效

以上三个典型案例在发展过程中具有一定的共性特征,海洋经济发展速度快、质量好的区域都是起始于港口城市,萌芽时期主要依托港口城市优势形成城市群基础,并逐步演化扩张。借助经济全球化和大规模国际贸易繁荣兴起的机遇,三大国际湾区在发展过程中,都在国际航运、城市轨道交通网络布局、信息通信网络基础设施建设等方面不断完善,基本实现了

① 张胜磊.粤港澳大湾区建设:理论依据、现存问题及国际经验启示[J].兰州财经大学学报,2018,34(5):12-21.
② 刘艳霞.国内外湾区经济发展研究与启示[J].城市观察,2014(3):155-163.
③ 张胜磊.粤港澳大湾区建设:理论依据、现存问题及国际经验启示[J].兰州财经大学学报,2018,34(5):12-21.

基础设施互联互通、公共服务一体化深入融合发展①。比如纽约湾区,以天然深水港为支点连通欧洲,从港口贸易到工业、从服务业再到金融业一体化发展,通过完善的交通网络布局和信息通信网络基础设施建设,打破了城市群地理空间的瓶颈,使人才、资本、信息、技术、管理等生产要素在突破了现有行政区域限制的同时,实现了在全球范围内彻底市场化和自由流动。再如,东京湾区也是突破了现有的行政区域限制,在城际轨道交通、高速公路等综合交通基础设施方面呈现出无缝对接的网络化布局,为湾区内城市间公共服务一体化发展提供了交通出行的基础保障。

　　除此之外,三大湾区在通信、医疗、教育、航运、金融、科技等领域也实现了高度融合的一体化发展,其系统性、整体性、嵌入式的统筹谋划有效提升了区域市场一体化发展水平和国际竞争力,为促进各类生产要素资源的优化配置提供了有利条件②,同时也对湾区内部各行各业与城市间平衡发展及相互融合产生了重大积极影响。

　　4.区域高度协同发展,产业布局科学合理

　　科学合理的产业体系布局能够实现区域资源的有效配置和利用,实现产业经济的明显集聚效应,并取得较好的结构效益,从而达到区域内产业结构调整和优化的目的③,其实质是区域分工高度协同化所起到的有力支撑和推动作用④。

　　从国际三大海洋经济发展典型区域的实践经验来看,核心城市和外围城市都在原有的区位优势和产业体系的基础上,通过合理的顶层设计和统一规划,形成了湾区内城市群错位发展的高度协同化模式,构成以产业价值链为中心的发展布局,最大限度地整合了产业有效资源,提升了协同生

①　覃艳华,曹细玉.世界三大湾区发展演进路径对粤港澳大湾区建设的启示[J].统计与咨询,2018(5):40-42.

②　毕斗斗,方远平.世界先进海港城市的发展经验及启示[J].国际经贸探索,2009,25(5):35-40.

③　孙加韬.中国海陆一体化发展的产业政策机制研究[C]//中国行政管理学会,山东省行政管理学会.东方行政论坛(第一辑).济南:山东省行政管理学会,2011:7.

④　向云波,彭秀芬,徐长乐.长江三角洲海洋经济空间发展格局及其一体化发展策略[J].长江流域资源与环境,2010,19(12):1363-1367.

产效率,有效避免了湾区内部的恶性、同质化竞争。比如纽约湾区,以工业和金融业为中心,实施工业分散战略,将核心区打造成科技、金融及制造业中心,周围城市联动协同发展,最终形成了各城市分工明确、联动协同发展、高度一体化发展的产业布局体系;同时借助湾区内部的金融信息产业,与制造业、交通业搭建起科技生态系统,充分利用金融信息产业优势,达到了以金融产业带动制造业和交通业同步发展的目的。在此基础上,与湾区内及其他城市的著名高校和研究机构达成合作,源源不断地为纽约等城市提供各类产业价值链中所需要的人才和创意。

三、长三角区域海洋经济高质量一体化发展的现状与问题

(一) 长三角区域海洋经济一体化发展的现实状况

1. 长三角区域海洋经济发展现状

长三角地区地处东海之滨、长江入海口与杭州湾交汇区域,毗邻黄海与东海,拥有海域面积30多万平方千米,大陆海岸线和海岛岸线长达8 200多千米。

首先,长三角地区地理位置优越,区位优势显著,上海、宁波、南通、舟山、台州、温州、盐城和连云港8个城市连接成沿海走廊,向内有长江作为海陆统筹、江海联运的重要通道,向外作为对外开放、国际交流的重要门户。

其次,长三角地区海洋资源得天独厚,依托丰富的海洋资源,包括交通运输、船舶制造、生物医药、滨海旅游等在内的海洋产业蓬勃发展,带动长三角海洋经济在全国海洋经济中扮演越来越重要的角色,也使得海洋经济正成为长三角经济发展新的增长点。

最后,长三角海洋经济发展速度快,其海洋产业产值占比大。2008年,长三角地区海洋经济总产值为9 548亿元;到2016年,长三角地区海洋生产总值为19 912亿元,占全国海洋生产总值的28.2%,占长三角地区生产总值的13.02%[①]。在此期间,长三角地区海洋经济增长迅猛,整体规模

---

① 国家海洋局.中国海洋统计年鉴[M].北京:中国统计出版社,2008—2016.

在9年时间内实现成倍增长,成为长三角地区国民经济发展的重要支柱。

1) 长三角海洋资源分布状况

长三角地处我国海域的中部,濒临黄海和东海,海疆辽阔,海洋资源丰富。当前,与长三角海洋经济活动密切相关的主要海洋资源有:海洋空间资源(岸线、滩涂、浅海等)、海洋生物资源、海洋矿产和海洋能源、滨海旅游资源等。与全国沿海地区的其他省区市相比较,长三角在滩涂、浅海和港址等资源上具有一定的比较优势。

一是岛屿岸线资源。长三角地区海岸线总长度约为8 200千米,其大陆海岸线约占全国的1/6,岛屿海岸线约占全国的1/4。从总量上来说,长三角地区海岸线长度与珠三角等地区相比,排名并不靠前,占比也不高;从具体省份来看,浙江省在海岸线总长度以及海洋岛屿数量上遥遥领先,而上海在海岸线长度和岛屿数量上则是全国倒数,资源禀赋较差。

二是海洋生物资源。长三角地区处于亚热带季风气候,气温适中,四季分明,雨量充沛,光照充足;长江、钱塘江等众多入海河流输送大量有机物质,海域饵料丰富,盐度适中,非常适合海洋生物的繁殖和生长,海洋生物资源较丰富①。

三是海洋矿产资源与能源。长三角地区蕴藏着丰富的石油资源和海底矿产。目前,我国在东海海域的西湖凹陷勘探发现了平湖、春晓等8个气田和4个含油构造。长三角海域还蕴藏着丰富的潮汐能、波浪能、盐差能、风能等海洋能源。全国8个主要的潮汐电站,其中有5个都分布在长三角地区,分别为江厦潮汐试验站(浙江乐清湾)、海山潮汐站(浙江乐清湾)、沙山潮汐站(浙江温岭)、岳浦潮汐站(浙江象山)、浏河潮汐站(江苏太仓)。

四是滨海旅游资源。长三角海域文化积淀深厚,特色鲜明,形成了"渔、港、景、城、人文"特色组合,为其发展滨海旅游特别是海滨生态、度假休闲和观光旅游,提供了良好的海滨自然生态环境和物质基础。目前,长

---

① 向云波,彭秀芬,徐长乐.长江三角洲海洋经济空间发展格局及其一体化发展策略[J].长江流域资源与环境,2010,19(12):1363-1367.

三角沿海地区拥有国家级风景名胜区11个,全国优秀旅游城市11个,国家AAAA级旅游区(点)72个,国家历史名城5个,国家森林公园15个,工农业旅游示范点30个,滨海旅游资源丰富、类型多样。

同时,长三角地区也拥有丰富的陆地资源,因地处长江中下游最东端,湖泊河流众多,内河航道密布,水资源丰富,运用这些陆地资源,能够与海洋资源相互衔接,进一步激发区域海洋经济的发展潜力。

长三角海洋资源丰富,类型多样,拥有滩涂、浅海、岸线、岛屿、海洋生物、海洋矿产、海洋能源以及滨海旅游资源等,为发展海洋经济奠定了良好的物质基础。就长三角其中的两省一市而言,江苏和浙江两省的海洋自然资源条件要优于上海。沿海滩涂、浅海以及盐田是江苏的优势海洋自然资源。江苏海岸线漫长,港址资源丰富,但海岸线多为淤泥质海岸,建港条件稍逊色于浙江。港址、岛屿、旅游和浅海是浙江的优势海洋自然资源,且浙江海岸线多为基岩海岸线,建港条件优于江苏和上海。上海的海洋自然资源的丰度、密度均逊色于江苏省和浙江省,但其突出比较优势主要集中于区位、金融、科技和人才等资源上。

2) 长三角海洋经济规模总量

从纵向变迁来看,自21世纪初以来,海洋经济已经成为长三角国民经济重要组成部分和新的增长点。十年来,长三角海洋经济发展迅速,其海洋经济生产总值由1996年的749.62亿元上升至2016年的19 912亿元,按不变价格计算,十年时间增长了20余倍;海洋经济占长三角地区GDP的比重,则由1996年的5.74%上升至2016年的13.03%,提高了近7个百分点,已成为长三角地区国民经济的重要组成部分和新的经济增长点。

从横向比较来看,长三角地区海洋经济发展整体拥有较大的规模。如图1所示,长三角地区海洋经济产值逐年增长,于2017年突破2 000亿元,虽然长三角海岸线不足全国的1/4,但常年占有全国海洋经济总产值的30%左右。相对于全国海洋经济增长而言,长三角海洋经济增长率的波动性更大,但从2015年开始其增长率呈现持续增长态势,2017年的增速已达到15%。对比长三角地区与另外两大经济区(见图2),受限于海洋资源禀

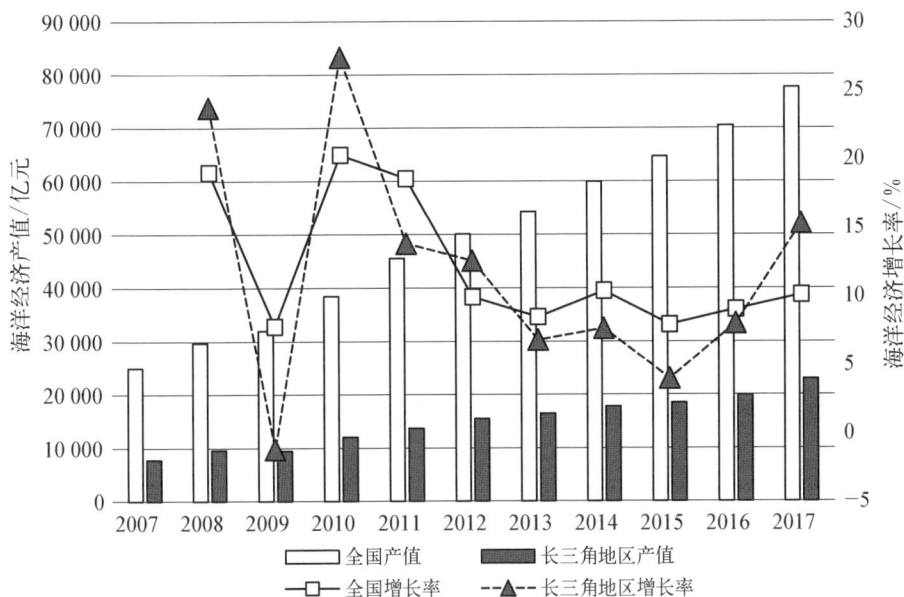

图1 长三角地区与全国海洋生产总值和增长率的比较

资料来源：2007—2017年中国海洋经济统计公报。

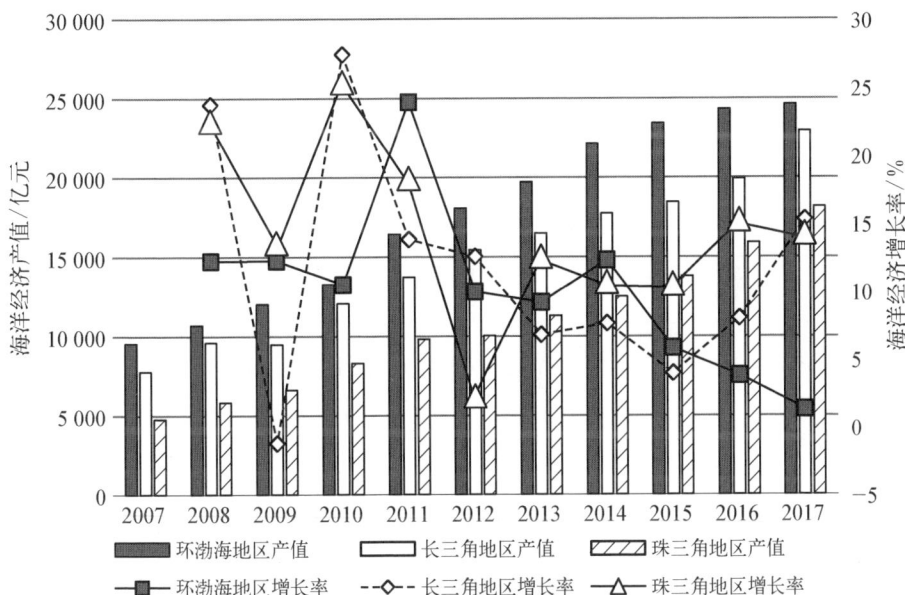

图2 环渤海、长三角、珠三角地区海洋经济产值和增长率比较

资料来源：2007—2017年中国海洋经济统计公报。

赋差异,长三角地区的海洋经济整体规模在三大经济区中位列第二,但是近年来增长迅猛,与环渤海地区的差距逐年缩小,并且在近三年中均保持快速增长态势,具有较大的发展潜力。

从增长速度来看,长三角地区海洋经济增速多数高于同期国民经济的增长速度。长三角地区海洋经济增速在2015年开始稳步上升,目前正以每年10%左右的增长速率显著提升。但相比于国民经济增长速度的平稳性,海洋经济增速在近十年里变化巨大,自2010年开始最高达到27%,最低为4%,这表明长三角地区海洋经济的潜力大,良好的政策导向、适合的发展环境,能够进一步推动海洋经济又好又快发展。

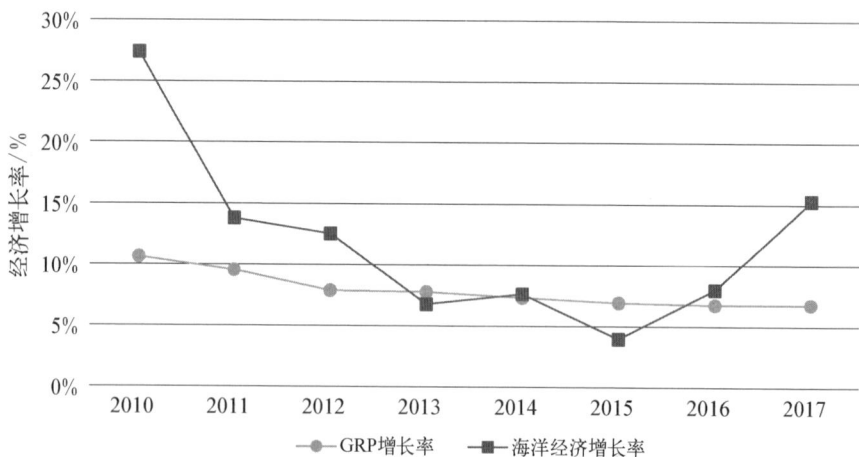

图3　长三角地区生产总值增长率和海洋生产总值增长率比较
资料来源:2010—2017年中国统计年鉴、中国海洋统计年鉴。

如图4所示,上海在海洋经济总量上一直处于遥遥领先的状态,浙江与江苏齐头并进,互相追赶,大致相当,并且与上海的距离正在逐渐缩小,两省一市之间既互相竞争又互相合作,形成了良好的海洋经济竞合格局。同时,上海海洋经济总量占地区生产总值的比重也远高于浙江和江苏。以2016年为例,上海海洋生产总值占比为26.5%,浙江为14%,江苏只有8.5%,上海对海洋经济的开发程度更高,海洋经济对区域经济的贡献更大,浙江与江苏亟待学习上海发展海洋经济的先进经验,进一步开发利用

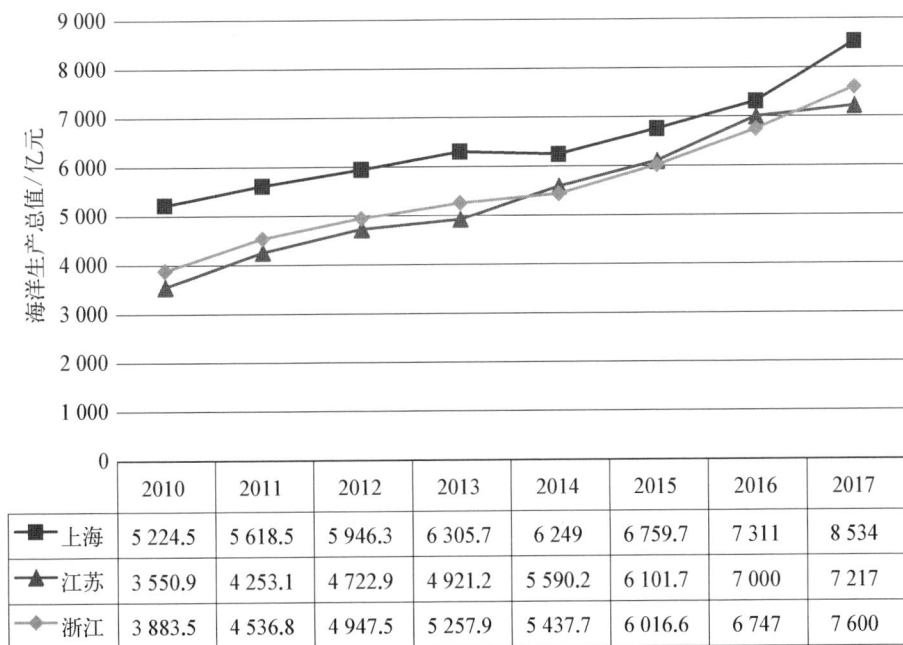

图4 2010—2017年长三角两省一市海洋生产总值

资料来源：2010—2017年中国海洋经济统计年鉴。

海洋经济资源，发展各类海洋产业。

3）长三角海洋经济结构状况

首先，从产业规模来看，由以下海洋产业产值分布可知（见图5），长三角整体产值较高，其中海洋科研教育管理服务业产值位居首位，海洋旅游业产值其次，海洋交通运输、海洋船舶工业以及海洋渔业仍是重要产业，而在海洋可再生能源利用、海洋生物医药等领域，仍然缺少足够的发展。

其次，从产业结构来看，上海以海洋服务业为主，江苏省、浙江省以海洋制造业为主。2017年，上海海洋经济结构继续实现"三二一"发展，第三产业占比达66%。浙江省、江苏省海洋经济以海洋制造业为主，二、三产业发展相当。2017年，浙江省海洋三次产业结构比为7.4∶31.3∶61.4，江苏省海洋三次产业结构比为6.4∶45.6∶48。从两省一市的产业结构来看（见图6），上海市以海洋科研教育管理服务、海洋旅游等产业为主，江苏省以海洋交通运输、船舶制造等产业为主，浙江省以海洋旅游、交通运输和渔

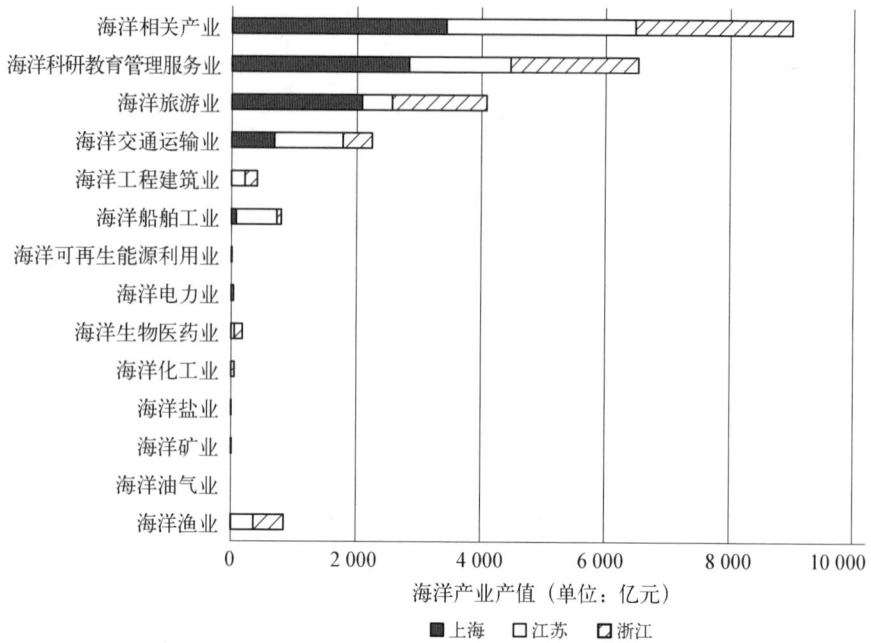

图5　2018年长三角两省一市海洋产业产值

资料来源：上海市海洋局。

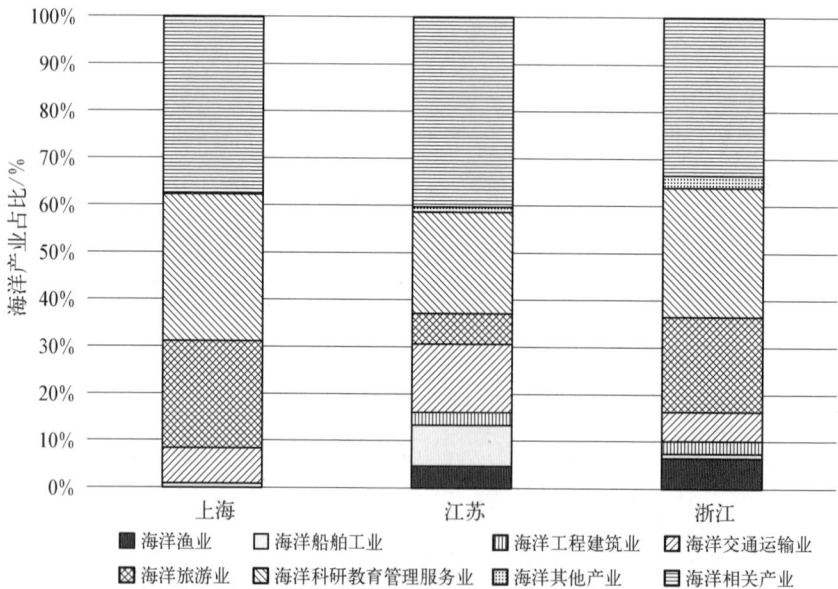

图6　长三角两省一市产业结构差异(以2018年为例)

资料来源：上海市海洋局。

业为主,两省一市的海洋产业结构差异显著,为长三角海洋经济整合发展带来较大空间。

最后,从产业空间分布来看,长三角海洋产业初步形成了集聚态势,两省一市之间颇具互补优势,但传统支柱产业也存在一定的相似性。从省域空间看,长三角两省一市在海洋船舶、交通运输业等产业中竞争激烈;在海洋油气、矿业、盐业和化工等产业中形成了一定的互补效应,这与两省一市所拥有的海洋资源密不可分。从省域状况来看(见表2),上海海洋矿产资源丰富,原油、天然气、矿业产量高,修船、造船等海洋船舶产业发达,海洋渔业的远洋开发潜力大,国际滨海旅游优势显著;浙江海洋渔业发达,国内滨海旅游游客多,船舶产业和港口客货运产业是支柱型产业,其中浙江海洋货运量达到5.42亿吨,占长三角海洋货运总量的43.82%;江苏海水养殖产业产量高,达到89.35万吨,占长三角海水养殖产量的48.91%,造船工业位居前列,海洋盐业也较为发达。而从沿海城市来看,海洋渔业主要集中在舟山群岛、连云港、盐城、南通滩涂和台州、温州近海水域;海洋造船业主要集聚在南通、崇明、宁波—舟山等;海洋运输业主要集中于大小洋山和宁波—舟山等港口;海洋生物医药产业主要集聚于苏州、杭州和浦东的高新技术园区;海水利用产业主要集聚于杭州。

表2　上海、江苏、浙江2015年各项海洋产业规模

产业指标(单位)	上　海	江　苏	浙　江
国内海洋捕捞业产量(万吨)	1.69	55.43	336.69
远洋海洋捕捞业产量(万吨)	15.30	3.40	57.00
海水养殖业产量(吨)	—	893 524	933 431
海洋原油业产量(万吨)	32.52	—	—
海洋天然气业产量(万立方米)	123 977	—	—
海洋矿业产量(万吨)	2 591.1	—	—
海盐业产量(万吨)	—	84.1	7.6
海洋化工产品业产量(万吨)	—	85.86	111.49

（续表）

产业指标（单位）	上 海	江 苏	浙 江
海洋修船业完工量（艘）	1 018	587	5 540
海洋造船业完工量（万载重吨）	851.2	1 658.0	507.6
海洋货运业货运量（万吨）	47 215	22 278	54 212
海洋客运业客运量（万人）	386	12	2 876

资料来源：根据《中国海洋统计年鉴2016》统计整理。

2. 长三角区域海洋经济一体化发展现状

1）陆海统筹

中国是陆海复合型国家，建设海洋强国必须坚持陆海统筹。统筹陆海发展，是破解陆海二元经济结构难题、提升海洋经济发展水平、优化生产力布局和资源环境协调发展的有效途径，更是沿海经济带城市高质量一体化发展的关键之举。近两年，长三角的两省一市先后在各自海洋经济"十三五"规划中明确了"陆海统筹"的战略发展方向，如上海积极响应区域经济一体化发展趋势，提出发展海洋经济需要建立健全陆海统筹的协调发展机制，实现陆海统筹规划、合理布局、资源互补、产业互动；浙江以海陆空三位一体交通网为蓝图，提出统筹构建多式联运集疏运网络，进一步提升海洋港口对全省内陆腹地的辐射带动能力，以及对长江经济带的支撑服务能力；江苏利用自身比较优势，优化陆海空间布局，当前着力提升以沿海地带为纵轴、沿长江两岸为横轴的"L"型海洋经济带发展能级，优化海洋产业空间，推进港产城一体化发展，在形成海洋重大生产力布局上实现新突破。另外，作为长三角地区重要的内陆省份——安徽，目前还没有关于"陆海统筹"的相关政策表述，安徽作为内陆地区的海洋经济发展承接作用还有待进一步开发。

具体而言，以江苏省连云港市为例，连云港市在其"十三五"沿海开发规划中提出，大力发展海洋经济的核心原则，是以提升海洋经济综合竞争力为主线，转变海洋经济发展方式，坚持陆海统筹、科技兴海、生态优先。规划中着重突出了临海经济带建设对陆海统筹的推进作用，临海经济带作为连云港实施陆海统筹,联动东、中、西的重要载体,能够进一步秉持开放理念,积极融入"互联网+"战略,加快建设服务丝绸之路经济带的自由贸易港区、临海新型产业基地,全面参与全球经济合作和竞争。

此外,江苏省推进陆海统筹战略的一个重大载体是推动南通市陆海统筹发展综合配套改革试验区建设。2013年12月17日,江苏省委省政府印发了《南通陆海统筹发展综合配套改革试验区总体方案》,明确了"构建六个方面的体制机制"的主要任务。在此基础上,2017年,江苏省在"十三五"海洋经济发展规划中更进一步指出,要持续深化南通市陆海统筹发展综合配套改革试点,整合陆海资源要素,优化陆海产业布局,促进江海港口一体化发展,改善陆海生态环境。紧紧抓住南通获批国家海洋经济创新发展示范城市的机遇,推动沿海、沿江跨领域、跨区域协同创新,促进海洋高端装备产业和海洋生物产业向中高端迈进;进一步推进产业链协同创新和产业孵化集聚创新,有效支持涉海企业开展技术、管理和商业模式创新,不断提升产业核心竞争力和区域发展比较优势,促进海洋经济发展;积极推进通州湾深水航道、码头等建设,开发大宗散货海进江中转功能,打造江海直达运输集散基地、多式联运物流中心,为长江经济带向东开发提供新的出海通道。从实际改革进展来看,南通陆海统筹试验区建设也取得了一定成效,如陆海统筹节约集约用地"双提升"计划于2015年获江苏省政府批准实施,陆海空间布局优化、土地整治示范等五大专项行动深入推进,船舶、光伏产业、信息消费等统筹陆海产业协调发展等。

2)江海联运

江海联运是指货物在内河与沿海的水路与水路中转,也是内河运输和海洋运输高效融合的综合性一体化运输方式。发展江海联运,是国家实施长江经济带和21世纪海上丝绸之路战略的重要着力点,也是带动海洋经济向内陆辐射的重要途径。

目前,江海联运现有建成投用的代表是舟山江海联运服务中心。2016年4月,国务院发批复原则同意设立舟山江海联运服务中心。批复指出,舟山江海联运服务中心区位优势独特,深水港口资源丰富,江海联运服务优势明显,大宗商品中转储备交易基础良好。设立舟山江海联运服务中心,是贯彻落实党中央、国务院有关决策部署的重要举措,有利于加强资源整合,促进江海联运发展,提高长江黄金水道运输效率,增强国家战略物资安全保障能力,对于实施长江经济带发展战略,加强与21世纪海上丝绸之路的衔接互动,推动海洋强国建设具有重要意义。舟山江海联运服务中心的范围包括舟山群岛新区全域和宁波市北仑、镇海、江东、江北等区域,陆域面积约2 500平方千米,海域面积约2.1万平方千米。自服务中心建立以来,长江沿线城市与舟山积极对接,马鞍山市、武汉市等先后与舟山签署了《舟山江海联运服务中心对接长江经济带战略共识》;长江沿线包括重庆、宜昌、武汉、南京、泰州等港口和舟山港共同发布江海联运港口联盟《舟山宣言》,双方围绕"船港货"一体化开展了广泛的业务合作和交流①。在信息共享方面,长江航运物流公共信息平台与舟山江海联运公共信息平台进行了港口、船舶等30余万条江海数据交换共享测试,实现了基础数据的定期交换和物流数据的实时交换②。

2018年4月,舟山江海联运服务中心建设更是取得了重大突破,全国首艘江海直达船"江海直达1号轮"圆满完成首航任务,并在该码头启动货物卸载作业。这条船的首航成功,意味着符合第三套标准规范的"舟山船型"经受了实践检验,中国水运航线上出现了真正"宜江适海"的江海直达运输新船型,标志着中国航运业江海联运新时代正式开启,而在这之中,舟山着力打造的江海联运服务中心起到了关键作用。

3）港口共建

港航一体化是长三角海洋经济一体化进程中政策支持力度最大、成果最丰富、程度最深的协同领域。在国家和区域政策层面,2018年6月,由长

---

① 徐嘉璟,王芬.舟山推进江海联运服务中心建设的思考[J].农村经济与科技,2017,28(13):204-208.
② 赵加环.江海联运背景下的宁波舟山港港口竞争力评价研究[J].交通与港航,2019,6(2):75-80,85.

三角联合办公室编制的《长三角地区一体化发展三年行动计划》指出，要持续推进区域港航协同发展，包括加强港口群联动协作，构筑长三角高等级航道网，大力完善区域港口集疏运体系，推动区域港口运输企业间的合作等。2018年12月印发的《关于协同推进长三角港航一体化发展六大行动方案》中也强调，要协同推进港航一体化发展、绿色发展、率先发展，完善上海国际航运中心"一体两翼"格局，推动形成上海国际航运中心、舟山江海联运服务中心和南京长江区域性航运物流中心联动发展的格局。

以沪浙洋山港开发合作为例，洋山深水港区位于浙江嵊泗县境内大小洋山海域，地处"一带一路"和长江经济带的交汇区，区位极其重要。在洋山港区运量增长的拉动下，2005年，上海港货物吞吐量达到4.43亿吨，跃居全球第一大货运港。到2010年，上海港集装箱吞吐量超过新加坡港，首次成为世界第一大集装箱港，上海港的货物年吞吐量也已连续5年位居世界第一。随着洋山港的快速发展，上海与浙江的合作也日益紧密。2016年，浙沪两地签署框架协议，明确规定"以资本为纽带，以企业为主体，通过股权合作方式，稳步推进小洋山区域合作开发，实现互利共赢"的合作精神。2017年12月，全球规模最大的自动化码头——洋山深水港四期正式开港投入试生产。

2019年2月19日，浙江海港集团和上海港务集团在上海正式签署了小洋山综合开发合作协议。这是浙沪两地全面落实长三角一体化发展国家战略的创新务实之举。根据合作协议，浙江海港集团和上海港务集团以股权合作方式对小洋山进行开发运营，双方合资成立的盛东公司作为小洋山北侧唯一开发、建设、运营和管理主体。此举一方面将有助于在前期洋山深水港区开发合作的基础上，实现小洋山全域一体化开发，形成更高层次的对外开放新平台；另一方面，作为合作协议的重要签署人，上海港务集团也将长江流域作为核心业务之一，实际控股长江流域各大港口，在长江流域集装箱市场的占有率较高，此次合作有助于进一步推进陆海统筹，形成更深入、更广泛的江海联运新机制。在新时期、新形势下，上海和浙江站在全局的高度，以服务国家战略为导向，开展小洋山区域新一轮的合作，使之成为双方共同的历史使命,同时也进一步推进了长三角地区港航一体化的合作进程。

4)产业联盟

海洋经济是人类开发利用及保护海洋资源而形成的各类产业及相关经济活动的总和。因此,产业是海洋经济发展中的重中之重,而产业园区则是海洋经济产业发展的重要载体。2018年6月8日,在2018上海海洋论坛暨第四届临港海洋节开幕式上,上海浦东新区、江苏南通、浙江舟山和宁波等四地五个园区共同签署《长三角区域海洋产业园区(基地)战略合作框架协议》,成立长三角区域海洋经济协同创新发展联盟。上海与江苏、浙江两翼将共同培育长三角滨江临海产业带,打造四地海洋经济创新协同机制;上海临港海洋高新技术产业化基地、宁波梅山海洋战略性新兴产业示范基地、江苏省通州湾江海联动开发示范区、舟山群岛新区海洋产业集聚区、彩虹鱼(舟山)海洋战略新兴产业示范园等五个涉海园区广泛合作,建立一个跨区域的,能够统筹涉海类人才、科技、金融、项目、市场等方面资源紧密合作的协同平台。

长三角区域海洋经济产业园区战略合作与协同创新发展联盟的建立,主要是为了加强两方面的合作:一是提升产业协作水平,全面梳理产业项目和产业资源;按需选择,做好项目引导落地服务,合理布局产业;定期举办重大招商推介活动,实现信息共享,促进海洋产业有序转移、集群发展。二是深化科技创新和人才合作,推动院所、科研机构和企业建立合作研发机构及联合技术转移中心,做好涉海类人才引进互融互通、人才培养共育共培、人才评价互认互准、创新平台共建共享等工作。

以上海临港海洋高新技术产业化基地为例。该基地目前已形成以海洋园区为代表、以高端海洋装备为引领、以智能制造为特色的产业集聚区,已吸引数百家涉海高新技术企业入驻,并贯通海洋领域全产业链,成为上海市海洋经济发展的桥头堡。从2007年筹办临港海洋高新技术产业园区至今,已有100多个与海洋产业相关的项目落户临港,主要集中在深海观测、探测和作业等方面的高端装备制造业;临港的优势还表现在海洋产业的信息集聚和高质量技术服务上,利用海洋相关数据、技术提供有针对性的高效服务。

为了进一步推动临港地区海洋经济一体化的发展,2018年11月19日,《上海市临港地区融入"长三角一体化"行动方案》正式发布,临港地区将按照"1+2+5+7"的框架来推进融入"长三角一体化"。临港作为上海有滨海特色的地区,首先提出打造科技创新走廊和沿海创新带的目标,在"2+3+4"优势产业布局的基础上,将海洋经济产业作为重点发展方向,有利于吸引符合国家战略、拥有前沿技术、适应产业链生态的研发型、总部型、平台型企业入驻临港,发挥区域赋能作用,利用智能制造等技术手段进一步促进传统产业升级。今后临港将设立"长三角一体化"发展专项资金,发挥政府资金的杠杆作用,重点支持产品研发、技术攻关、创业孵化、人才引进、基金设立等,鼓励跨区域项目合作,使工业互联网、云计算、人工智能等新一代信息技术和制造业深度融合,努力打造"长三角智能制造、人工智能、工业互联网等示范应用先行区"。以上海临港海洋高新技术产业化基地为代表的产业园区的建立和发展,能够依托集中化的平台实现海洋经济的跨越式发展。

(二) 长三角区域海洋经济高质量一体化发展的瓶颈问题

1. 长三角区域海洋经济发展问题表现

1) 海洋资源短板明显,开发利用效率有待提升

长三角地区两省一市在海洋自然资源禀赋和资源要素上的短板非常明显。首先,上海海洋自然资源禀赋并不高,在某些方面甚至难以与其他两个省份相比,例如上海海域面积狭小,海岸线狭窄,渔业资源、海盐与化工产品也较为短缺。其次,江苏和浙江两省普遍缺少海洋原油、天然气、矿业等矿产资源,制约了相关能源产业的发展。同时,海洋资源、远洋资源、滨海资源的开发利用尚有较大空间;盐城、连云港等沿海土地资源的开发低于区域平均水平,还有较大的发展潜力;可燃冰等海洋新兴矿产资源、海水淡化等新兴科技的开发利用程度仍然不高,离实现市场化、商业化还有一段距离,海洋经济体量仍有较大的提升潜力。

2）产业布局方向趋同，支柱产业缺少地方特色

当前，长三角两省一市海洋经济相关整体规划的梳理如表3所示，可以看出两省一市在海洋经济战略布局方面大同小异，在发展目标上均注重陆海统筹、江海联动等内容，同时也多以发展港口经济、强化产业实力为重点，在未来的产业导向上也向新能源开发利用、生物医药、金融信息等产业倾斜。由于长三角地区海洋经济发展缺乏区域整体的宏观指导、协调和规划，因此区域资源在统筹协调开发方面的程度相对较低，各地倾向于各自开发自身海洋资源，不重视海洋经济与其他地区内陆经济的联动发展，并且由于在相关规划的制定中，各地同期独立规划，导致各地海洋经济规划中缺少对周边地区规划的考虑，面对相似的宏观环境和发展需求，致使区域间海洋产业同构、临港产业布局类似。目前，长三角两省一市主要以海洋渔业、滨海旅游业和海洋交通运输业为支柱产业，船舶制造业发展重合度较高，地方支柱产业缺少特色，比较优势未能更好发挥。

表3　长三角海洋经济相关规划

颁布时间	政策名称	主　要　内　容
2016年4月	《浙江省海洋港口发展"十三五"规划》	• 陆海统筹，协调发展。 • 推进陆海统筹发展，加快海河、海江、海公、海铁、海空联动建设，促进海港、陆港、空港、信息港一体化发展。 • 统筹构建多式联运集疏运网络，进一步提升海洋港口对全省内陆腹地的辐射带动能力，以及对长江经济带的支撑服务能力。
2017年1月	《江苏省"十三五"海洋经济发展规划》	• 陆海统筹，江海联动。 • 主动融入国家重大战略，深化陆海统筹，促进江海联动，着力提升以沿海地带为纵轴、沿长江两岸为横轴的"L"型海洋经济带发展能级。 • 优化海洋产业空间，推进港产城一体化发展，在形成海洋重大生产力布局上实现新突破。

（续表）

颁布时间	政策名称	主　要　内　容
2018年1月	《上海市海洋"十三五"规划》	● 坚持陆海统筹、区域联动。 ● 建立健全陆海统筹的协调发展机制,实现陆海统筹规划、合理布局、资源互补、产业互动。 ● 顺应区域经济一体化趋势,加强与周边省市合作,促进区域海洋经济协调发展。

3）创新资源有待整合,创新成果转化仍需提升

长三角地区的海洋产业主要是以传统产业为主,如海洋渔业、滨海旅游、船舶制造、交通运输等产业占比大,但两省一市在海洋新能源开发利用、海洋生物医药等新兴产业上的总产值不足1%。上海市政府早在2009年就决定建设海洋中心,经过多年筹备与实践,已经在临港初步形成了围绕"国家海底科学观测网"大科学工程的科技合作试验基地,拥有了国家级深海科学与技术的顶尖力量,并承担了大洋钻探、海底观测网、极地研究、大洋专项等国家重大项目,但是实质性的联合却受到体制与机制的制约,科技成果的转化仍未达到预期①。浙江和江苏两省由于缺乏上海那样充足的金融支持、人才资源和技术支撑,科技创新能力和成果转化能力不高,二次创新多、原始创新少,未来仍有较大的提升空间。

4）政府管理尚未完善,制度体系建设不够健全

在长三角海洋经济发展过程中,还存在着政府管理体系、管理制度不健全的问题,阻碍一体化进程,具体体现在:

首先,在管理体系上,目前海洋经济发展领导管理体系不健全,出现多头领导现象,造成海洋产业、海洋科技等领域的相对分散、协同性差,对海洋领域相关的区域重大研究项目不能有效统筹协调,海洋资源信息均为部门所有而难以实现跨部门、跨地区共享,导致两省一市的优势和短板都非

---

① 李娜.基于区域一体化背景下的长三角海洋经济整合研究［J］.上海经济研究,2014（7）：102-112.

常明显,海洋经济的区域整体合力优势难以发挥。

其次,在制度建设上,长三角目前关于海洋经济高质量一体化发展的政策法规多是一些行动计划、整体规划,如《长三角地区一体化发展三年行动计划》《长江三角洲区域一体化发展规划纲要》等,主要还是从发展原则、产业布局、协同战略等角度做出了宏观规划,仍然缺乏专门的海洋法律、统一的海洋产业技术标准、财政税收等更具权威性和指导性的政策制度支持,海洋经济高质量一体化法治化、制度化建设尚不完善,相关一体化发展制度建设和政策措施亟待进一步加强。

2. 长三角区域海洋经济高质量一体化发展问题表现

1) 合作务虚多、务实少,缺少信息共享平台

一方面,通过梳理长三角海洋经济高质量一体化发展相关政策不难发现(见表4),长三角地区在政策层面已有了较为成熟的合作框架和合作协议,但是仍是务虚多、务实少①,陆海统筹、江海联运、区域联动等只停留在个别城市的内部发展上,并没有真正联动区域共同发展。另外,作为长三角地区重要的内陆省份——安徽省,目前并未出台关于如何承接两省一市海洋经济、做好陆海统筹工作的相关针对性政策,亦表明长三角区域陆海统筹战略未能有更为实质的推进。

表4　长三角海洋经济高质量一体化发展相关政策(部分)

出台年份	政　策　名　称
2016年5月	《长江三角洲城市群发展规划》
2016年10月	《"十三五"海洋经济创新发展示范城市工作方案》
2017年5月	《全国海洋经济发展"十三五"规划》
2018年6月	《长三角地区一体化发展三年行动计划》
2018年7月	《关于促进海洋经济高质量发展的实施意见》
2018年11月	《关于建设海洋经济发展示范区的通知》

① 李娜.长三角海洋经济整合研究[M].上海:上海社会科学院出版社,2017:90.

（续表）

出台年份	政 策 名 称
2018年12月	《关于协同推进长三角港航一体化发展六大行动方案》
2019年4月	《长江三角洲区域一体化发展规划纲要》

另一方面,由于城市间合作意识欠缺、地方利益分配不平衡,致使两省一市之间存在数据壁垒,信息共享平台少。首先,长三角全域海洋基础信息数据库尚未建立,以统一口径为标准的两省一市海洋资源、经济、社会等海洋基础数据库还未形成,制约了海洋经济的科学规划和信息知识的共建共享。其次,长三角全域海洋基础设施数据库尚未建立,港口、海岸等相关设施在空间布局、建设标准、投入水平等数据上并未形成互联互通,严重阻碍了海洋经济对陆地经济的辐射带动作用,也不利于江海之间的港口联运。

2)产业竞争强于合作,缺乏对应协调机制

虽然近年来长三角地区颁布了诸多关于加强海洋经济产业合作、推进港航一体化发展的政策措施,但是在产业同质化程度较高的大背景下,产业竞争仍然非常激烈,部分地方政府对国家在政策层面提倡的战略性海洋产业趋之若鹜,却忽视了自身的比较优势和产业结构,引发了一定程度的恶性竞争和资源浪费。

以港口运输行业为例,长三角地区港口竞争尤为激烈。上海港和宁波—舟山港的码头长度和泊位数量分别居全国第一位和第二位,两者对集装箱货源的竞争较为激烈,其中上海远洋货物运输发展潜力更大,远洋货物周转量约占货物周转总量的73.2%。浙江省在海洋旅客运输方面优势突出。2016年,浙江省海洋旅客运输量达到2 876万人次,占长三角区域海洋旅客运输总量的87.84%。同时,海洋船舶业在长三角各地分布较多,在上海崇明长兴岛、舟山、宁波、南通以及江苏沿江的泰州、扬州、南京等城市造船业均具有一定规模,各地区竞争激烈。从海洋经济产业园区来看,目前长三角地区建立的五大园区竞争也十分激烈,政府协调机制的缺位,市场协同机制的缺席,导致省域之间、城市之间、园区之间、企业之间的竞争大于合作,产业发展趋同,差异化程度变小,一体化发展进程受阻。

3)科技力量强而分散,创新体系有待完善

长三角两省一市各自均有一定数量和相当实力的涉海高等院校和海洋科研院所,具备良好的海洋科技研发基础:全国海洋科学与海洋工程领域共有26名两院院士,其中长三角地区有13名;全国共7个涉海国家重点实验室,其中长三角地区有4个,可见其项目、资金等资源较为丰富。但是,长三角海洋科技力量分布较为分散,仅以海洋装备、深海深渊、海洋渔业、海洋生物等为例,苏浙沪在这些领域的海洋科技力量同质化严重,由于没有进行有效的整合,两省一市都只是在某一方面或某些方面具备比较优势或技术强项,缺少相关的科技共同体和长期稳定的学术交流平台,各省市之间不能形成科技创新合力,也难以做到战略层面上的整体规划和合作。

总而言之,长三角海洋科技创新尚未形成合力主要表现以下两个方面:一是跨区域海洋科技创新体系尚未形成。由于缺乏相关政策引导,各类科技创新主体联系松散,还没有形成跨区域官产学研紧密合作的海洋科技创新体系。二是缺少海洋科技成果转化平台。长三角生物医药等高技术产业较为发达,但海洋生物医药、海水综合利用等海洋高技术产业在海洋经济中的比重较低,海洋科技成果转化较难。

3. 长三角区域海洋经济高质量一体化发展问题原因分析

1)一体化的意识不足,竞合关系有待改善

长三角区域海洋经济一体化障碍重重,最深层次的原因在于目前仍然存在地方本位主义,协同合作意识不强,尚未形成良性的竞合关系。

一方面,长三角地区各省域、各城市对海洋经济的重视程度不一,海洋产业比重大、产值高的城市相对重视海洋经济的发展,如江苏盐城早从2002年开始便对全市海洋经济工作先进集体定期进行表彰,浙江宁波从2006年开始贯彻建设海洋经济强市的方针政策;而海洋产值比重小、产值低,且其他产业更突出的城市更愿意优先发展优势产业,对海洋经济的重视程度则亟待提升,个别城市目前仍然缺少针对性的海洋经济政策法规和工作方针。

另一方面,区域内部各城市之间在海洋经济上的管理意识和合作意识存在较大差异,严重阻碍了合作深度和广度的拓展。发展海洋经济作为国家战略发展方向,需要区域配合。而目前区域内各地仍以专于眼前利益为主,未能从战略角度和区域角度去深入思考未来的产业发展和区域协调,导致各地比较优势难以形成合力。

2）协作体系仍需完善,协商对话有待加强

长三角区域海洋经济资源的分散、产业的竞争,在很大程度上是由当前未能建立起完善的、可持续的协商合作机制导致的。

一方面,长三角海洋经济区域整体协作体系尚未建立起来。长三角一体化发展目前已建立了诸多协调合作机制,但都未将海洋经济一体化发展纳入进来,在新出台的长三角一体化发展行动计划和规划纲要中也没有充分体现,缺乏指导合作共建的战略性指导意见,因此当前两省一市的海洋经济发展很难形成有效的协调机制,更未能借助长三角区域合作办公室及市长协调会议等已经成形的协作平台达成更深入、更广泛的战略共识。同时,涉海企业之间以及涉海企业与涉海科研机构之间缺乏有效的协作交流,彼此之间重复开发、研制、生产,分散的资源无法得到有效整合,"产学研"脱钩现象十分明显,从而造成人力、物力、财力的浪费。

另一方面,长三角海洋经济发展在合作体制机制上尚不完善。一是缺少专门性的长三角海洋经济发展常设机构;二是海洋管理部门的级别和权限有限,主要是对海域使用的政策性限制管理,不具有统筹和协调长三角海洋开发的权力或职能,以及海洋经济发展的决策权力;三是各省市涉海部门各自为政,部门间沟通合作机制尚未形成。

3）亟须牵头引领,辐射带动作用有待提升

从国际海洋经济发展典型区域的实践经验和发展过程来看,实现区域海洋经济高质量一体化发展,往往需要一个资源禀赋丰富、基础条件优越的中心城市作为"牵头者"和"引领者",对区域发展产生集聚和带动效应,并能有效解决一体化发展过程中的各类障碍。

聚焦长三角地区,目前还未有明显的海洋经济协同发展牵头者,而上海作为长三角区域海洋经济发展的"领头羊",在产业升级、资源凝聚等方面都有诸多成果,经过几十年的发展集聚了大量的人才资源、金融资源和科技资源,并借助市场机制实现了大型船舶江海联运、运用股权合作完成了洋山港口共建,完成了某些领域中牵头两省一市协同合作的初步尝试,因此具备牵头引领长三角区域海洋经济高质量一体化发展的区位优势和功能作用。

上海作为"全球海洋中心城市",对周边城市的辐射带动作用仍有待提升。上海目前在长三角海洋经济事务中更多的只是合作者、协商人的角色,并未真正利用自身优势发挥牵头带动作用。而协商机制、政策协同、协作共识、信息平台等一体化进程所必备的要素条件,都在阻碍着长三角海洋经济的协同发展,因此也都需要上海肩负起"牵头者"的角色,借助自身地理优势和资源条件,组织召开论坛会议、牵头搭建交流平台,协调各方利益、整合各方资源,凝聚各方力量,带动海洋经济实现高质量一体化发展目标。

四、长三角区域海洋经济高质量一体化发展的总体思路和发展目标

(一) 总体思路

为了更好地推进和促进高质量发展,推动长三角地区成为引领高质量发展的新引擎,在建设海洋强国和实现长三角区域一体化发展的战略目标下,长三角区域海洋经济高质量一体化发展的总体思路是"以统筹协调改善地方竞合关系,以区域协同治理推动一体化发展",努力发展长三角区域海洋经济,实现"产业、资源、空间"三类要素和谐交互,"政府、企业、社会"三个部门协同共进,"行政—市场"两种机制相互支撑,"竞争—合作"两组关系协调均衡。

在区域以往合作的基础之上,以统筹规划推进陆海资源联动发展,发挥大型海岸港口众多的资源基础以及自由贸易试验区的制度创新优势,充分发挥市场机制在海洋资源配置和陆海资源统筹中的决定性作用,更加有

效地使用行政机制促进要素流动和集聚,借助长三角区域已有的协调机制,平衡协调各个海洋经济主体的利益分配,努力构建政府与政府、政府与企业、企业与企业、企业与社会、政府与社会的有效合作和良性竞争关系,形成多方参与、互惠互利、协同共赢的区域发展格局,促进区域海洋经济的规模提升和质量改善。具体而言,需要关注三个主要方面的内容:

第一,统筹规划区域海洋经济发展,突破资源配置的行政边界和陆海分割,以海洋资源支撑海洋经济存在,以陆地资源支持海洋经济发展,调整海洋产业在区域内部的合理布局,实现海洋资源与陆地资源联动发展、海洋空间与内陆空间共同开发。

第二,在长三角区域合作协调机制的基础上,协调配置区域内部各地方和各主体的关系,使市场在区域资源配置中发挥决定性作用,以行政机制支持资源要素的更好配置,构建良性的竞争合作关系,合理分配各方利益。

第三,培育区域海洋经济发展的多元主体,以政府为主导,引导海洋相关的企业、研学机构、社会组织等主体积极参与区域海洋经济一体化发展,加速带动海洋资源和陆地资源在区域内的流动和有效配置,合力发展区域海洋经济。

(二) 基本原则

1. 统筹协调,陆海联动

长三角区域海洋经济高质量一体化发展首先需要依照统筹协调的原则,以相互衔接的相关规划为基础,确定长三角区域海洋经济的发展方向和建设目标,构建长三角区域海洋发展的共同愿景,合理布局海洋经济空间和产业结构,明确区域内各地的功能定位和利益权责,设计长三角区域海洋经济高质量一体化发展的实现路径和保障条件,并设计各地区和各主体在推进长三角区域海洋经济高质量一体化发展过程中任务分工和利益分配的制度性方案。

在地方层面,沿海城市应当充分地认识到海洋经济在推进长三角一体化发展和实现长三角更高质量发展中的重要性,应当将海洋经济发展积极纳入发展规划之中,并积极探索地方海洋经济与陆域经济协调发展的实现路径。内陆城市需要明确自身作为长三角一体化发展中的有机组成部分,通过密切的经济活动和便利的交通运输网络,积极将自身发展融入区域经济活动中,包括江海航运、海洋贸易等,并在发展规划中充分重视区域海洋经济,积极探索支撑区域海洋经济发展和借助区域海洋经济发展自身的实现路径。在区域层面,以长三角区域合作办公室为代表的区域政府组织,应当将区域海洋经济高质量一体化发展作为落实长三角一体化发展国家战略的重要突破口,在相关规划中体现出陆海统筹的区域海洋经济发展模式,有效借助现有的长三角一体化发展体制机制,在海洋资源和陆地资源的交流互动中,积极探索海洋经济和陆域经济联动发展的协调模式,进而实现区域内各经济单位的良性交流互动,推进一体化的实现。

2. 合作共赢,利益共享

长三角区域海洋经济高质量一体化发展的核心目的是实现区域海洋经济在发展规模和发展质量上得到大幅度的提升,其关键在于各地方和各主体之间的协同合作。在推进长三角区域海洋经济高质量一体化发展的过程中,需要依照合作共赢的原则,将区域海洋经济做大;集中力量共同发展区域海洋经济,发挥各地差异化的要素禀赋和资源优势,形成各扬优势、互补短板的整合,在港口堤岸、区域航运信息系统等基础设施建设方面实现共建共治共享,并且借助进口商品博览会等重大活动举办的契机,在联合举办、共同出力过程中,加强各地不同主体之间的合作关系和相互信任,同时设计好合理且有效的利益分配方式,使得参与的主体均能获得应有的收益,进而强化其合作意愿,继续为区域海洋经济发展出力。

在地方层面,对于沿海城市而言,应当积极与邻近沿海城市共建共治共享港口等基础设施,实现基础设施建设的规模效应和乘数效应,带动城市自身和区域的共同发展,并且应充分认识到陆域经济对海洋经济发展,尤其是长三角地区外向型海洋经济发展的重要支撑作用,积极与内陆城市建立海洋产业及相关产业的合作关系,补充自身在生产能力和销售市场方面的不足,通过区域协调发展,将对外开放成果向内陆地区扩散。对于内陆城市而言,应当借助长江及其流域的航运优势以及长三角陆上交通体系的便利性,以江海联运、陆海转运为纽带,积极与沿海城市建立合作关系,扩展自身经济活动范围,深化开放。

在区域层面,以长三角区域合作办公室为代表的政府组织,应当积极充当利益分配者和冲突调解者的角色,协调各地方和各主体在共建共治中的利益分配,通过协商等机制落实区域海洋经济发展的利益共享。

3. 分工协作,错位发展

长三角区域海洋经济高质量一体化发展的本质内容是海洋及相关的资源要素在区域空间和不同主体间实现有效的配置,其关键在于各地方和各主体之间的合理分工和有机整合。在推进长三角区域海洋经济高质量一体化发展的过程中,需要依照分工协作的原则,将区域海洋经济做顺。各主体在参与海洋经济发展过程中应当各司其职,在不形成垄断的前提下履行各自的职能,并与其他主体之间形成有效的交流和互动,确立在发展区域海洋经济过程中企业的活动主体地位、政府的支持监管职能、研学机构的知识支撑功能、社会组织的引导规范作用;同时也要重视区域内各地海洋经济的结构差异以及各地内部与相邻地区陆域经济的匹配程度,强调各地之间的错位发展,更好地发挥各地资源禀赋和经济结构的优势,避免由于产业同构或资源稀缺导致的不良竞争。

在地方层面,对于沿海城市而言,应当在区域整体规划的指导下,明确自身发展海洋经济的优势与不足,找准自身海洋经济的功能定位和在区域海洋经济发展中的作用定位,积极与邻近的沿海城市和内陆城市进行沟通和协调,避免在引导培育海洋产业方面出现结构趋同或是恶性竞争的情况,尤其是对于拥有重要沿海港口的城市,应当瞄准不同的细分市场,实现差异化的海洋经济发展路径;对于内陆城市而言,应当妥善处理好自身和沿海城市之间以及其他内陆城市与沿海城市之间的关系,以自身的相对优势产业与沿海城市的海洋产业进行联动。

在区域层面,应当以相关规划中有关长三角区域海洋经济的内容为基础,协调并明确各地区海洋经济和相关陆域经济的功能定位,引导各地形成错位互补的发展格局,提升区域海洋经济的整体竞争力。

4. 市场激励,良性竞争

长三角区域海洋经济高质量一体化发展的关键表现是市场和行政两种机制在资源配置中实现有机配合和优势互补,其重点是市场在资源配置中发挥基础性作用,政府更好地发挥作用。在推进长三角区域海洋经济高质量一体化发展的过程中,需要依照市场激励的原则,将区域海洋经济做强。区域内各级政府部门和组织应当进一步深化市场化体制改革,持续构建并完善跨资源要素有序自由流动、统一开放的市场体系,逐步消除由于行政区划导致的资源要素流动壁垒,营造良好的海洋经济产业营商环境和竞争氛围,通过市场化手段激励企业之间的良性竞争,形成区域海洋经济发展的持续动力机制;同时,地方政府应当在规划中对海洋产业布局做到合理衔接,引导发展具有区域辐射的海洋经济配套产业,确保地方海洋产业竞争规范有序。

在地方层面,对于沿海城市而言,应当积极为海洋产业及相关陆域产业营造良好的营商环境,在制定海洋经济发展规划的同时,在资金、人才等方面出台海洋专项配套政策,并与邻近沿海城市和内陆城市进行积极沟通和对接,促进海洋经济生产要素在区域内部的自由流动和合理集聚,借助市场化手段对自身落后的海洋产业及相关产业进行淘汰,促进海洋经济结构的整体升级;对于内陆城市而言,应当完善自身的市场体系,扩大与海洋经济直接或间接的市场需求,为沿海城市海洋经济的资金、人才等要素供给提供保障,并适当发展对海洋资源依赖较少的海洋金融、海洋服务业等产业。

在区域层面,以长三角区域合作办公室为代表的政府组织应当在中央政府及相关部委的支持下,积极构建区域性的市场体系,消除在海洋经济发展中的行政壁垒和区划割裂,促进区域内海洋经济及相关陆域经济要素的自由流动,激励企业主体的良性竞争。

5. 改革创新,信息互通

长三角区域海洋经济高质量一体化发展,根本上需要依照改革创新支撑的原则,坚持体制改革破除协同机制障碍,将创新放在区域海洋经济发展中的核心位置。将以信息技术为代表的前沿技术有效地应用于区域海洋经济发展及一体化发展过程之中,在国家海洋经济整体格局和海洋战略产业布局之下,促使前沿性和基础性的科技创新结果引领长三角区域海洋经济的快速发展,提升长三角区域海洋经济结构的合理性和整体量级,打造长三角区域海洋经济的核心竞争力,进而推动长三角区域海洋经济以及区域整体经济实现更高质量发展。同时,积极运用信息技术改造沟通模式,整合区域内零散的海洋经济及相关陆域经济信息,建立各地区和各主体共用共通的信息交互系统,如航运信息系统、产业信息系统等,重塑和优化区域海洋经济治理体系,确保涉海企业作为海洋经济主体、地方政府作为海洋经济支撑者和监管者成为信息系统的直接使用对象,鼓励高校、研究机构、社会组织以相关信息系统为渠道,参与区域海洋经济的治理过程之中。

（三）发展目标

长三角区域海洋经济高质量一体化发展的目标是将长三角地区的海洋经济打造成为世界级的海洋经济领先区域。具体而言,即形成以全球海洋中心城市的上海为核心,“内路线、沿海线、海洋线”三线并行、交互共进的发展格局,海洋资源开发与海洋环境保护并重,海洋空间与陆地空间联动发展,发挥市场在资源配置中的基础性作用,更好地发挥政府的作用,政府、企业研学机构、社会组织等海洋经济活动主体共同参与,区域内各地方、各主体之间形成良好的竞合关系,合力推动区域海洋经济高质量一体化发展。

依照长三角一体化发展国家战略和建设海洋强国战略的要求,分步走的阶段性发展目标具体如下:

到2025年,在初步实现长三角地区一体化发展的基础上,构建应对海洋经济发展的利益分配和陆海统筹的有效区域协商协调机制,探索长三角地区海洋经济专项发展规划并融入长三角地区一体化发展规划之中;持续完善要素有序自由流动、统一开放的区域市场体系,探索形成以市场为导向、以地方合作为基础、以整体效率提升为目标的海洋产业分布格局;

海洋相关基础设施基本实现互联互通,以新一代信息设施网络为基础实现江海联运、陆海联运、江海联保等海陆联动发展,基本建成海洋经济信息共建共享共用平台并初步投入使用;构建以企业为主体、高校和研究机构为支撑、社会组织为补充的区域海洋科创产业融合发展体系,海洋经济的科技支撑实现区域融合;上海探索推进全球海洋中心城市建设并取得阶段性成果,构建具有上海特色的海洋经济发展路径,海洋金融业和海洋服务业得到实质性发展,强化海洋设备制造业等高端海洋产业的竞争实力,并通过经验传递、产业转移、合作研发等形式实现区域核心辐射功能。

到2035年,长三角地区一体化发展持续深入,区域海洋经济发展融入长三角地区一体化发展规划及相关区域发展规划之中,构建合理完善的区域海洋经济利益分配方式,实现区域内各地方和各主体均获得其所需要的收益;要素有序自由流动、统一开放的区域市场体系建设完成,海洋产业在区域内有效布局,区域整体产业效率提升;海洋经济设施建设实现共建共治共享,海洋相关基础设施实现互联互通且持续优化,基于信息技术实现区域内海洋资源和陆地资源的联动协调,海洋经济信息共建共享共用平台不断完善,并大面积推广使用;区域海洋科技产业融合发展,科技创新支撑海洋经济发展并为深海资源开发以及陆海资源联动开发提供支持和保障;上海在建设成为全球卓越城市的基础上,完成全球海洋中心城市建设,在海洋经济、海洋科技、海洋生态环境保护等方面达到世界领先水平,在全球海洋事务治理中拥有一定的影响力,并且带动长三角地区其他城市的海洋经济和内陆经济发展。

五、上海服务长三角区域海洋经济高质量一体化发展的对策建议

(一) 以全球海洋中心城市建设,助力"五大中心"建设再上新的台阶

1. 明确全球海洋中心城市与全球卓越城市的紧密关系

上海是国家确定的全球海洋中心城市建设对象之一,同时上海自身也制定了"全球卓越城市"的建设目标。两个整体目标之间的关联紧密,前

者是后者的组成内容和重要抓手。海洋经济具有突出的综合性经济的特征,涉及海洋资源与陆地资源共同开发利用,同时具有外向型经济的特点,是经济开放的重要载体。作为东部海洋经济圈的重要组成部分,海洋经济是上海经济发展的重要支柱。《上海市城市总体规划(2017—2035年)》中明确提出,力求在2035年将上海建设成为全球卓越城市。在我国"向海图强"的战略趋势下,建议上海重视海洋空间和海洋资源对社会经济发展和推进更高质量发展的重要意义,充分意识到海洋经济是上海建设全球卓越城市的重要领域,全球海洋中心城市建设应当融入全球卓越城市建设的进程中。

2. 明晰全球海洋中心城市建设与"五大中心"建设的关系

"五大中心"建设是上海目前全球卓越城市建设的重点任务,同时也是上海全球海洋中心城市建设的核心动力和重要保障。中国共产党上海市第十一届委员会第四次全体会议审议并通过了《中共上海市委关于面向全球面向未来提升上海城市能级和核心竞争力的意见》,意见要求对照主攻方向和重点任务,围绕城市核心功能,聚焦关键重点领域,要求上海在提升国际经济中心综合实力、国际金融中心资源配置功能、国际贸易中心枢纽功能、国际航运中心高端服务能力和国际科技创新中心策源能力上取得新突破。《全国海洋经济发展"十三五"规划》中明确指出,上海要建设成为全球海洋中心城市,要求加快国际航运中心建设。全球海洋中心城市建设与"五大中心"之间并非孤立关系。除了国际航运中心是海洋全球城市建设的重要构成之外,国际经济中心为全球海洋中心城市建设提供了综合实力和资源要素的支持,国际金融中心为全球海洋中心城市提供了资源配置和要素集聚的保障,国际贸易中心为全球海洋中心城市建设提供了市场主导和持续发展的动力,国际科技创新中心为全球海洋中心城市建设提供了策源保障和效率提升的基础。

3. 促进全球海洋中心城市建设融入"五大中心"建设

"五大中心"建设为全球海洋中心城市建设确定了主要方向和核心框架,也为上海服务长三角区域海洋经济一体化发展提供了整体思路。经济、金融、贸易、航运、科技创新是上海目前发展过程中的主攻方向，同时也是上海海洋经济发展和海洋事务治理中的优势所在。建议上海持续以"五大中心"建设为发展主线，将全球海洋中心建设有效融入"经济、金融、贸易、航运、科创"五位一体的整体发展框架中，培育自身在五大领域中的优势，集聚要素资源、强化资源配置能力。同时，建议上海充分发挥自身在"五大中心"建设中所培育形成的区域性资源要素配置能力，在经济、金融、贸易、航运、科技创新五大领域为长三角区域海洋经济发展提供助力，更好地发挥上海作为长三角区域中心城市的辐射带动作用，推进实现长三角区域海洋经济高质量一体化发展。

（二）牵头构建多元主体协商机制，制定区域海洋经济发展规划

1. 上海牵头探索建立长效的海洋多元协商机制

协商是区域协同治理的关键基础和基本前提，长三角海洋经济高质量一体化发展需要建立有效的多元主体协商机制，并在已有长三角区域一体化机制的基础上，逐步实现区域海洋经济多元协商机制的规范化和长效化。建议上海在长三角城市经济协调会的市长联席会议制度基础之上，有效借助长三角区域合作办公室等现有区域性组织以及长三角海洋产业联盟等合作形式，探索建立和完善地方间海洋经济主体的沟通协商机制，充分涵盖三省一市的地方政府及相关部门、涉海企业及相关业务企业、涉海院校及研究机构、海洋相关事务单位及社会组织等多元主体，在长三角区域海洋经济高质量一体化发展共同愿景的引导下，努力建立问题导向、平等对话、定期沟通、长期维持的协商对话机制，充分调动全社会的相关力量，合力提升长三角区域海洋经济的区域核心竞争力以及海洋事务治理的区域影响力，并在长三角一体化发展已有的制度框架下，通过制度化的方式保证其长效性。

2. 打造以论坛为形式的区域海洋治理对话平台

非制度化的论坛会议是制度化协商机制的有效补充。区域性海洋论坛是现阶段长三角海洋经济高质量一体化发展中所需要的非制度化协商机制。上海市政府及相关部门应当在现有的上海海洋论坛的基础上，融合

中国海洋论坛、中国海洋发展论坛、中国海洋战略论坛等海洋相关论坛,倡导举办长三角区域海洋经济发展论坛,扩大论坛的规模量级和影响层次,打造具有全国乃至全球影响力的区域海洋经济论坛,为长三角地区及相关沿海城市的各地方政府提供互相沟通学习的平台,努力吸引重点企业、涉海高校、海洋行业协会及社会组织等,营造平等对话、信息共通、经验共享、思想碰撞的沟通机会和论坛氛围。既能够为长三角区域海洋经济的发展经验共享提供长期有效的机制,有效地推进实现海洋经济协同发展,进一步促进长三角区域海洋经济高质量一体化发展的实现,又能够加强上海在区域海洋经济发展中的引领地位,提升上海在区域海洋事务治理中的核心影响力。

3. 协商推进制定长三角区域海洋经济发展规划

规划是地方发展的未来展望和路径依据。长三角海洋经济高质量一体化发展多元主体协商机制应当以区域海洋经济专项规划制定和多地规划衔接为中心内容,促进区域海洋经济发展的统筹协调。上海在整个长三角区域海洋经济一体化发展过程中具有双重身份,既是长三角区域的核心城市,又是全球海洋中心城市的建设对象。建议上海借助多元主体协商机制,主动牵头引导江浙皖三省,倡导制定区域海洋经济专项规划,在长三角一体化发展规划的框架下,强调海洋经济的重要性和专业性,充分统筹协调区域内海洋资源和陆地资源。同时,在各地已经出台海洋专项及相关规划的基础上,建议上海在协商过程中主动牵头协调链接地方海洋专项规划、地方海洋规划与地方发展规划、地方海洋规划与周边发展规划,努力使长三角区域海洋经济高质量一体化发展在区域规划和各地规划中有充分的体现。

(三) 深化上海经济中心建设,发挥长三角海洋经济的支柱作用

1. 加强区域海洋经济,促进发展体系融合

海洋经济为长三角地区经济发展做出重要贡献,是上海及长三角其他地区应当重视的经济发展领域,加强海洋经济与社会经济发展的融合是区域海洋经济高质量一体化发展的必然要求。不论是对上海而言,还是对长

三角其他地区而言,海洋经济对于国民社会经济发展具有直接且重要的贡献。在陆地资源稀缺的驱动下,海洋是长三角未来发展的必然选择和关键领域。建议上海借助建设全球海洋中心城市的契机,重新审视海洋经济在上海经济社会发展中的重要性,加强海洋资源开发意识,将海洋经济发展融入上海以"五大中心"建设为代表的社会经济发展框架之中,科学合理地调整现有的社会经济发展政策体系,逐步确定海洋经济在上海整体建设布局中的定位和地位,进而通过协商机制和地方规划衔接,辐射带动长三角其他地方将海洋经济融入发展框架之中。

2. 加强区域海洋产业,促进产业协同发展

海洋产业是海洋经济的核心内容,进一步深化和扩展现有海洋产业联盟的规模和内容,是长三角区域海洋经济高质量一体化发展的现实需求。基于《海洋园区(基地)战略合作框架协议》,目前舟山市、宁波市、南通市、上海浦东新区四地的五个海洋园区已经初步建立起海洋产业协同合作的基本框架,并初步建立"长三角海洋产业创新联盟"。但是,在范围上未能覆盖到长三角地区大部分地市,在内容上局限于以园区为载体的相关海洋产业,对海洋相关产业的覆盖相对有限。建议上海在已有产业联盟框架内容之上,进一步强化产业的牵头带动作用,深化完善"长三角海洋产业创新联盟",在共同愿景、平等信任、互惠互利的基本原则之上,将各地方的企业、高校、研究机构等产业创新力量进行有效整合,切实发挥创新联盟在构建平台、促进交流、提升合作等方面的作用,合力推进区域海洋产业的协同发展,实现地区之间海洋产业及相关陆地产业的错位协调、互相支撑,进而推进长三角区域海洋经济高质量一体化发展的实现。

3. 加强区域海洋环保,促进海洋共治共保

区域海洋经济发展需要依托于区域海洋生态环境,在推进长三角区域海洋经济高质量一体化发展的过程中,海洋生态环境共保是进一步提升区域海洋经济规模的内在要求。海洋生态环境是开发利用海洋的基础,不论何种形式的海洋经济活动都离不开海洋这个载体。伴随着经济社会的快速发展,同时作为长三角水系统末端,相关海洋的环境压力日益增大。在

新发展理念的引领下,长三角海洋经济高质量一体化发展应当符合绿色发展理念。建议上海借助长三角区域合作办公室、长三角区域水污染防治协作小组等区域组织,牵头引领在长三角区域污染防治协作治理机制等已有制度的基础上,进一步深化污染防治范畴,上下游联动防治海洋环境污染,并且关注海洋生态保护,在区域海洋发展规划和地方规划衔接的基础上,合理有效地设置海洋保护红线等,协调区域海洋经济发展与海洋生态环境保护之间的关系,在长三角区域海洋经济高质量一体化发展过程中推进绿色发展理念的落实。

(四) 提升上海金融中心建设,培育长三角海洋金融的产业优势

1. 重视海洋金融发展,发挥资本集聚优势

资本集聚是长三角区域的要素禀赋优势。作为金融中心的上海,海洋金融产业是其海洋产业发展的应然选择,同时也是上海以区域性资本配置助力长三角区域海洋经济高质量一体化发展的重要依托。虽然长三角地区的土地及人口资源相对稀缺,但是庞大的经济总量使其集聚了海量的资本要素。其中,上海长期定位于国际金融中心建设,集中了区域内大量资本,并且拥有上海证券交易所,在全球金融中心指数的排名中连续三次位居全球前五。在巨大的资本总量和金融制度优势之上,上海在全球海洋中心城市建设中,应当着力发展海洋金融产业,扩展现有金融中心的建设内容,在已有金融政策的基础上,出台相应的支持性政策,加强上海的海洋金融产业发展,尤其对于海洋领域风险投资、海洋领域保险业等服务支撑型行业的培育,以上海海洋金融发展服务区域海洋经济提升。同时,作为区域中心城市,建议上海在多元协商机制的基础上,积极主动地牵头各地,共同搭建政府主导、银行和企业参与、社会监督的海洋金融合作平台,协力控制海洋金融风险。

2. 重视海洋投资发展,助力区域产业发展

海洋产业发展离不开资金的投入,尤其在产业形成初期,上海发展海洋金融产业是提高区域性海洋产业投资的重要保障,也是在长三角区域海洋经济高质量一体化发展中均衡各地发展需求、实现共赢的有效方式。由

于各地发展水平存在天然差异,同时对于发展海洋经济的重视程度不同,长三角地区内部海洋产业的发展水平参差不齐,对于资金和市场的需求相应存在差异。作为区域中心城市的上海,其发展程度领先于其他地区,资金要素集聚程度高,将资金转化为实际经济效益的市场需求高于其他地区。上海在建设全球海洋中心城市的过程中,应当充分重视海洋金融产业,尤其是海洋领域的风险投资行业,借助金融机制将自身的资金优势有效转化为区域性的资金配置能力,借助其他地区海洋产业发展的市场空间,实现更高水平的收益,有效提升自身海洋经济规模。同时,通过该方式强化上海在海洋经济方面的辐射带动作用,有效补齐其他地区在发展海洋产业过程中可能的资金需求,落实共赢发展理念,以市场机制推进长三角区域海洋经济高质量一体化发展。

3. 重视海洋保险发展,共担区域发展风险

海洋保险是降低海洋产业发展风险的有效金融手段,作为海洋金融产业的重要组成部分,培育海洋保险业能够为上海带动区域海洋产业健康发展提供有效保障。产业发展在各阶段均存在风险,尤其长三角海洋产业中包含大量战略产业和新兴产业,并且海洋运输业、海洋渔业等传统产业易受到自然因素的影响,阻碍了资金等要素在海洋产业中的市场化配置。海洋保险能够以金融手段有效缓冲海洋产业发展中的风险,降低风险发生时所造成的不良影响。上海在发展海洋金融业中,应当重点关注海洋保险业的培育,为自身及其他区域海洋产业发展提供风险抑制手段和保障机制,降低自然因素对海洋经济发展的可能消极影响,保障区域海洋产业的健康稳定发展。

(五) 强化上海贸易中心建设,扩大长三角海洋贸易的开放共赢

1. 加强海洋贸易发展,扩大自贸区的制度优势

海洋贸易是海洋经济的重要构成,自由贸易试验区不仅是上海等地的制度创新优势,更是实现长三角区域海洋经济高质量一体化发展的重要抓手。自由贸易试验区是我国在深化对外开放、扩大对外贸易的重要制度创新,其中的贸易范围大部分都与海洋贸易有着直接或间接的关联。长三角

地区拥有上海第一批自由贸易试验区,在改革创新先行中积累了大量的优势,同时苏浙皖三地陆续开始自由贸易试验区建设,长三角成为国家进一步深化扩展对外贸易创新的重点对象。建议上海把握自由贸易试验区新片区建设的契机,在已有自由贸易试验区建设和运行的基础上,进一步提升海洋贸易的规模和质量,为全球海洋中心城市建设提供助力;同时,建议上海凭借第一批自由贸易试验区建设的积累,在海洋多元协商机制的基础上,主动牵头长三角区域自由贸易试验区的协同建设,以海洋专项论坛等形式交流自贸区建设和海洋贸易经验,积极引导形成长三角区域海洋贸易一体化的共识。

2. 鼓励内陆企业参与,强化陆海联动协同发展

海洋贸易离不开内陆生产能力的支撑,鼓励内陆生产企业参与海洋贸易是长三角区域海洋经济高质量一体化发展中陆海联动的重要内容。虽然海洋贸易以海洋作为空间载体,但是其本质仍然是调整各地产品和服务的供需关系。长三角区域海洋贸易既需要一定的海洋空间和海洋资源作为基础支撑,又需要内陆地区的生产者提供海洋贸易的产品和服务,以及消费者提供消化进口产品和服务的需求。建议上海以建设全球海洋中心城市为契机,进一步梳理自身在海洋贸易中产品和服务的供给和需求,鼓励长三角区域的内陆企业参与海洋贸易,以进驻自贸试验区、设立在沪销售代理等方式,将区域生产能力有效地与全球市场需求进行对接,通过深化长三角地区对外开放程度,理顺以上海为着力点的对内开放模式,以海洋贸易强化区域内部经济联系,以海路联动的贸易模式推进长三角区域海洋经济高质量一体化发展。

3. 强调市场定位细分,落实海洋贸易错位发展

海洋贸易能够细分为多种类型,各地方之间基于规划衔接的海洋贸易错位发展是长三角区域海洋经济高质量一体化发展的重要要求。目前除上海是第一批自由贸易试验区设立点外,长三角地区的苏浙皖三地均已建立或计划建立自由贸易试验区。虽然苏浙沪三地海洋贸易各有特色,安徽海洋贸易尚在起步阶段,但是在建设自由贸易试验区的共同目标下,易引

起贸易结构的趋同和区域内的资源挤占。建议上海确立长三角区域中心城市和建设全球海洋中心城市的定位,发挥自由贸易试验区先行者的优势,在海洋协商机制的基础上,有效协调区域内各地方海洋贸易的发展定位和主要方向,以合作协议、园区联盟等形式探索建立长效的区域海洋贸易合作沟通机制,通过细分贸易对象和产品市场,形成长三角区域内错落互补的海洋贸易分布格局,充分发挥各地资源和产业等相对优势,培育具有区域共性、地方特性的海洋贸易体系。

(六) 加速上海航运中心建设,构建长三角海陆联动的交通网络

1. 深化港口共建,强调航运利益共享

港口是海洋经济发展的重要基础设施。港口共建共享和海陆联运建设是长三角区域海洋经济高质量一体化发展的基本内容之一。港口是海洋运输的主要基础设施,也是海洋经济发展的重要依托。长三角拥有众多海洋港口,如大小洋山港、宁波港、连云港等,同时拥有内陆江湖港口,如太仓港、扬州港等,陆地交通网络发达,铁路、航空网线交错复杂、转运顺畅,为推进长三角区域港口联运和交通一体化提供了可靠基础。建议上海在海洋多元协商机制的基础上,统筹规划长三角区域多个港口之间的互联和协调,通过区域性规划和多地规划衔接,实现海洋港口和内陆港口之间、港口运输与路上运输之间的互联互通;同时,建议上海借助上海国际港务集团等市场主体,积极主动牵头港口等基础设施的共建共享,通过跨域投资、互相持股等方式,实现区域内港口共同建设和共同运营,努力构建区域港口共同体,落实上海作为全球海洋中心城市的建设对象,以区域港口等基础设施共建共享推动长三角区域海洋经济高质量一体化发展。

2. 推进信息共享,强调航运平台共用

信息基础为航运体系建设提供关键支撑,建立航运信息共享平台、推进航运信息互联共享是长三角区域航运一体化的重点任务,同时也是推进长三角区域海洋经济高质量发展的有效手段。信息技术改变了地方联系和交通管理的模式,为港口共建共享和区域交通互联互通提供了可能。建议上海在现有长三角区域合作办公室等区域性组织的基础上,牵头组织

协调各地方政府和相应部门,推进《长三角交通运输信息资源共享管理办法》的落实,同时借助海洋多元协商机制,积极引导港务集团、运输企业、船舶制造企业、海洋服务企业等海洋经济市场主体,以及公路、铁路运输等相关部门和市场主体,共同参与港口信息系统的建设和运行过程中,形成区域港口的多元共治格局,以紧扣陆海联动环节,推进区域港口共建共享、建设海陆空协同的区域交通运输体系,加速实现长三角区域海洋经济高质量一体化发展。

3. 加强环境共保,强调航运污染共治

航运规模的增长给海洋生态环境带来了持续的挑战,海洋航运的污染共治、生态共保是长三角区域海洋经济高质量一体化发展中绿色发展理念的具体体现。作为承接上海国际航运中心的城市,建议上海积极承担起航运污染保护防治的责任,强化自身区域内航运污染管控力度,建立海洋污染源清单和海洋环境监测网络,借助海洋多元协商机制,在已有的环境污染协同防治机制的基础上,牵头引导区域航运燃油标准、航运环保执法标准的逐步统一,推进长三角区域航运污染监测网络的建设和完善;同时,建议上海借助长三角区域合作办公室和长三角水污染防治协作小组等区域性组织,加快推进和完善税务船舶排放控制区试点的建设和完善,并逐步尝试将试点经验在长三角区域内推广。

(七) 优化上海科创中心建设,完善长三角海洋科创的协同体系

1. 建立海洋科创联盟,推进科创力量整合

长三角区域海洋科创力量强而分散的格局亟待改善,以海洋科创协同体系为长三角区域海洋产业发展提供支撑,进一步推进区域海洋经济高质量一体化发展。海洋科技是以海洋产业为核心的海洋经济支撑力量,同时由于海洋经济包含大量深远洋装备、海洋医药等尖端产业,需要依托科技创新作为产业发展的核心推动力。长三角地区海洋科技创新实力雄厚,拥有多所海洋高校和众多研究机构,海洋专业实力位居全国前列,同时企业科研实力雄厚,但不同海洋科创主体各有特色,整体力量相对分散,海洋科创协同体系有待进一步完善。上海作为国际科创中心的建设定位,借助海

洋多元协商机制,充分发挥自身在海洋科创方面的资源优势,积极牵头建立长三角区域内以科创联盟、合作伙伴等为形式的海洋科创合作关系,以相关海洋论坛为渠道,促进海洋科创主体之间的互动交流,推进长三角区域海洋科创协同体系在广度和深度上的扩展。

2. 建立信息共享平台,推进科创信息集聚

海洋科创信息平台是整合海洋科创力量、共享海洋科创成果、构建科创合作体系的重要载体,能够为推动长三角区域海洋经济高质量一体化发展提供科创合力。海洋科创信息平台能够为各海洋科创主体提供信息互动的空间,在科创信息发布和科创信息获取的过程中,各主体能够有效地找到在合作研发、成果转化等方面的需求对象。海洋信息平台促进科创力量整合的作用在厦门等地取得一定成效,是长三角地区整合科创力量的可行借鉴对象。上海作为区域中心城市,应当以全球海洋中心城市建设为契机,牵头主导建设长三角区域海洋科创信息平台,并借助长三角区域合作办公室等区域性组织,以海洋多元协商机制为基础,引导各地方政府和相关部门,以及企业、高校、研究机构等海洋科创主体参与信息平台的建设和运行,为整合长三角区域海洋科创力量提供有效载体。

3. 发布联合攻关项目,推进科创实质合作

项目合作能够为科创主体合作提供契机和载体,发布海洋科技联合攻关项目是推进整合长三角区域海洋科创力量的有效手段。海洋科创力量的整合不仅需要设计协同框架体系,更需要建立以联合项目等为形式的实质性合作关系。建议上海明确自身科创中心定位,在海洋多元协商机制和海洋科创信息平台的基础上,定期发布多地科研创新力量联合攻关的海洋科研项目,积极引导长三角区域海洋科创力量整合,依托自身优厚的资金、人才等科研资源支撑;同时,建议上海借助长三角区域合作办公室等区域性组织,在联合攻关项目的基础上,探索区域海洋科创协同模式,充分调动区域内各方面的海洋研发力量,依照项目内容和主体特性,设定海洋科创产业联盟、海洋科创成果转化体系等协同方式,在海洋重难点领域内,实现突破性的进展,切实推进长三角区域海洋经济实现高质量一体化发展。

参考文献

[1] 鲍悦华,陈强.质量概念的嬗变与城市发展质量[J].同济大学学报(社会科学版),2009,20(6):46-52.

[2] 毕斗斗,方远平.世界先进海港城市的发展经验及启示[J].国际经贸探索,2009,25(5):35-40.

[3] 邓志新.粤港澳大湾区与世界著名湾区经济的比较分析[J].对外经贸实务,2018(4):92-95.

[4] 高艳.海洋综合管理的经济学基础研究——兼论海洋综合管理体制创新[D].青岛:中国海洋大学,2004.

[5] 广东省社会科学院.粤港澳大湾已建设报告(2018)[M].北京:社会科学文献出版社,2021.

[6] 何明升.评价发展质量的五个判据[J].学术交流,1998(4):71-73.

[7] 姜旭朝,王静.美日欧最新海洋经济政策动向及其对中国的启示[J].中国渔业经济,2009,27(2):22-28.

[8] 李靖宇,任泫燕.论中国海洋经济开发中的金融支持[J].广东社会科学,2011(5):48-54.

[9] 李娜.基于区域一体化背景下的长三角海洋经济整合研究[J].上海经济研究,2014(7):102-112.

[10] 李娜.长三角海洋经济整合研究[M].上海:上海社会科学院出版社,2017.

[11] 李盛成.发展质量理论探析[J].理论与改革,1999(5):24-26.

[12] 林贡钦,徐广林.国外著名湾区发展经验及对我国的启示[J].深圳大学学报(人文社会科学版),2017,34(5):25-31.

[13] 刘艳霞.国内外湾区经济发展研究与启示[J].城市观察,2014(3):155-163.

[14] 孟方.欧盟新海事政策绿皮书解读[J].中国船检,2006(9):70-71.

[15] 孙加韬.中国海陆一体化发展的产业政策机制研究[C]//中国行政管理学会,山东省行政管理学会.东方行政论坛(第一辑).济南:山东省行政管理学会,2011:7.

[16] 覃艳华,曹细玉.世界三大湾区发展演进路径对粤港澳大湾区建设的启示[J].统计与咨询,2018(5):40-42.

[17] 王建红.日本东京湾港口群的主要港口职能分工及启示[J].中国港湾建设,2008(1):63-66,70.

[18] 王庆丰.发展的合理性观念[J].新疆师范大学学报(哲学社会科学版),2017,38(3):58-65.

[19] 王雅林,何明升.论现代化的发展质量[J].社会学研究,1997(3):36-44.

[20] 向云波,彭秀芬,徐长乐.长江三角洲海洋经济空间发展格局及其一体化发展策略

[J].长江流域资源与环境,2010,19(12):1363-1367.

[21] 向云波.区域海洋经济整合研究[D].上海:华东师范大学,2009.

[22] 徐嘉璟,王芬.舟山推进江海联运服务中心建设的思考[J].农村经济与科技,2017,
28(13):204-208.

[23] 杨爱平,张吉星.纽约—新泽西港务局运作模式对粤港澳大湾区跨境治理的启示
[J].华南师范大学学报(社会科学版),2019(1):102-108,191.

[24] 张莉.海洋经济概念界定:一个综述[J].中国海洋大学学报(社会科学版),2008
(1):23-26.

[25] 张胜磊.粤港澳大湾区建设:理论依据、现存问题及国际经验启示[J].兰州财经大
学学报,2018,34(5):12-21.

[26] 赵加环.江海联运背景下的宁波舟山港港口竞争力评价研究[J].交通与港航,2019,
6(2):75-80,85.

[27] 郑铁桥.欧盟及其成员国海陆经济一体化发展经验[J].现代经济信息,2014(11):
172-173.

[28] 朱烨丹.东京湾区发展对杭州湾区建设的启示[J].东北亚经济研究,2018,2(6):
67-77.

[29] EUROPEAN COMMISSION. An integrated maritime policy for the European Union
[EB/OL].[2021-02-03]. https://ec.europa.eu/maritimeaffairs/index_en.html.